传奇叶利钦

首位民选俄罗斯总统的34个人生瞬间

郑建新◎著

南方日报出版社
NANFANG DAILY PRESS
中国·广州

图书在版编目（CIP）数据

传奇叶利钦 ：首位民选俄罗斯总统的 34 个人生瞬间 /郑建新著. — 广州 ：南方日报出版社，2015.11
ISBN 978-7-5491-1260-9

Ⅰ. ①传… Ⅱ. ①郑… Ⅲ. ①叶利钦（1931～2007）－生平事迹 Ⅳ. ①K835.127=5

中国版本图书馆 CIP 数据核字(2015)第 126485 号

CHUANQI YELIQIN
传奇叶利钦——首位民选俄罗斯总统的 34 个人生瞬间

著　　者：郑建新
出版发行：南方日报出版社
地　　址：广州市广州大道中 289 号
责任编辑：阮清钰　　郑　颖
装帧设计：劳华义
责任技编：王　兰
责任校对：阮昌汉
经　　销：全国新华书店
印　　刷：佛山市浩文彩色印刷有限公司
开　　本：787mm×1092mm　1/16
印　　张：14.75
字　　数：230 千字
版　　次：2015 年 11 月第 1 版
印　　次：2015 年 11 月第 1 次印刷
定　　价：39.00 元

投稿热线：（020）87373998-8503　读者热线：（020）87373998-8502
网址：http://www.nanfangdaily.com.cn/press　http://www.southcn.com/ebook

目　录

开篇　谢世

2007年4月23日下午3时45分，俄罗斯首位民选总统叶利钦在俄罗斯中央临床医院去世。他死于心力衰竭，享年76岁。这一消息迅速传遍世界。

俄罗斯媒体在报道叶利钦去世消息的同时，只介绍了其生平，没有更多的评价。

前苏联总统戈尔巴乔夫第一时间对逝者亲属表达了慰唁。时任总统普京也打电话表示慰问。此前圣彼得堡市市长马特维延科对叶利钦的评价是：“为了理解他在新俄罗斯历史中的作用，需要时间！”

第二日，《共青团真理报》披露了叶利钦病情加重导致去世的原因：叶利钦3月25日至4月2日对约旦进行访问时，很想跳进冰冷的约旦河水“洗礼”，在医生的力阻下，他放弃了这个念头，不过用冰冷的圣水洗了双手和面颊，但由此导致了重感冒并引发心肺病。4月21日他感觉很不好，被紧急送进医院，

叶利钦的悼念仪式

两天后终因心脏衰竭不治身亡。

叶利钦遗孀奈娜对媒体说，叶利钦去世时没有任何痛苦，“他去世时正值阳光明媚的复活节时期。上帝做出了这样的决定，使叶利钦在瞬间失去知觉，叶利钦甚至自己都不知道”。

第二天即24日下午，遗体告别仪式在气势恢宏的救世主大教堂举行。东正教大牧首阿列克西主持了告别仪式。奈娜和两个女儿身穿黑色丧服，陪伴在叶利钦棺木旁。牧师们诵诗焚香，为叶利钦行安魂弥撒。此后，1500余人缓缓围绕叶利钦棺木走过。不少人眼含泪水，向他们的首位总统投去最后的目光。告别仪式极为庄重，举行了三个多小时。

4月25日，俄罗斯为叶利钦举行了最隆重的东正教礼仪的国葬。这一天也是叶利钦哀悼日，全国降半旗，电台和电视台的所有娱乐节目均取消。

莫斯科时间中午12时30分，人们在第一电视频道看到了叶利钦葬礼的实况转播。装甲车牵引着叶利钦的灵柩缓缓前行，运送至莫斯科新圣女公墓。典礼开始，普京总统与夫人携带玫瑰花向叶利钦家属致哀，前苏联总统戈尔巴乔夫、美国前总统老布什和克林顿、英国前首相梅杰及各国100多位政要都全程参加安葬仪式。

葬礼由三位俄罗斯东正教主教主持，其仪式完全依照帝俄时代沙皇的模式，尽显哀荣。这是百余年来人们第一次看到极具宗教色彩的国家葬礼。此

葬礼上的叶利钦家人

叶利钦墓碑

前一次以这样方式安葬的，是110多年前末代沙皇尼古拉二世的父亲亚历山大三世。

葬礼持续到下午5时结束。最后一幕是奈娜手持玫瑰，与风雨中走过半个多世纪的丈夫吻别。随后响起隆隆礼炮声。

叶利钦的墓碑是石头雕刻的俄罗斯白蓝红三色条形旗。这面国旗是1991年“8•19”政变后，在庆祝胜利的时刻，叶利钦正式宣布为俄联邦的新国旗。看到这个国旗造型的墓碑，人们自然会回忆起那个不寻常的时刻，那位大义凛然、捍卫白宫的俄罗斯联邦总统。那是叶利钦最辉煌的时刻，此后他的光彩逐渐暗淡。

对叶利钦的评价极为矛盾，相去甚远，犹如白与黑壁垒分明。很多人怀念他，热爱他，对他评价极高；但更多的俄罗斯百姓对他的评价很负面，他们无法原谅叶利钦后来带给俄罗斯的灾难。

叶利钦去世后，西方媒体记者曾在莫斯科街头采访民众，得到的印象是，俄罗斯普通人对叶利钦去世没有忧伤，反应冷淡；不少人表达了不满，他们说，叶利钦带给他们的那段痛苦时光，很难使人忘记。俄罗斯首位民选总统在他们眼里是一个治国无方的酒鬼。他造就了大财阀寡头，加剧了社会贫富分化，在国际上丢尽了俄罗斯人的颜面，他的“执政时代是一场灾难”，“他使我国非常穷困和堕落”，“他的时代比勃列日涅夫时期还差”，“他创造了一群由歹徒控制的国家”，“我相信现在全俄都在暗中庆祝（叶利钦去世）”……

一个矛盾的叶利钦，一个传奇的叶利钦，一个改写了俄罗斯历史的叶利钦，一个留给俄罗斯人太多苦涩记忆的叶利钦……

叶利钦走了。他的足迹留在俄罗斯历史上，他是俄罗斯历史的一部分。俄罗斯首位总统的功过是非，只有留与后人评说。

1 教堂洗礼

神父将我放进水桶中，却忘了捞出来……等明白过来时，母亲尖叫着奔过去，一把将我从桶底捞起。

——《叶利钦自述》

叶利钦生命的两头都和俄罗斯东正教有关。他去世后，东正教大牧首在莫斯科金碧辉煌的救世主大教堂为他做了安魂弥撒，之后将他安葬在新圣女公墓。76年前，当他刚降生不久，那个小生命也是在教堂接受了洗礼。不过那是一个简陋的乡村小教堂，而且洗礼中发生了一段有惊无险的故事。

1931年2月的一天，苏联乌拉尔州布特卡村附近的一个小教堂里，很多夫妇带着自己出生不久的孩子，排队等待牧师的洗礼。那座教堂是附近几个小村镇唯一的一间教堂，每个月只为附近村民的新生婴儿举行一次洗礼，因而每当举行洗礼仪式这一天，教堂很热闹，里外都挤满了人。除了父母和亲朋好友抱着出生不久的婴儿来到这里，还有远近赶来看热闹的人。教堂只有一个神父，每次举行洗礼仪式，他都忙得不亦乐乎，往往在举行最后几个孩子的洗礼时，已经筋疲力尽了。

尼古拉•伊格纳季耶维奇•叶利钦和克拉吉雅•瓦西里耶夫娜在那天也抱着还未满月的儿子来到教堂接受洗礼。

时值冬季，户外冰封雪舞，寒风呼啸，西伯利亚雪原上的这座小教堂内却温暖热闹。尼古拉•伊格纳季耶维奇•叶利钦和克拉吉雅•瓦西里耶夫娜排队等候了很长时间，轮到他们的儿子受洗时已经是下午。那位四十出头的神父，穿一袭黑色长袍，看上去已经很疲倦了。

他从年轻夫妇手中接过光屁股小男婴，放入洗礼浴桶，就和旁人说起话来，完全忘记了小男婴……突然，瓦西里耶夫娜回过神来，想起自己的儿子还在浴桶里，她大惊失色，冲过去一把将浴桶里的男孩捞起，男孩已经一动不动，脸色铁青。他们将他左摇右晃，终于，那个小生命发出一声哭声……万幸，小男婴活过来了，命挺大。父母和乡亲这才舒了一口气。父亲因此为男孩起名“鲍里斯”，俄文意思是“斗士”，“这男孩命很大，将来一定会成为一名坚强的斗士”。这个在洗礼时差点被淹死的男婴，就是鲍里斯•叶利钦。

小男孩刚刚出生就遇到这样一场虚惊，经历了生死考验。看样子他的人生不会一帆风顺，但他的生命力是强大的，这已经得到证明。那么想必他也不会是庸碌之辈。后来叶利钦的一生表明，他正是在令人惊异和不可想象的各种危机和劫难中度过了自己的一生，那些富有戏剧性的曲折经历和总是最后取胜的结果，构成了鲍里斯•叶利钦的传奇人生。

幼年在布特卡

鲍里斯虽然命很大，没被淹死，但他的家境和生活环境确实非常恶劣。他有点生不逢时。若再早上十几年，他一定会赶上好日子，那时他的爷爷是个家境殷实的庄稼人，家里有水磨、风磨、脱粒机，种着12公顷庄稼地，还有自动捆扎收割机、5匹马、4头牛，雇着不少长短工……这样的条件确实相当不错，完全算得上是个富农。

20世纪初的俄罗斯富农，按照很多苏联历史学家的看法，其实是农村里肯吃苦会种地和有头脑并善于经营的庄稼人。叶利钦后来在回忆录中说：“他们（指爷爷）付出很多劳动，也得到很多，但这一切在革命后，尤其在集体农庄合作化时期，都成为罪过。”他爷爷被划为富农，没收了全部财产，流放到异常寒冷荒无人迹的西伯利亚，过着真正的赤贫生活。这事发生在1930年，小男孩出生的前一年。

那时苏联正在全国展开大规模的农业集体化运动，所有的农民个体户都必须参加合作社和集体农庄，没有任何选择的余地。不参加的农民会受到严厉惩罚，并牵连全家。而地主和富农则属于敌人范畴，等待着他们的是另一种命运，即财产充公，剥夺公民权，全家流放，在极其艰难的环境中开始苦役般的生活。叶利钦的爷爷一家在20世纪30年代初被发配到了乌拉尔州布特卡村。全家住在薄木板搭建的小屋里，躺下的感觉就像睡在冰窖里，不知什么时候就会被冻死。他的曾祖父来到这里四个月后就去世了。

鲍里斯的富农爷爷很能干，会木工活，是个多面手，在村里给人砌炉灶为生。父亲尼古拉•伊格纳季耶维奇•叶利钦也有一双灵巧的手，经常在离家不远的城镇里找一些活儿干，养家糊口。母亲克拉吉雅•瓦西里耶夫娜是个裁缝，靠给村里人缝缝补补挣点小钱，很多时候她只是帮乡亲们的忙，不收钱，而乡亲们会给她一些自己家里的农产品作为回报。

然而，布特卡村陌生的环境，不习惯的气候，艰难的生活条件，让尼古拉•伊格纳季耶维奇萌生了逃跑的念头。1934年的一天，他和父亲（叶利钦的爷爷）决定带着弟弟安德里安，无论如何都要逃离这里。但是很不幸，他们父子三人在逃跑途中被抓获。叶利钦的父亲和叔叔为此被判服三年苦役，遣送去修建伏尔加-顿河运河。

多年后叶利钦回忆起当年夜里父亲被突然带走的情景："我那时才3岁，但我至今仍记得那种恐怖和可怕。一天深夜，简易的工棚内走进几个人。妈妈尖叫一声就大哭起来。我被吵醒后也开始哭了起来。我不是因为父亲要走而哭泣，那时我还小，不懂得是怎么回事。我看到妈妈在哭，而且她很害怕。她的恐惧和哭泣便传给了我。父亲被带走了，妈妈扑过来使劲地把我搂在怀里，我终于安静下来，然后就睡着了。"（参见叶利钦《总统笔记》）

不过，在孩子们的成长过程中，尼古拉•叶利钦没有向他们提起过自己被判刑的经历，以及父亲是富农被镇压的事。"他把这一段生活从自己的记忆中抹去了，似乎没有这件事似的。在我们家里这一直是被禁止的话题。"（参见叶利钦《总统笔记》）大概是做父亲的不愿意孩子心头留下一点阴影，叶利钦对此事也就不十分清楚，在他的第一本书《叶利钦自述》中，爷爷和父亲的这些遭遇都没有被提到。书中谈到他的爷爷时只是说："爷爷很能干，会给人砌炉灶。"因此，叶利钦也从未背上任何出身不好的思想包袱。无论上大学，还是大学毕业后分配在建筑行业工作，以及在工作岗位上的每次升迁，他从来没有提及他是富农出身以及他的父亲被判过三年苦役。因此家庭背景不好的他，也就从来没有受到丝毫牵连。

很久以后，叶利钦已经当上了俄罗斯总统，他终于找来了记载着他爷爷当年被镇压的第5644号案卷，仔细阅读。他已经回忆不起当年的情景，但仍能感受到当时父母受到的打击，"仍然不由自主地不寒而栗"。他的家庭遭遇只是整个国家悲剧中的一滴水。卷宗上面记载了富农爷爷的家庭境况，确实，按照当时的情况，依据拥有的财产，爷爷被划为富农绰绰有余。而父亲和叔叔1934年4月被判集中营劳改三年，被指参与了煽动反苏维埃的活动。真实情况是，父亲把食堂里一桶发臭的菜汤倒在地上，并骂了粗话——而这被视为反苏维埃活动。

父亲是个脾气暴躁的人。他为人豪爽，爱喝伏特加，经常喝得酩酊大醉——这些都是典型的俄罗斯男人的性格。而他对儿子的教育就是用皮带抽打。父亲的暴躁脾气，在家里的专横独断以及酗酒的恶习都传给了大儿子鲍里斯。鲍里斯的性格很多方面都极像父亲。他一生无论在哪里工作，特别是成年后和晚年，做事风格和生活方式都有着父亲留给他的这些鲜明印记。

与他父亲的性格相反，叶利钦的母亲是个安分守己的女人，一辈子竭尽全力尽一个母亲的责任。叶利钦三岁时，父亲被送去服苦役，养育孩子和支撑家庭的重担全落在她一人肩头。她后来又生了一儿一女。在极为艰难恶劣的条件下，克拉吉雅•瓦西里耶夫娜带着三个儿女艰难度日。父亲提前获释后回到家里，每每用粗暴的方式教育儿子时，她都是儿子坚定的保护人。母亲当年对他的保护和溺爱，又养成他极为任性倔强的性格——凡事一定要自己说了算，这也注定了他在哪个行业都要当老大，引人注意。受人支使听人指挥，他绝对受不了。这些性格在很大程度上左右了他的命运，造就了他独特的人生轨迹。

2 棚屋里长大的孩子

1936年，父亲将全部家什放在一个小马车上，全家人搬到了别列兹尼基市钾肥厂建筑工地，住进了工棚。……我们在工棚里住了九年。

在整个上学期间，我总是喜欢出馊点子、鬼主意。……有时候，我们的行为又和小流氓似的。……还有恶作剧、打群架……

——《叶利钦自述》

童年在叶利钦的记忆里黯淡无光。玫瑰色的梦轮不到他这样的孩子来做。爷爷是富农，人民的敌人，被发放到西伯利亚一个小村庄；父亲在他三岁时被判刑去做苦役。家里只剩下他和母亲，母亲独自带着他艰难度日。

还好，父亲和叔叔在修建运河中因为劳动卖力，获提前释放。1936年父亲回到家里和家人团聚。那一年叶利钦不足6岁。怎么养活全家呢？家里仅有的一头奶牛1935年死了，全家的生活更加困难。苏联这一时期正在加快工业化步伐，到处兴建厂房和大型企业，建筑业需要大量工人。在离他们村庄32公里远的别列兹尼基市（彼尔姆州），正在兴建一个大型钾肥托拉斯厂。父亲决定去那里碰碰运气，看能不能找到工作。几天后父亲回到家，将所有的家当装到一个小马车上，带着妻子和不到6岁的儿子上路了。父亲被别列兹尼基钾肥联合

叶利钦和父母、弟弟

厂录用，去做建筑工。建筑队分给他家一间板棚房，面积约20平方米。这将是全家的栖身之地。叶利钦和爷爷、父母，还有后来的一个弟弟和一个妹妹，全家在这里住了9年之久。

住在板棚屋的日子像一幅灰色图画，印在鲍里斯（叶利钦的名字，下同）幼小的记忆里。那是些极为艰苦简陋寒冷的日子。一排排用木板钉成的简易住房，都是为建筑工人准备的“家”。一排简易房住有20户人家，一条长长的公用走廊将各户连接，每间房屋面积都一样，约20平方米。每户人家都是全家老小挤在一起。厕所在户外，做饭洗衣的用水要到街头去挑。板棚完全不隔音，一家有事所有住户都听得见：做饭声、说话声、吵架声、音乐声、笑声、哭声……一个嘈杂的世界，没有片刻安宁。最要命的是这薄薄的板子抵御不住冬日的风寒，西伯利亚的冬季漫长并出奇地寒冷。北风怒号，冰封雪舞，寒气逼人。简易房里面和外面的温度相差无几。屋里的人冻得发抖，无处躲藏。在《叶利钦自述》中他说，家里有一只羊，建筑队分给每家一只，那只羊在冬季可真是帮了全家人的大忙。小男孩经常依偎在母羊身边度过寒冷无比的长夜。在母羊身边感觉真暖和啊，就像靠着一个小火炉。后来家里添了弟弟和妹妹，父亲的工钱买食品都不够，经常没有面包吃，还是那只母羊帮了大忙，每天挤的1升奶很浓，完全够三个孩子喝了。

这样简陋的工棚，如此艰苦的生活条件，但也有欢乐的时候。过年过节会从某个住户的房间里传来旋律激昂的快乐歌曲，这时住在棚屋里所有的人都会被感染，跟着一起唱歌、欢笑。

叶利钦6岁起就开始做所有的家务活：煮土豆，洗餐具，去街头挑水。后来有了弟弟和妹妹，他还要帮助照看弟妹。叶利钦在棚屋里慢慢长大。到了上学的年龄，父母将他送入别列兹尼基市一所学校就读。少年叶利钦学习很好，门门功课几乎都是优秀，但却顽劣捣蛋得出了名，品行课经常不及格，也因此他每年都要换一所学校，有一次是因为被学校除了名。但他无论走到哪里，都会被同学选为班长。

一家六口的日子过得很艰难。孩子们常常饿肚子。他的母亲回忆说，少年叶利钦经常吃不饱饭，放学回家后坐在屋里的一个角落里，摇晃着身体说：“我要吃饭，饿得受不了了，我饿……”暑假时，他不去玩耍，而是和母亲去干活，挣点面包钱。他什么活都干。在火车站他穿着一身褪了色的旧绒线衣、沉重的旧军用皮靴，卸货挣钱。为了挣点钱，他还可以帮母亲干缝纫刺绣等女人的活，而且干得十分漂亮。他经常和母亲去邻近的农庄干活，割青草，堆垛，打干草。打来的干草一半上交，另一半归自己。归自己的那部分可以卖一二百卢布，这样就有钱买面包和土豆。而孩子们都喜欢的点心糖果，想都别想，那是奢侈品。

少年叶利钦在艰难的生活中经受着磨炼，但是他充满朝气，精力旺盛。五年级时他怂恿同班同学从二楼的办公室一起跳下去，然后在生气的老师面前无所谓地摇晃着走过；他带着同学一起逃课，那是班主任的课，他不喜欢那个女老师，专门和她作对；他还将留声机的唱针插到德语女老师的椅子上——德国入侵了苏联，苏联红军正在前线打仗，他们却还得学德语，因此他们恨德语女老师——唱针只露出一点针尖，看不出来椅子上有东西，但女老师刚坐下就被扎得叫起来。这是一次大祸，校长和家长都来了。他经常打架，一次打群架有近百个学生混战，他被人打断了鼻梁骨，晕了过去，被抬回家。他根本不把老师放在眼里，在学校和老师作对更是经常的事，那似乎是他的乐趣。总之，少年叶利钦的很多举止完全像个地道的“小痞子”，打架闹事都落不下他，而打架的感觉他说很像在拳击场，那必定很刺激……

他十分大胆，桀骜不驯，敢于和班主任对着干。七年级毕业时，在隆重的全校毕业典礼上，叶利钦突然要求发言。所有的人都感到意外，校长更是。从没有学生在这样的场合要求发言。校长和老师们商量了一下，知道他是个学习优秀的学生，允许他发言。叶利钦走上讲台说：“谢谢校长给我发言的机会。我首先要感谢那些在生活中帮助过我们、培养我们学会思考和教会我们学习的老师。我将永远记住你们的教诲，谢谢你们！”校长和老师们满脸笑容，带头鼓起掌来。接下来他的话令人大为惊异：“但是，我还想说，我们的班主任不属于这类老师，她无权做孩子们的老师，并教育我们。她简直是在摧残孩子！”校长和老师个个目瞪口呆。这个学生竟然在毕业典礼上当着所有人的面批评自己的班主任。“礼堂里面乱作一团，整个毕业典礼已经无法再进行下去了。第二天，学校宣布取消叶利钦的毕业资格。”（参见《叶利钦自述》）这就是叶利钦被发了“黑证”的经过。这意味着鲍里斯从此不能在这个城市的任何学校读书。

他不仅被该校开除，还失去了继续读书的权利。小伙子完全不服气。明明是老师的错，却不许他讲，讲了就被罚“黑证”。于是他和妈妈奔走于区委等机构申述。最后他胜利了。他被允许转校继续学习，而他的班主任——据他说，在调查清楚后反倒被学校开除了。

这是叶利钦生活中的第一次反抗。他赢了，他原本就非常自信的感觉更加强烈。他说：“在我身上一直保存着十岁男孩的自我感觉：我什么都行！是的，我绝对什么都行！我能爬树，能乘着木筏在河上漂流，能穿越原始森林，

能数个昼夜不睡觉，能数小时在浴室里洗蒸气浴，能击溃所有对手，能做任何事情。”（参见叶利钦《午夜日记》）

但淘气出格的叶利钦没少挨父亲的皮带鞭打。暴怒的父亲挥起皮带抽在他身上的感觉，他一直记忆犹新。只要他在学校表现不好，闹了事，回家准得饱受一顿皮肉之苦。父亲咆哮着，恶狠狠地让他站在屋里的一个角落里，挥起皮带毫不留情地抽在他身上，并且一夜不准儿子上床睡觉。男孩很倔强，一声不吭，不掉泪也不求情，默默忍受着，而这更加激怒了父亲。鲍里斯又冷又饿，一整夜蜷缩在那个角落里。每当父亲关上门揍他的时候，母亲经常奋不顾身，冲进屋来，从激怒的丈夫手里夺过大儿子，尽力保护他。而鲍里斯已经摸准了父亲和母亲对他的截然不同的两种态度，前者粗野、暴躁，后者迁就、保护。不管他犯了什么过错，母亲都会原谅他。只要母亲在，他就不会挨饿受冻。母亲永远不会骂他，永远给他温暖，是他在家里挡住父亲拳头和皮带的一堵坚实的墙。叶利钦最后一次挨揍，是因为他在毕业典礼上公开反对班主任而被学校除名之后。班主任把这个消息告诉了叶利钦的父亲，可想而知他父亲暴怒到何种程度。尼古拉•伊格纳季耶维奇恶狠狠地回到家，“砰”一声关上房门，像往常一样挥起皮带要揍他，“但我抓住了他的手，第一次，对他说：‘够了！以后我将自学。’”（参见《叶利钦自述》）父亲绝对没有想到儿子竟然敢于反抗。他吃惊地看着鲍里斯，像看一个陌生人。那一刻他突然觉得儿子长大了，不再是个任他打骂的孩子。眼前的鲍里斯，他的大儿子，确实已经长得高大健壮，论力气和个头，他或许都已经不是儿子的对手。他愣了一下，扔下皮带，骂了一句粗话，摔门走了。从此，“我再没有被整夜罚站到角落里，没有挨皮带打”。（参见《叶利钦自述》）

父亲粗暴严厉，母亲慈爱保护，叶利钦的个性就在这样的环境中形成。有文章分析说：“父亲传给他暴躁、嗜酒、独断专行，母亲早年的关怀则在叶利钦心中演变为巨大的生存力和掌控权力的本能。”（《叶利钦的父母》，出自俄罗斯网站）

父母对待他的态度，一冷一热，就像冰与火，加上艰难的生活条件，却也将一个小男孩的个性淬炼得冷峻坚硬，无所畏惧。他顽强倔强，暴躁粗俗，决断敏锐，专横跋扈，从不认输，凡事他都要争第一。性格决定命运。叶利钦的这些个性在他日后人生的各个阶段都表现得淋漓尽致，并对他的命运产生了决定性的影响和作用。

3 少年冒险家

当你终于探出头来，猛吸一口气时，你简直连自己都不相信已经逃离了死神的掌心。瞧，我们那时玩的游戏多么惊心动魄啊！

——《叶利钦自述》

除了出奇地顽劣，中学生叶利钦身上还有一种冒险精神。他从不安分，总在寻找刺激。他喜欢冒险。在学校的种种恶作剧其实也是一种“冒险”。

春天到来的时候，离学校不远的兹良卡小河的冰雪开始融化，水流湍急，打着漩涡流向远方。河面一下变得很开阔。这时河面上经常会漂来一片原木，这是伐木工人将他们砍下的木材放到河里顺流漂下，然后再打捞上来。这样省去了运输这个环节。漂着原木的河流成为叶利钦和他的同学的游艺场。放学后，叶利钦常常带着他的伙伴们来到河边，他们想出一种有趣但很危险的游戏：从一根木头上跳到另一根木头上，踩着漂浮的原木，看谁可以到达对岸。这个游戏可不是那么好玩，需要速度和掌握平衡的能力。踩在漂浮的木头上面很难站稳，有时会一脚踩空，或者被木头晃入河中，这就更危险了。跌入河水里想出来很难，因为头上全是一个接一个的木头，源源不断漂过，你若从水里伸出头来，很容易被漂来的原木击中，有丧命的危险。但是叶利钦和他的伙伴们不管这些，他们兴致勃勃地跳上一个木头，再跃上另一个，经常跌入冰冷的河水里，爬上岸再重来。他们乐此不疲……多刺激！多惊险！多有趣！他要的就是这个。

叶利钦喜爱冒险，性格也显得鲁莽。12岁即将升入高中那年，一天夜里他钻进教堂，爬过三道铁丝网，将那里一个军火库的窗户的木条锯开，钻进去偷出两枚手榴弹。拿着这个铁玩意儿，他左看右看，感觉很好奇，这东西内部构造是什么样子？是怎么做成的？他决定打开看看。他和一个同学带着一枚手榴弹，来到城外60公里处的一片树林中，把那枚手榴弹放在一块大石头上，挥起一把铁锤使劲砸下。结果一声巨响，手榴弹爆炸，炸掉了他左手的两根手指。他忘记了拔除雷管。在回家的路上，他几次都要晕过去。后来在医院做了手术，将残留的两根手指截去，他的左手只剩下三根手指。

这是他自己后来的解释，但是存在不少疑问。С.Г.卡拉-木尔扎在《苏维埃文明》一书中写道，这个故事有太多奇怪的地方：哨兵巡逻教堂（仓库在教堂里）的时候，很难想象一个半大小子能将木条锯开，钻进去偷东西；另外手榴弹不可能带着雷管存放；最重要的是，手榴弹爆炸时怎么可能仅仅伤到两根手指，而没有炸伤其他地方。总之，叶利钦缺少的两根手指究竟是怎么回事，也像他的很多事一样，像谜一样让人捉摸不透。由于缺少两根手指，叶利钦被免去服兵役。

八年级开始他迷上了体育，特别喜欢打排球，也去滑雪和练体操。但排球是他的最爱，课余时间整天泡在排球场，回家也带着排球，随时练习发球。连睡觉时都将排球抱在怀里。叶利钦做每一件事，只要他喜欢，都非常舍得花力气，一定会全力以赴去做。左手缺了两根手指，也丝毫没有影响他打球。由于刻苦练习，他的球技提高很快。九年级时他已经是市里的排球运动员了。

最冒险的一件事是九年级学业结束后的暑假旅行。放暑假了，一个学期的紧张生活结束了。叶利钦准备和同学们过一个有意思的暑假。他们决定去旅行——不是一般的游览名胜古迹，而是带有探险性质的徒步旅行。中学期间他和伙伴们经常迈开双脚，在大自然中行走。这一次他们要去寻找亚伊瓦河的源头。

1948年，身为十年级学生的叶利钦

亚伊瓦河源头大约位于乌拉尔山脉附近，年轻人需要长途跋涉几百公里，还要穿过大片的原始森林，充满危险，非常艰难。叶利钦和他的伙伴们兴致勃勃，出发前做了充分准备。他们带足了食品、衣物、其他旅行必需品，每个人都背着一个大大的旅行包出发了。最初的几百公里走下来，比较顺利。然后要穿过一座原始森林。莽莽林海中罕无人迹，空气凉爽清新。小鸟在林中啁啾，松鼠在树头蹦过。脚下是一片片的苔藓、野草、蘑菇、缀满鲜红小野果的灌木。叶利钦和他的同伴们走了几天也没有走出森林。浩瀚的森林仿佛大海，望不到边际。随身食品都吃光了，他们有些心慌：怎么办？好在他们发现了核桃树，用核桃充饥，还有野果和蘑菇也可以替代食品。

亚伊瓦河的源头终于找到了，小伙子们很是兴奋，他们开始沿河往回走。此时大家已经精疲力竭，实在走不动了。“探险队”的领队叶利钦就将大家的所有东西集中起来，和当地一位老乡换了一条小木船。划船行走了一段路程，很不幸，他们迷了路，下船后小木船也漂走了。眼前是深不可测的森林。没有任何吃的，口渴难耐，只好将林中水洼里的脏水，用衣服简单过滤了就喝……终于走出了森林，但是所有的人都病倒了，包括叶利钦。因为他们饮用了不洁净的水，都患了肠伤寒，高烧40摄氏度。

幸亏路人发现，这帮年轻人被及时送进医院抢救。在医院他们住了三个月。这时已经开学一个月，很多人因病留了级。十年级是中学的最后一个学年。叶利钦在学年剩下一个月左右时回去上课。中学毕业考试已经临近，他决定无论如何也要参加。他不想留级，但是学校不让他参加考试。经过极力争取，找有关部门批准，他还是参加了考试，成绩还相当不错，只有两门功课是4分，其余都是5分。

叶利钦即将进入大学生活。开始他想报考造船专业，并已经找来不少参考书阅读，但最后他选择了乌拉尔工学院建筑专业。这是爷爷和父亲从事的职业。当然，他还需要经过入学考试。在进入大学之前，他去探望了爷爷。爷爷已经70岁了，听说他要报考建筑专业，就先给他出了一道考题：让他在院子里独立修建一个带更衣室的家庭浴室，不然不让他考建筑系。叶利钦马上自己干了起来。一个人打地基，一个人建起木墙，一个人在原木木墙外抹上苔藓……爷爷从来不到他的“工地”指导。他整整忙乎了一个夏天，澡堂终于建起来了。爷爷对他说，好了，现在你可以去考你的建筑系了。

由于有建筑作品，他很顺利地通过了考试。秋季开学时，他如愿以偿，进入乌拉尔工学院建筑系学习。新的生活开始了。

4 大学生·排球明星

（进入大学时）我的排球技术已经比较高超，成为市排球队队员。……在上大学的五年期间，我总是离不开球。……排球在我的生活中打下了深深的烙印。

——《叶利钦自述》

1949年中学毕业生叶利钦，已经长成一个身材魁梧高大英俊的小伙子，充满自信和朝气。他进入乌拉尔工学院建筑系所交的入学考卷就是关于农村浴室的建筑设计图。当然，他事先参考了爷爷有关浴室的设计图纸。这份考卷的得分是“优”。

9月他来到了斯维尔德洛夫斯克工学院，开始了新的生活，大学生的生活。这是一个新的天地，一切都新鲜有趣。周围全是陌生的年轻面孔，大家都充满活力。

叶利钦出色的排球技艺很快就被发现，学校吸收他加入排球队，成为主力，还担任了校体育运动委员会主席。就是说，学校的一切体育活动，他都要负责组织。刚入校的大学生叶利钦，就为这些职务——组织安排体育运动各项活动和排球训练比赛忙得团团转。乌拉尔工学院的排球队在全苏联算得上是一支水平较高的球队，是全国12个最具实力的排球队之一，因此比赛一场接一场，他和球队的球员们也就不间断地坐上火车，到全国各地参加比赛。为了获得好的比赛成绩，不比赛的时候天天都要进行训练。而且很快，他的负荷又增加了：他同时担任了四个排球队的教练。这样，叶利钦组织学校体育活动，当教练以及训练和比赛，几乎占去他绝大部分时间，学习只有放到训练和比赛之余来搞，常常是在晚上，甚至是深夜。他很要强，不想落下学业，更不想影响学习成绩，因此开夜车成为家常便饭。“那时我已经学会少睡眠，直至今天我还是这样的作息习惯。每夜只睡3.5—4小时。完全是这样，毫不姑息自己，当然不值得这样。”（参见《叶利钦自述》）

至于叶利钦在大学的专业学习情况，从他的回忆录中很少看到。里面基本没有谈他是怎么学习的，没有提到任何一位教授和老师——除了列吉斯基，没有谈到上了什么课，学到了哪些建筑知识，没有大学生的学习生活、学习小组、专业研究会、设计图纸的讨论、学术研讨会等等。学习这件事在叶利钦的回忆录中是个空白。实际情况也确实如此，学习在他的大学生活中并不是主要内容，五年（实际是六年，因病留级一年）的大学生活最主要的印记和记忆，就是排球场，训练，当教练，以及坐火车去全国各地参加比赛。

排球队员在大学受人瞩目，他们是大学的“体育明星”，地位特殊，让人羡慕。况且叶利钦除了“体育明星”的身份，还是学校体育运动委员会主席，是全校的“名人”。体育明星们肩负为学校争光的使命，很多时间花费在球场是必须的。学校和老师对此很理解，因而对他们的学习要求很宽松。球员们可以不来上课，可以无故缺席，可以迟到早退，老师都不予过问。考试嘛，不用担心，这对他们来说只是一个形式，每个球员都不会通不过。考试前每门功课只要突击4—5天，都会顺利得到好成绩。但也不是所有的老师都这样通融，比如列吉斯基教授，有时对他要求就很严。

大学第一年的暑假他还没有参加排球比赛，时间没有后来那么紧张，他决定利用假期扒火车去周游全国。叶利钦身上只带一点吃饭的钱，坐火车全部要逃票。这是一次冒险的旅行，但他喜欢的正是这样。

7月，他穿着一身运动服，戴着手表——旅途中很需要，脚穿一双运动鞋，头戴一顶麦秸编的草帽，提着一个不大的人造革箱子出发了。他选好了要去的地方——很多，几乎遍及全国，开始了冒险旅行。叶利钦一般夜里都坐火车——坐在火车顶上，或者站在两节车厢之间的接合部，看着四野的风景（夜景），白天则在某个城市游玩。他光顾了苏联很多有名的城市，例如列宁格勒、基辅、明斯克、索契、雅尔塔、伏尔加格勒等地。

大学时期的叶利钦

1950年的7月恰值苏联大赦，无数犯人从监狱里释放。其中有不少是斯大林冤案的受害者，也有不折不扣的各种罪犯。他们可以回家了，但是没有钱，于是只好扒火车回家。叶利钦在扒火车旅行中，遇到了几个刚刚走出监狱的犯人，还和他们赌了一把。

那是在开往喀山的一列火车顶上。当时他独自一人坐在火车顶一端，看着沿途的风景。远处的森林，近处的小村落一一从眼前晃过。车顶另一头还有七八个人。叶利钦没有和他们搭话。他不知道他们是什么人。那群人中一个人向他走来，问他叫什么名字，“难道也是刚被放出来的？”听到这话，叶利钦立刻明白这些人正是刚刚从监狱里释放出来的。他告诉他们自己是大学生，暑假想到全国看看，没有钱只好坐在火车顶上。那帮人笑起来。“你这个小家伙还真有勇气。我们正在玩赌，你敢不敢来赌上几把？”一个人问他。叶利钦说他从来没玩过，也没钱赌。“你身上不是穿着衣服吗，敢不敢拿它来赌？”年轻气盛的叶利钦抬头看了看他，然后将衣服脱下，扔在车顶上说：“有什么不敢的，赌就赌。”他很快就输了个精光，所有的衣服加那块手表，“只剩下一条裤衩了”。那帮人笑着对他说：“现在，我们要赌你的脑袋。如果你赢了，我们就把所有的东西都还给你，如果输了，我们就把你从火车上扔下去，而且要给你选择一个合适的着陆地点。你敢吗？”叶利钦毫不示弱地说：“赌！”连他自己都没想到的是，这次他居然赢了，而且赢了好几把。他把那些输掉的东西又一件件赢了回来，只是那块爷爷给他的老式手表没有拿回来……

这次旅行真让叶利钦开了眼界。两个月的时间，他饱览了很多城市的风光，见识了祖国的广阔。而且，他这一趟旅行基本没花什么钱，是免费的。9月叶利钦风尘仆仆回到了大学。打球，训练，学习，紧张的生活又开始了。

叶利钦白天在球场训练，每天训练6—8小时，夜里加班突击学习，有比赛的时候奔赴全国各地区参加比赛，忙得不亦乐乎。生活异常紧张、劳累、超负荷，即使再年轻力壮，身体也会出问题。此外叶利钦还担负着教练和校体委主席的重任，那段时间他承受的压力和负担超过了极限。他终于病倒了。咽喉发炎，高烧40摄氏度，但他没有休息，照样去指导球员训练。在训练场他突然感觉心脏狂跳，浑身乏力，大汗淋漓。同学们将他送到了医院。大夫检查后说，情况很严重，一定要卧床休息，心脏才有可能康复，否则会留下毛病。需要卧床休息多长时间？叶利钦问。医生的回答吓了他一跳：至少四个月！别说四个月，就是四天在他看来也无比漫长。他暗暗盘算，怎么从这里逃出去？

几天后的一个夜里，他将一条用自己病房的床单和被罩撕成的布条拧成一个大绳，挂到窗上，然后顺着大绳滑到楼底。他从医院跑了，回到了别列兹尼基的家。休息了一阵子，他返回了学校。生活又恢复了老样子：打球，训练球员，四处参加巡回比赛，加夜班学习。他的身体也就一直没有得到彻底恢复，总是周期性地犯病。年轻人太没把自己的健康当回事。而他的心脏大约从那时就埋下了隐患。随着年龄逐步增长，到了五六十岁，心脏的问题也越来越严重。

叶利钦不仅是很有名气的校排球队员和排球教练，还是学校社会活动的积极分子，主要领域在体育方面，而政治活动，例如共青团和党务工作，他不感兴趣，也没有多余的精力参加。他的精力全部在排球上。他不是党员，也没有迫切入党的愿望。校体委主席的职责和教练的身份也很锻炼人，叶利钦的组织管理以及培训才能，在大学期间都得到了很大锻炼。这些能力与行政和党务领导才干有共同之处。所以当他后来突然对政治有了兴趣并涉足政坛后，能很好应对并不断升迁，就不足为怪了。

1955年，叶利钦大学学业结束了。毕业论文答辩后一小时，他就踏上了去第比利斯参加排球比赛的火车。整个夏季都在比赛，9月回来等待分配。最终，他被分配在乌拉尔重型管道建筑托拉斯。

5 爱情故事

我们相互间没有热情洋溢地表白过爱情，虽然我知道我非常爱她，并且这种爱坚如磐石，但却没有表白。……我们第一次表达爱慕之情是在上二年级的时候……

奈娜接受了我的固执、不驯服的性格，也因此爱上了我。她和我生活在一起并不是很容易的。

——《叶利钦自述》

叶利钦因病留级一年，却因祸得福。在新的班级里，他认识了同班同学奈娜，奈娜后来成了他的妻子。叶利钦那时住的宿舍共有6个小伙子，奈娜住的女生宿舍也有6个女孩，两个宿舍相邻，12个大学生结为一个关系极为密切的小团体，他们称为“集体农庄”。一名女生管理财务，将每个人的钱集中在一起，“集体农庄”的成员用这些钱一起看电影、郊游、听音乐、聚餐。大家在一起十分愉快。

叶利钦是学校体育运动委员会主席，又是很受瞩目的学校排球明星，还兼任好几个排球队的教练，在学校很有点名气。高大健壮的排球明星也是很多女生心目中的“白马王子”，爱慕他的女生很多，奈娜是其中之一。而奈娜则是个很不惹人注意的姑娘，负责寝室卫生的她安静、本分、性格随和，从不出头露面，和所有人都相处得很好。她像不少女生那样一直喜欢叶利钦，暗暗希望这个充满朝气很有才干的男生能喜欢上自己。但她谦恭的性格又使她觉得自己不一定配得上他。所以她只是耐心等待，不主动，不想强求，而是顺其自然。在叶利钦爱上别的姑娘时，她一点也不嫉妒，依然与叶利钦保持着良好的朋友关系。在毕业的时刻，叶利钦终于选择了她，这让她欣喜若狂。她一直盼望的就是这一天。

人们一直很奇怪，两个性格、爱好、为人处事截然不同的人，如何走到了一起？又为何能一辈子和睦相处？他们有着怎样的爱情故事？2010年11月28日，他们的女儿塔季扬娜•尤马舍娃在自己的博客里详细讲述了父母恋爱的经过。这里还是援引塔季扬娜的讲述最为真实生动。

她在日志里这样写道：

父母从不接触这个话题，无论爸爸还是妈妈。我们也没问过。我们的问题会烦扰他们，让他们不好意思。有一次我们全家在2月1日庆祝爸爸的生日。当一些客人走后，不记得是姐姐还是哪个外孙突然问外公和外婆，你们是怎么认识的？后来又如何相爱的？没料到妈妈开始讲述。

我尽量复述她当时讲的内容：我进了乌拉尔工学院读书后，我们建立了牢固的大学生团体——6个姑娘6个小伙子。鲍里斯也加入了这个团体。他不仅在我们中间很突出，而且在整个系里都很显眼。高大、运动员的体魄、打排球，学院立刻要他参加了校排球队。他为人机智俏皮，学习也好。所有女孩都喜欢他，我也一样，但对他并没有一点特别的感觉。

大概二年级时我们建立了十分密切的友谊。但这还不是爱情。我只是把他作为同学和朋友。有过这样的小插曲，一次学院晚会后，我们一起散步，一整夜，谈心，甚至真正地接吻。但后来再没有这样过。我们就像没经历过那一夜，只剩下善意和友谊，或许比以前多了些温馨。所有的同学都知道我们之间没有什么特别关系。因此不间断地有爱上鲍里斯的女友来找我，分享她们的感受，让我帮她们出主意提建议，怎样才能使鲍里斯也有同样的感觉。我认真地给她们出主意，而且他也爱上了我们其中一个女孩儿，过了一段时间又爱上另一个。他们一起跳舞、接吻，但我并不嫉妒。

可以想象我们那时的关系。他家有时来亲戚，就住在他的宿舍过夜，睡他的床。鲍里斯就来到我们女生宿舍挤一夜，在我的床上，我们睡在一张床上，但却是头对头，一个头在这边，另一个朝那边。记得他妈妈来看望他，不知为何立刻对我产生了好感，非常热情，叫我“娜耶齐卡”（奈娜爱称）。她当着我的面对鲍里斯说，瞧，多出色的娜耶齐卡，有这样的女孩在你身边，还需要什么女友呢？我和鲍里斯在一边笑。但他反正还那样，不过待我有点特别。外出时给同学写信，给自己的女友，也给我。或者来到我的房间，亲吻我的面颊，开玩笑地问：“我们什么时候结婚？”

升入五年级了。论文答辩之后，我祝贺他，亲了他脸颊，问他：“你分配到哪儿了？我分在了奥伦堡。”他说留在斯维尔德洛夫斯克。我们明白就要分离了。那时他说，一年后我们见面并结婚吧。我

叶利钦和奈娜

对他说："你疯了？"他说："没有，我是认真的。"我们说好整一年后见面。我同意了。我一直喜欢他。我同样认为我们应当相互考验，万一这只是一时的冲动，并不严肃。

我去了奥伦堡，回了家。他留下了。当然，我挺担心，心里只想念他一个人。工作分散了我的一些注意力，这是毕业后生活经历中的第一个工作。但工作之余回到家里，思绪又飘向鲍里斯。我非常思念他，强烈地感到我多么需要他！我的老朋友甚至已在追求我，但我拒绝了。万幸，鲍里斯一直给我写信，热情温柔。我也回信。即使这样，我也一直焦虑不安。万一他不守信？他周围经常有爱上他的女孩。但我驱除了这种愚蠢的想法。

这样过了一年。突然有一天我收到一份电报，从古比雪夫（现名萨马拉）发来："鲍里斯住院了。心脏有问题。速来。"签名的是我们同班的一个同学。鲍里斯此前写信说，他在那里参加排球比赛。我抛下一切，向单位请了假，买了去古比雪夫的车票，到了那里住在女友的亲戚家。我给体委打了电话，询问排球运动员的住处。我打算找到他们队的队员，再打听他住在哪个医院。我去了医院，坐在休息室，突然看见一个人朝我走来，竟是他！他紧紧拥抱住我，把我搂在胸前。我说："你住院了，有心脏病！"他看着我微笑着说："我不能再等了，想让你立刻飞来。心脏确实有病，我没骗你，为你得了相思病而疼痛，浑身无力。我们结婚吧。"

那天我们沿着伏尔加河散步。这是一个永远忘不掉的时刻。一整夜我们都在散步。第二天早上我坐火车回来上班，鲍里斯过了几天直接从古比雪夫来到我家求婚。我们就这样结了婚。

叶利钦在《叶利钦自述》一书中也谈到大学期间他和奈娜的爱情故事。他最早爱上了另一个女孩，"但在我们大学生大家庭的友谊中，我越来越注意一个女孩，就是奈娜"，"她总是很谦逊，彬彬有礼，温柔。这很适合我吹毛求疵的性格。我们相互渐渐滋生了好感。但即使这样甚至吻她也只是像和其他女孩那样，只在脸颊上亲吻。这样的关系持续了很长时间，但我心里明白了，我爱上她了，强烈地爱上了她，这种感觉不会消失"，"运动，没完没了的排球比赛，训练，我在球场上，娜佳（奈娜）坐在长凳上看，于是我看见她的脸，那么平静，闪烁着光彩"。

有人这样解释这两个完全不同类型的人的恋爱：鲍里斯从奈娜身上看到了母性的关爱、节俭和干净。最主要的是她与其他女生不一样，她有着非凡的忍耐性和坚韧性。她心态灵活，随时准备妥协。叶利钦像一艘破冰船，一直向前，带着破裂声和击碎的冰在自己的道路上，任何时候都不偏离既定的航向。与叶利钦相反，奈娜就像太平洋的水，同样有力量有热情，但却善于运用各种形式……坚固的金属和柔和的水，两种自然力量，两种人，却相得益彰，很合适。

叶利钦的母亲很喜欢奈娜，她一眼就看上了这个女孩儿。这肯定也对叶利钦最后的选择产生了不小的影响。为什么叶利钦的母亲这么喜欢奈娜？其中一个原因据说是奈娜的家庭和叶利钦的家一样，祖辈都属于俄罗斯旧教。相同的信仰背景一下就拉近了她们的距离。当然奈娜的性格肯定也是未来婆婆立刻喜欢上她的原因。谁不喜欢性格温柔安静本分的女孩呢？她知道自己儿子的性格，也清楚只有像奈娜这样的女孩最适合儿子。她的眼光没错，她的儿子也承认：我爱她温柔、细腻、善良。

奈娜的教名是阿纳斯塔西亚•基莉娜，在家里叫奈雅，在学校的名字是奈娜。1932年3月14日出生于旧教派家庭，家里人都从不沾酒类，认为那是罪孽。但后来她却无奈地看着丈夫酗酒。奈娜柔顺善良，没有一丝恶意，她的这

叶利钦和两个女儿

个天性令朋友们震惊。叶利钦家庭传记作者说，在她的家族里找到了犹太血统。叶利钦虽然对所有的人都说她是俄罗斯人，但奈娜的名字本身却令人怀疑。俄罗斯人没有这样的名字。叶利钦的妈妈曾经告诉记者，奈娜是犹太人，但是个“好犹太人”。

叶利钦亲自上门求婚后不久，他们就举办了婚礼。据他的排球队友回忆，叶利钦的婚礼在集体农庄庄员之家举行。大厅中横着一张巨大的排球网，网上有亲友写的祝贺标语：祝你们幸福！多生贵子！出席婚礼的约100位来宾，全都是大学生。新郎和新娘在大家的祝福中结为连理。

婚后不到一年，他们的第一个孩子降生了。叶利钦非常想要一个儿子，但却得到一个女儿。叶利钦向朋友们表示：下一个肯定是儿子，若还是女孩，“我就头朝下跳楼”。1960年奈娜又住进了医院妇产科。叶利钦把她送进产房，满心等待着儿子的降生，按照传统习俗，他在奈娜枕头下放了一把斧头和一顶小军帽。他的朋友也说，这回准是个男孩儿。但奈娜又生了一个女孩。叶利钦沮丧地给朋友打电话说：“快救救我吧，又生了一个女儿。再不能生了，否则还是女孩。”正是这个差点让他跳楼的第二个女孩，长大成人后却成为他最信任最得力的助手，在帮助他第二次竞选总统时起到了极为重要的关键作用。他对他的塔季扬娜很满意，很喜欢，很自豪。

6 从建筑工起步

上头任命我当工业项目建筑工地的工长。可是我说，我暂时还不想当工长。……马上去做工长，管理工人，而不亲自动手干一干，这是一个很大的失误。我决定先用一年的时间来掌握12门建筑专业。

——《叶利钦自述》

叶利钦大学毕业后，来到斯维尔德洛夫斯克州乌拉尔重型管道建筑托拉斯，开始了他人生的一个新阶段。时间在1955年夏天。

我们这里暂且耽搁一分钟，跨越时空，来看看另外两个人——戈尔巴乔夫和普京这个时期的情况。前者是多少年后被这本书的主人公取代的苏联第一位和最后一位总统，后者是由叶利钦亲自选定而接替他的俄罗斯第二位总统。

当叶利钦风风火火在建筑工地上刻苦迫切地学习建筑技艺时，以及后来在斯维尔德洛夫斯克的各个建筑工地上奔忙时，戈尔巴乔夫也毕业返乡了。充满朝气的莫大高才生在家乡兴致勃勃、干劲十足地干着共青团的工作。他在另一条小路上奔波：斯塔夫罗波尔市通往各个村庄的土路上，他去那里调查了解基层团组织的情况，鼓动团员的积极性，力求发挥出他们建设社会主义新农村的积极性。普京呢？普京那时不过是个三岁的小男孩，正在列宁格勒巴斯科夫胡同的大杂院里每天和同院的小朋友们嬉戏玩耍。三个人在多少年后，都相继登上了俄罗斯的政治舞台，在苏联—俄罗斯历史剧变这场大剧中担当主角，并且他们的命运也先后纠结在一起。

再来看本书主人公叶利钦。这个人的思维总是和别人不一样，在中学和大学就处处显示出与众不同，大学毕业后工作的第一天再次表现出来。建筑系毕业的大学生分配工作后，顺理成章马上就可以担任工长。但是叶利钦对领导说，他要先当一名普通建筑工，学会建筑行业的12门专业技术，再当工长。他解释说，在大学时他就已经认识到，学校学的理论和实际工作有差距，特别是建筑行业。不当工人直接去管理，“这是一个很大的失误”。只有当过建筑工人，了解和熟悉建筑行业的每项工作技能，才可能当好工长。因此“我决定先用一年的时间来掌握12门建筑专业”。

叶利钦说干就干。此后一年时间，人们在建筑工地的各个工种场地、车间，都会看见一个高大魁梧的年轻人刻苦学习各门技术。他先在砖坯组学习，经常加班，很快掌握了简单制作，又接着学习复杂的砖坯技术，不久就得到了技术评定等级。接着去当采石工和混凝土工，推着装满混凝土的小车在又窄又高的脚手架上行走，这着实不容易。然后去学木工、细木工、玻璃工、抹灰工、油漆工，还学会了开吊车和自动装卸车。叶利钦凭着一股倔强和不怕苦的精神，在建筑行业各工种中和工人摸爬滚打在一起，一年期间学会了建筑业十二般武艺。辛苦、劳累不必说，还出过几次惊心动魄的事件。

一次他开着大车运送混凝土，货车已经服役时间很长，机件老化，开到一个火车道岔口时，车突然熄火，怎么也发动不起来。要命的是刚好一辆火车飞驰而来，眼看就朝他和货车冲过来了，万分紧急关头他使出全力踩了离合器，车笨重地抖了几下，最后一瞬间离开了铁轨，只差几厘米就被撞上了，火车擦着大货车的边呼啸而过。叶利钦被吓得不轻，从驾驶室出来在路边坐了半天，然后还是将这一车混凝土运到了工地。

另一件事也让他至今想起来都后怕，那是一次开吊车的经历。当时他在乌拉尔化学机械厂宿舍建筑工地开吊车。一天下班时他忘记了一件事：将停在轨道上的吊车用专门的挂钩挂好。夜里已经睡下，突然外面风声大作，接着下起瓢泼大雨。叶利钦被风雨声惊醒，突然想起吊车。他向窗外望去，惊恐地发现那个吊车的塔吊正在慢慢滑动。糟糕！他跳起身穿上衣服就向工地跑去。奈娜也吓坏了，跟着他一起跑去。工地一片漆黑，在黑暗中他摸到了开关，合上电源，然后顺着窄窄的铁梯爬上驾驶室，眼看吊车还在移动，马上就要滑出轨道，然后是轰然倒塌，吊车将会报废。叶利钦坐在驾驶室万分紧张，思索了一下决定松动刹车，起作用了，虽然吊车还在滑动，但是速度已经减慢，这时叶利钦拼足了所有的力气，将吊车向相反的方向开去。终于在差几厘米就滑出轨道的地方停住了吊车。真是万分惊险！还好，一场事故化险为夷。在一边看着的奈娜惊恐万状地朝他喊道：“快下来，你会摔死的！”“在这种情况下我将生死置之度外，决心要挽救吊车。”（参见《叶利钦自述》）

不错，精神可嘉，可是人们会问，为什么在下班的时候没想到爱护吊车呢？那时细心一点挂好吊车，不是更能保护国家财产吗？自己也可以避免一场虚惊。在处理这么惊险的事故中，确实表现出了年轻人的果断无畏，但无疑也反映了他的粗心鲁莽。这件事后来一直让他后怕，甚至在梦里还重现这个惊险的场面：吊车轰然倒下，发出巨大的声音，自己也随着摔到地上……幸好只是一个梦。

叶利钦一年间在基层磨炼自己，不仅学到了各种建筑技艺，而且熟悉了建筑各行业。他为自己下一步的工作打下了坚实的基础。此时他对领导说，现在可以让我去当工长了。

工长是建筑业最基层的管理者，和工人在一起，什么活都得干。工长干活不比工人少，而且还要负责整个工地的工作，完成上级的各项任务和指标。工长的职责既辛苦又负有重大责任。据当年和他在一起工作过的人讲，身材高大魁伟的年轻工长，脚穿一汉靴子，身穿一件普通工人穿的夹克，在工地上指挥工人，和工人一起完成一个个建筑工程。他身上有一股拼命工作和能够克服任何困难的精神。他不怕苦不怕累，带头苦干，早来晚走，严格要求自己，他对工人要求也很严厉，是一个说一不二和非常固执态度生硬的工长。

叶利钦在很多建筑工地当过工头，比如乌拉尔化学机械联合体，市内某个学校、幼儿园、文化宫等。每一项任务他都力争出色按期完成，每一处建筑工地上都留下了他的脚印，洒下了他的汗水。他在工作中还处处精打细算，节省经费，并破除一些多年形成的不合理做法。例如，建筑工地有一个由劳改犯组建的班组，他们的工钱是按照他们完成的劳动额计算发放，但是没有专人计算，而是根据他们自己报的多少来定。叶利钦仔细查看了他们报来的数字，又核实了他们实际完成的任务，发现这些犯人上报的数字有假，比实际干的活多出了一倍，就是说他们冒领了多出一倍的报酬。这绝对不合理。叶利钦当即改正了这一做法。这样一来惹恼了劳改犯。有一天，其中一个人突然闯进叶利钦在工地的小屋，他手里拿着一把斧子，杀气腾腾，目光凶狠，对叶利钦说："这么多年来都是如此，为什么你要多管闲事？我是个犯人，我可以杀了你。"叶利钦大喝一声："你给我滚出去！"那个犯人扔下斧子，灰溜溜地出去了。

后来他被派去梳毛厂当工段长，完成对梳毛厂的改建工程。这是一座庞大的7层建筑，是全国数一数二的大型毛纺企业，年产量600万米布匹。但厂房破旧，钢梁布满锈迹。市委决定翻修它，以适应发展轻工业的要求。叶利钦接受了这项艰巨任务，以惯有的干劲和作风，全力以赴投入了工作。当年奋战在那里的情景，他多少年后还记忆犹新。他在《叶利钦自述》中说，每天早上6点从住处出发，步行10多公里，将近8点才能赶到梳毛厂。工地上有1000名工人，后来增加到2000人。偌大的建筑工地，人声鼎沸，热火朝天，工人们不分昼夜苦干。终于要完工了，往里面搬设备的时候，却发现出了差错：整栋大楼居然摇晃起来。他和工学院的教授一起找到了原因：水泥预制板支撑不牢固，加上机器设备完全放在了厂房的一面，大楼就发生了共振。于是返工重来，将预制板掀起重新焊接，再把机器分散摆放。问题终于解决了，改建工厂的任务也顺利完成。叶利钦和所有的人都累得筋疲力尽。

叶利钦对工作永远干劲十足，十分不惜力，总能很好地完成任务。他像一名战士，在工地上冲锋在前，不怕吃苦劳累。但他暴躁的脾气、生硬的工作方式、对下级的粗暴和不尊重，也引起很多人不满。他的上级领导经常会听到来自下面的负面反映。但总的来说，上级对他的工作是满意的。最主要的是，他肯干，在多大的困难面前都能找到出路，按时完成任务。

由于努力工作，成绩突出，几年后叶利钦被任命为十三建筑局总工程师。这已经是局一级领导了。但他和局长尼古拉•西特尼科夫不投契，经常争吵，矛盾不断，有时几乎会打起来。建筑局局长多次要求撤他的职，甚至将他告上法庭。叶利钦据理抗争，最后没有判他有罪。他赢了。在和局长的矛盾中他毫不相让，坚持己见。他的不服输、性格耿直、直言不讳、不考虑后果的个性都突出表现出来。这是他的性格，也是他总结出来的人生原则。当年13岁的叶利钦从父亲手里夺过了皮带，父亲从此不再打他，反抗胜利了。因此他得出结论，凡事要敢于抗争，而抗争的结果一定是自己胜利。在他当上基层领导后，以及后来一步步上升的仕途中，抗争、不满、意见和苦干、拼命一样，从来都伴随着他。

1961年叶利钦挺顺，他当上了建筑局局长，不久又入了共产党。那年他整30岁。他在建筑行业工作了6年，已经成为一名年轻有为、具有专业知识和实践经验的干部。他一直没有迫切要求入党，但这一次是认真地经过思考做出的决定。据说他的入党申请书表达了他对党的认识和诚恳要求加入共产党的愿望，这与当时入党申请书流行的那套陈词滥调颇有差别。他在《叶利钦自述》中说："我真诚地相信党所奉行的理想和正义，并且也同样怀着一颗真诚的心加入了共产党。我曾经仔细地研究过党章、党纲以及党的缔造者，一遍又一遍地阅读过列宁、马克思和恩格斯的著作。"在讨论叶利钦入党的会议上，他被提了很多问题，甚至要他回答马克思有关商品和货币关系的论述在《资本论》哪一卷哪一页。叶利钦知道，其实没人对《资本论》那么精通，包括提问的人，于是他信口说了答案，提问的人很吃惊："您真行！"于是他顺利被接受入党。但在他成为苏共党员的第二天，却受到党内处分，原因是他负责的寄宿学校建设没有按期交付使用。他说，那根本不能怨他，负责那个建筑项目的前任半路交给了他，接手时一塌糊涂，根本无法按期完成，最后的结果却要他来承担，真是很不公平。但处分还是记到了他崭新的党证上，直到几年后换发新党证才抹去。他对此一直耿耿于怀。

32岁那年，叶利钦在州委书记里亚博夫的举荐下兼任新成立的住宅建筑联合体总工程师。这是一个很重要的岗位，负责整个城市的住宅建设。担任这一职务对于叶利钦今后的发展很重要。他在《叶利钦自述》中说，对新的任命他并不是很向往，因为原来的职务他干得得心应手，工资也很高，所以他是“不情愿”去上任的。但里亚博夫的讲述却与他说的不尽相同。

雅科夫•彼得罗维奇•里亚博夫，这个人对叶利钦的命运来说至关重要，被一些人称为叶利钦的“灰衣主教”。他自己说，叶利钦那些年一步步地提升——共计有五次，直至最后坐上了斯维尔德洛夫斯克州委第一书记的交椅，都是在他的力荐和支持下得到的。用他自己的话说，是他“生”了叶利钦。州委书记的话既有权威又有分量，因为他自1960年起始终都是斯维尔德洛夫斯克州的第一（有一段时间是第二）把手。

里亚博夫比叶利钦大三岁，当地人，也是叶利钦的校友，1952年毕业于乌拉尔工学院。1960—1976年16年时间里都担任斯维尔德洛夫斯克州委第一和第二书记（1971—1976年），1976年调入苏共中央任书记处书记。正是他走后，叶利钦接替了他的第一书记的职务。

多年后，2003年8月19日《莫斯科共青团报》刊载了里亚博夫答记者问的长文，其中谈到了当年叶利钦被提拔的过程。这里有必要引述一下：

> 60年代初，32岁的叶利钦给人的印象是年轻有为。鲍里斯以自己的执着完成工作。他明白这一点。正是他的这一责任心使他获得了这样的形象，但即使这样，也没能改变自己对下属的粗俗和蛮横无理。叶利钦信奉的是，“为了事业”就应当对“下属施压”。文雅点说，就是他们永远都不明事理，对他们讲道理行不通。
>
> 这只是对下属，对领导叶利钦采取另一种态度，即阿谀奉承、谦恭、随时随地尽力满足他们的要求。对我经常这样拍马屁，说实话大家都感到很不舒服。
>
> 但那个时候，1963年关于这个谁也没有去考虑。叶利钦的拍马奉迎博得了领导层的好感。
>
> 两年后即1965年，他得到了住宅建筑联合企业经理的职位。

按照里亚博夫的讲述，叶利钦对提拔还是很在意的，不惜阿谀奉承领导。从中也可以看出叶利钦当年的工作作风：对下粗暴无礼，对上奉迎讨好。

里亚博夫这篇谈话还披露，叶利钦被提拔几个月后，即1966年初，出了一件事，差点葬送了他的前途。在审查关于叶利钦1961—1965年工作荣获优秀专家列宁奖章一事时，突然一份电报发到莫斯科，说市内一条街道上的一栋五层楼夜里倒塌了，那正是叶利钦负责建筑的。里亚博夫说："我记得，党委书记米哈伊尔•谢尔盖耶夫建议取消叶利钦的奖章，第一书记康斯坦丁•尼古拉耶夫支持他，其他人等我的意见。我说我亲自来处理这件事，并让中央政治局调查此事。"后来的调查结果是，由于地基是在冬天打的，很冷，混凝土没来得及填够。春天一化，地基下沉，导致建筑倒塌。所幸的是没有人员伤亡，因此没有人追究建筑者的刑事责任。里亚博夫将此事的责任揽到自己身上，也是为了叶利钦仍能获得奖章。这是叶利钦获得的第一枚奖章。

担任住宅建筑联合体总工程师后，他接受了在5天之内盖好一栋5层大楼的实验性建筑任务。他完成了。接着又开始建设一个实验性生活小区，任务完成得也不错。他还给建筑工制作了专门的服装，得到工人广泛好评。每当年底他都常常出现在建筑工地，看望建筑工人，特别是那些女工。年底的活最艰巨繁重，为了完成建筑任务，经常三班倒。他经常到女工班组和她们一起干活，糊墙纸，刷窗户，了解情况，大家相处很愉快。叶利钦还为她们解决了不少实际问题：比如在盥洗室为女工们特意安装了一面大镜子，节日为女工们送上礼物，给女工们买布做连衣裙等。一般来说建筑工人对这样的领导反映也不错：深入基层，关心工人。尤其是，叶利钦不仅严格要求工人，最重要的是他自己以身作则。

虽然叶利钦自身的弱点十分明显，他为此受过多次批评，在必要的时候也有所收敛，但在骨子里他却并不服气，而且记恨那些给他提意见的人。他在晚年回忆往事时，依然极为自信地说："我做的一切都是公正的。"（参见《叶利钦自述》）这话确实显得有点自负和专横。但是不容否认的是，他的优点确实也很突出。没有他做不成的事，没有他完不成的任务。完成任务最重要。这是一个人的仕途道路上最坚实的基础。

1969年，他当上了州建设部部长。

7 州建设部部长

我不太情愿地同意了这个职务（州建设部部长）。……但我还是去了。我想由此再迈出人生道路上新的一步。

——《叶利钦自述》

1969年，在基层干了14年之后，叶利钦担任了斯维尔德洛夫斯克州建设部部长，成为建筑行业行政管理部门的领导人。这在他的仕途上是一个大台阶。在这个职位上干了7年后，叶利钦一步迈上了州委第一书记的职位。

叶利钦这次升迁自然离不开里亚博夫的力荐。里亚博夫时任州委第二书记。他回忆说："当时建筑部门的党委领导人健康状况不好，快要退休了，因此该部门需要补充年轻有活力的干部。"里亚博夫脑子里第一个闪现的就是叶利钦。但从大学时就认识叶利钦的人都警告里亚博夫，叶利钦的性格很不稳定，他们从大学时期就了解他，他们直言，这个人妄自尊大，不择手段向上爬。我当时问他们："如何评价他的工作？""那没问题，但只完成上级交给的任务。"叶利钦那时37岁，大高个，运动员体形，是一个富有相当经验的建筑领域的年轻领导者，市党委成员。里亚博夫看中了他，提拔了他。据说，叶利钦当上州建设部部长后，把那些对里亚博夫说他坏话的人都列入了自己的"敌人"名单，并想尽办法毁坏他们的前途。此后，"他开始向往高升，渴望在党的职位上得到提拔。我不止一次暗示他，如果改变自己的性格，保证他能升迁"。

在仕途上一路顺畅，叶利钦干劲十足，一如既往地拼命工作。当上斯维尔德洛夫斯克州建设部部长四年后，他对从政兴趣大增。里亚博夫在文章中谈到：约在70年代初他似乎悄悄改变了。他想沿着从政这条路向上攀升。为此，"有几个月叶利钦严守自己的策略，不动声色，竭力讨好我，想尽办法接近我。这是从未有过的。但他这样没坚持多久。他的本性早晚会显露出来"。果然，不久，里亚博夫又听到了叶利钦的下属对他的抱怨。里亚博夫按捺不住，决定再次和叶利钦谈话，帮助教育他。里亚博夫拟好了谈话内容：

1976年，叶利钦（右二）和州委书记里亚博夫等审阅文件

1. 妄自尊大，目中无人的问题；

2. 不尊重同事，包括州党委委员，粗暴、简单、生硬待人，如果自己不懂就不要插手别人的事；

3. 对建筑工的意见过分敏感；

4. 待人态度生硬，甚至粗暴，没有策略，侮辱人，气量狭小，脾气暴躁，甚至对合乎情理的请求也会这样；

5. 任何时候都摆脱不掉本位主义，这不好，甚至是致命的。（摘自里亚博夫与叶利钦谈话的日记）

谈话在里亚博夫的办公室进行，气氛不算轻松。听了第一书记提出的意见，叶利钦面孔涨得通红，皱着眉，很不情愿地点点头，“甚至没有对着我点头，问道：‘就这些？’我说暂时就这些。他说：‘可以想想吗？’我说：‘请便，但应当总结，我已经不是第一次和你谈这个话题了。’他什么也没说，起身走了。”令里亚博夫奇怪的是，这次谈话后叶利钦的坏脾气没有发作，而是试图改正，调整了和领导的关系。当然当时的情况很特殊，需要说明一下。1976年秋季，斯维尔德洛夫斯克开始风传一个消息，第一书记里亚博夫不久将调任中央书记处书记，谁接替他？人们议论纷纷。叶利钦当然渴望得到这一职务，因此他加倍努力接近里亚博夫并克制自己完全可以理解。

叶利钦从来不承认自己的粗鲁无理，甚至污辱人的问题。他倒是承认他脾气火爆，那是父亲传给他的。但是与他关系密切的人却经常看到，他甚至对待自己的妻子奈娜也经常显得粗俗无礼，即使客人在场也是如此。据里亚博夫回忆说，一次聚餐时，叶利钦拿起盐瓶就往汤里洒，奈娜提醒他先尝尝咸淡，他说："女人家，少多嘴！"他对妻子的无礼使在场的客人很尴尬。里亚博夫对他说："您怎么能这样对她？他可是您的孩子的母亲啊。"诸如此类的事还有很多。

关于里亚博夫即将调任中央的传闻不久就得到了证实。

1976年10月12日上午里亚博夫接到勃列日涅夫的电话。第二天清晨他已经在莫斯科了。总书记高兴地接见了他，告诉他他已被任命为党中央委员会书记处书记。另一个要解决的问题是，谁接替他担任州委第一书记的职务。里亚博夫沉思良久，提出由叶利钦担任。总书记问："为什么您要建议他？要知道他不是州委第二书记，也不是最高苏维埃代表，中央委员会不了解这个人。"里亚博夫解释说这是个最值得提拔的人选。勃列日涅夫决定见见这个人。

叶利钦恰好就在莫斯科参加党的干部培训班。里亚博夫立刻联系了叶利钦，告诉他见总书记时应当注意什么，说话一定要沉稳，每一个词都要深思熟虑。第二天总书记在里亚博夫陪同下，与叶利钦举行了"严肃的例行谈话"。叶利钦举止得当，总书记认可了这个人。1976年11月2日举行了苏共中央全会，总书记和里亚博夫提议叶利钦任斯维尔德洛夫斯克州委第一书记。

很多年后，即上面提到的那次对里亚博夫的专访中，他回顾这段历史时说："我很了解他的僵硬性格，对工业的无知和文化修养不够都是他的软肋。但是他具有这样的优点：他有能力并且愿意工作。此外，他是一个意志刚强的人，可以让任何人都工作起来。但他曾经是个建筑工人，不过就是个建筑工。我经常对他说：你需要成长发展，从事工业。但他原来是什么样，现在依然停留在那样的低水平。"

斯维尔德洛夫斯克是西伯利亚一个很重要的州，工业生产是全苏联的重点，选择谁担任州委第一书记，中央会慎之又慎。但是叶利钦这样一个富农家庭背景的人，居然如此顺利走上了这么高的领导职位，这令人惊异。没有人提出这个问题，不论是组织部门，还是克格勃，以及对他有意见的人，好像所有的人压根就不知道他的爷爷和父亲被镇压过。在红色帝国的20世纪70年代，这种情况有点令人费解。克格勃那时权力巨大，任何人任何事都逃不过它的审查监视，但唯独没有对叶利钦进行任何审查。里亚博夫后来任芬兰大使时，在1989年在芬兰见到雅科夫列夫。后者应戈尔巴乔夫的请求向他询问怎么看待叶利钦这个人时，里亚博夫说："对这样品性的人不能重用（让他手中握有大权），更别说提拔到最高权力机构了。"谈话最后，里亚博夫沉默了几分钟，然后非常平静几乎是耳语般问雅科夫列夫："你看到媒体报道说叶利钦出生于富农家庭了吧，似乎他一生都暗藏着仇视苏维埃政权的愿望？……难道我们的克格勃在提拔审查他时漏掉了这一点？……"（2003年8月19日《莫斯科共青团报》文章）

1976年11月2日州委会一致通过叶利钦任第一书记。叶利钦从此踏上了一个新的里程。

戈尔巴乔夫那时早就走在他前面：1970年就担任了斯塔夫罗波尔州委第一书记；1978年即调入中央担任书记处分管农业的书记；普京那时24岁，已经毕业于列宁格勒大学法律系，如愿进入当地克格勃机构工作。

回顾一下叶利钦这段历史，他的形象大致可以这样勾画出来：来自建筑行业基层的实干家，有经验有能力，有魄力有胆略，遇事不达目的誓不罢休。缺点是工作方式简单粗暴，对待同事态度傲慢生硬，极好面子，批评不得。这个人主要靠着吃苦实干和一股拼命精神，以及讨好上级领导的手段，一步步得到提升。1955—1976年，这期间苏联最高领导层发生过不少重大事件，例如斯大林去世、贝利亚被枪决、赫鲁晓夫展开震惊世界的对斯大林的批评、勃列日涅夫发动政变将赫鲁晓夫赶下台等等。对这一系列事件的看法、思考，他本人的处境，在《叶利钦自述》中完全看不到。他不像戈尔巴乔夫，伴随着历史剧变深入思考，很多根本性问题戈尔巴乔夫早就在苦思冥想，寻求答案。而在叶利钦的生活中，在那样急剧起伏动荡变化的历史大背景下，却看不到历史波澜，看到的只是他个人的很具体的工作状况、奋斗经历、成果展示和自我宣扬。似乎他没有思考过，没有看法。其实这很符合他的实际情况。他是个建筑师，不是政治家，对很多问题确实没有思考，甚至可以说他并不懂政治，至少在那个阶段是这样。他之所以走上从政的道路，很多人觉得只是因为他喜爱权力，喜欢指挥别人，喜欢当一把手，喜欢自己说了算。

8 州委第一书记

我们州的工棚几乎是全国首屈一指的……我讨厌这些破烂不堪、四面透风的小屋。我就曾经在这样的破屋里住了近十年。……我们应该尽快地、一劳永逸地使这些房子从我们故乡的土地上消失。

厂长们纷纷告我，写控告信。而我们却不管这些，拆了一个又一个工棚。我们去到工棚，连拆带毁，经过大家的努力，一年之后所有住工棚的人都搬到了设备完善的新居。

——《叶利钦自述》

“叶利钦非常渴望这一职务。”（里亚博夫语）现在他实现了自己的目的，顺利当上了西伯利亚最大一个州的党委第一书记。这个州在全苏联的地位举足轻重——其生产总值占第三位。他很满意，决心甩开膀子大干一番。他说过：“我这辈子最不顾惜的就是我自己的身体。”（参见《叶利钦自述》）他更加自信，觉得虽然一路走来颇多曲折，矛盾不断，但最后结局总是不错。

关于前苏联的“州”是个什么样的概念，州长的重要性和权限，州长与中央有着何种关系，我在《戈尔巴乔夫的命运》一书中已经做过深入说明，这里权且再引用叶利钦的几句话，可以更准确地理解——“在那个年代，州委第一书记确实是个‘土皇帝’，是州里的一州之主，他的意见，不管是什么意见，都是反对不得的圣旨。”第一把交椅的位置很适合他的性格，州里所有的大事都需他说了算。这感觉非常奇妙。权力的魅力很大。

像所有刚上任的领导一样，叶利钦首先要解决的是组建自己的班子和干部队伍。他很快就对州一级领导和干部做了调整。原来的二把手卡洛温被调去做专职州工会主席——这是个明智的决定，因为无论对卡洛温本人还是对新上任的第一书记来说，这都是最佳选择。否则在自己原来的下级领导下工作，或者新上任的第一书记要指挥自己原来的上级，双方都会感到不舒服。他安排州执委会主席退休，空出的职位选择了叶利钦自己满意的年轻干部担当。此外还调换了很多干部。这样，一支属于新书记的年轻干部队伍就组建起来。新班子成员都以诚相待，坦率，积极，有朝气。叶利钦一向以快节奏、讲效率的风格工作，刚开始大家很不适应，“渐渐地周围人都适应了我的工作作风”，也有矛盾，但都能化解。为了增进相互了解，第一书记还不时做家庭访问，拉近自己和同事们的关系。

叶利钦与戈尔巴乔夫虽然都是一步一步从最基层以自己的出色工作干出来的，但两人显然存在很多不同。戈尔巴乔夫当年在斯塔夫罗波尔一直从事党的工作，当选州委第一书记后，因为熟悉党务工作，了解州里各方面情况，所以接手后工作得心应手，游刃有余。而叶利钦则不然。他一直都在建筑业工作，当上州建设部部长依然没有脱离这个领域。因而对其他方面的情况相对而言不很熟悉。所以尽快熟悉全州的情况，进入一州之长的角色，是叶利钦面临的另一个迫切的任务。这对他来说并不难，他头脑机敏，理解力和记忆力很强，当年在建设部门就流行着关于他的传说，说他能够说出所有建设部门的人的姓名、工种以及建筑方面的所有数字。为了尽快熟悉全州各方面的情况，第一书记组织各种座谈会，邀请各界人士参加，与他们近距离接触，了解情况。这样的谈话在当时并不多见，因为20世纪70年代苏联整个社会僵化，领导人高高在上，脱离群众，官气十足。人们很难见到自己州的领导人。叶利钦的工作方法

1980年，州委书记深入基层

显得很新颖，得人心。此外，他还决定要走遍州里63个城镇，实地了解民生，掌握第一手资料。他规定自己每两年就去巡视一次。于是，第一书记的高大身影不断出现在各地：在车间，在田间，在农场。

叶利钦任斯维尔德洛夫斯克第一书记有10年之久。工作上他一如既往，肯干，拼命，不怕困难，坚定不移，凡是决定要干的事，他会千方百计想尽办法去实现。州委全班人马在他的带领下，为这个州的建设积极工作，做出了不少成绩。

象棋俱乐部

有一个场面斯维尔德洛夫斯克人一直记得，那是使他们无比自豪的一件事。1977年3月州里第一家象棋俱乐部举行揭幕典礼，出席典礼的嘉宾竟然有国际象棋冠军卡尔波夫和宇航员谢瓦斯季亚诺夫，还请来了苏联国际象棋协会主席。前两个人是苏联家喻户晓的人物，在人们眼里就是当代英雄，他们能被斯维尔德洛夫斯克州委第一书记请来出席这样的剪彩仪式，真是个轰动的新闻，也为第一书记脸上增光不少。事情的原委原来是这样的：国际象棋冠军出版了一本书《明天继续去战斗》，在某个地方有这样一句话——甚至这么大的斯维尔德洛夫斯克州，竟然连一个象棋俱乐部都没有。叶利钦看到了这句话，感觉深深刺疼了他，于是决心建立象棋俱乐部。经过一番努力，州里的第一家象棋俱乐部建成了，他特邀了象棋大师来参加俱乐部揭幕仪式，并请象棋大师剪彩，于是有了前面那一幕。在剪彩仪式上，有人将象棋冠军的那句话写在一张大纸牌上，并请象棋冠军当众撕碎了那张纸。那一刻会场上响起一片喝彩声。俄罗斯人一直对象棋情有独钟，而著名象棋大师卡尔波夫获得国际象棋冠军后，在苏联全国掀起一股象棋热，因此叶利钦此举在全国颇有影响。

告别棚屋

另一件在斯维尔德洛夫斯克百姓心中永远忘不掉的事是，叶利钦任第一书记后不久，就彻底消灭了这里所有的棚屋。这绝非一件易事，但是他办到了。二战时从前线撤到这里的很多国防企业，后来一直留在这里。这些企业的工人一直住在用木板搭建的简易房里，就是棚屋。叶利钦青少年时期全家就住在这种简易房里，生活了9年。棚屋的简陋条件以及各种不便和冬季忍受不了的

1980年，讨论城建问题

寒冷，他有着忘不掉的切身体验。这么多年过去了，他自己早就住上了宽敞舒适专为官员建造的公寓，但是依然有很多人住在那样的简易房里。棚屋里百姓生活的艰难，他太了解了。每当想起不免心情特别沉重。全州还有好几千住户住在那里。这不是一个小数字。按照目前每年解决部分棚屋住户的进度看，所有的人搬出棚屋需要十年！多么漫长的时间。他可不想等。他决心在最短的时间内彻底解决棚屋问题。但美好的愿望实施起来却很困难。几千户人家，算来至少需要200万平方米的住房面积，这可是整个州一年才能完成的住宅建筑面积，而等待住房的人排着长长的大队，其中有不少残疾病人、孤寡老人、多子女家庭和退役军人，哪一个不是迫切需要住房？怎么办？这件事让叶利钦为难了很久，权衡再三，他最后决定，先解决这些人的住房，他们属于最困难的人群。具体办法就是，一年的新建筑住房不做分配，全部给那些棚户人家，一次性永远解决，使斯维尔德洛夫斯克人彻底告别棚屋。

这样的决定需要顶住极大的压力，因为排队等待住房的人绝不想多等一年，最主要的是建设部门，他们辛苦一年建筑的住房，却要全部分给棚户人家，他们很不情愿。叶利钦知道这样做的后果是，他们会上告他，直接告到中央。于是在实施这一方案前，他预先和中央说明情况，求得理解和支持。他不需要中央在财力上支持，只需要接到告状信后不要理睬，给予他道义上的支持。果然，那一年的告状信不断送到中央。中央没有怪罪叶利钦，而州委第一书记顶着巨大的压力，将新建住房交到一户又一户简易房里的住户手里。所有的棚屋被一个接一个拆掉。叶利钦实现了他的设想，终于在一年之内解决了这个关系民生的棘手的长期存在的问题。这确实算得上一件利民的好事。

千难万险修公路

叶利钦任州委第一书记期间，还做了一件极有意义的事，即修建了斯维尔德洛夫斯克—谢罗夫公路。在此之前，全州没有一条像样的公路，更没有能将州内其他城镇与州府斯维尔德洛夫斯克连接起来的公路，交通不便，运输不便，百姓出门不便，经济发展受到制约。

这条公路是第一次采用水泥混凝土铺设路面。叶利钦为使中央批准这项浩大艰巨的工程，在政治局会议上力陈该公路对全州乃至全国经济发展的重要性以及带给百姓的好处。中央批准了，但告诉他，财政上不会拨出一卢布，让他们自己想办法解决。这又是一个让州委第一书记绞尽脑汁找出路的难题。但这件关乎民生和州经济的大事，无论如何也要建成。思考了很长时间，他最后决定用承包的形式修建，即公路经过的每个城市负责修建这条公路的一段。

1975年斯维尔德洛夫斯克—谢罗夫公路工程正式开工了。这是一条真正的充满无数艰难险阻的道路。从斯维尔德洛夫斯克到谢罗夫市，要穿过陡峭的整座山脉，经过渺无人烟的原始森林、荒凉的沼泽地，还要跨过河流和小溪，以及一些非常难以通过的地段和乌拉尔地区的荒漠之地。年复一年，公路所经过的多座城市的修路工人，克服了无数巨大的困难，一点一点修建起一条宽阔平坦的柏油马路。终于，耗时10年，在1985年11月1日，全长344公里的交通干线

修建中的斯维尔德洛夫斯克—谢罗夫公路

修建完工，交付使用。那一年的春天，叶利钦已经调到了莫斯科工作。

这条连接州府和多座城镇的公路，多亏了叶利钦当年坚定不移的决心才得以修建，也凝聚了公路沿途民工的劳动汗水心血以及设计师们的智慧。在纪念该公路通车20周年纪念日时，当地报刊说，叶利钦当年不仅坚持修建这条公路，而且给予了极大的关注，经常过问修路进展和很多细节，例如路面铺多少层诸如此类的问题。他希望这条公路有长久的使用寿命。叶利钦在竣工前一年就规定了完工日期和第一辆汽车在新建成的路上的行驶时间。第一辆行驶在路上的不是一般的车，而是载满地方领导人的大公共汽车，这些领导人都是修建这条公路其中某一段的负责人。如果有谁负责的那段公路没有全部完工，那么这个人要在那一天在众人的面前从这辆车上走下去。叶利钦用这种独出心裁的办法督促公路全部按期完工。同样，斯维尔德洛夫斯克的地铁建设，叶利钦也付出了心血。现在叶卡捷琳堡市（斯维尔德洛夫斯克1991年恢复该市旧名叶卡捷琳堡）便捷的地铁，从市内通往谢罗夫的柏油马路，都见证了叶利钦当年在这里的政绩。像所有的棚屋在一年之内就拆掉了一样，当地人不会忘记，这是当年叶利钦任第一书记时实实在在为百姓办的好事。

拆毁伊帕季耶夫宅邸

叶利钦办事果断，不拖泥带水，再难办的事，他都会想出办法。中央对他这一点很满意，也因此将一件很棘手的事情交给他来处理。这是一件长久以来困扰着苏共中央的难题。60多年前末代沙皇尼古拉二世全家被关押在叶卡捷琳

拆毁前的伊帕季耶夫宅邸

堡的一座宅邸，这座宅邸名为“伊帕季耶夫”。1918年8月17日半夜沙皇全家被枪杀在伊帕季耶夫宅邸的地下室。这个消息随着时间的推移，被越来越多的苏联人知道了，于是不断有民众——包括从其他地方赶来的人——在8月17日这一天来到伊帕季耶夫宅邸前。有人是出于好奇，也有人怀着同情来此驻足，在胸前画着十字，悄悄为死去的沙皇全家点上蜡烛，在宅邸周围摆上鲜花。到这里的人逐年增多，这情景令政府极为不安。

这一年的8月即将来临。为了杜绝络绎不绝的人们前来，中央决定将这座宅邸秘密拆除。叶利钦收到了中央发来的秘密文件，要他尽快拆除。于是这座宅邸在8月的一个夜晚就彻底消失了，那里被夷为一片平地。州政府后来给出的解释是，伊帕季耶夫宅邸妨碍了一条重要公路的修建，不得已拆除了。当然人们都明白真正的原因是什么。如此迅速果断干净地将伊帕季耶夫宅邸拆除，这件事凸显出叶利钦办事的风格和效率。多年的难题被他解决了，中央很满意。但是一座具有历史见证价值的建筑就这样被毁掉了。十几年后，他在《叶利钦自述》中谈及此事时表达了自己的懊悔，但已于事无补。再后来（苏联解体后）在这座宅邸的原址上修建起一座教堂，名为“滴血教堂”，以示对末代沙皇及全家的悼念。（作者所著《俄罗斯证人》一书中有详细叙述）

两个州委第一书记

叶利钦当上州委第一书记后，就和另一个州——斯塔夫罗波尔——的第一书记戈尔巴乔夫开始打交道。戈氏掌管的斯塔夫罗波尔州在南方，著名产粮区，也盛产蔬菜瓜果。叶利钦的斯维尔德洛夫斯克则是工业基地，两个州委书记交换产品，以长补短。叶利钦运去钢材和木材，戈氏则运给他食品。他们经常通电话，关系不错。1978年戈尔巴乔夫当选为中央书记处书记时，在场的叶利钦与他握手，真诚地表示了祝贺。后来叶利钦也因工作常去找他，农业也是斯维尔德洛夫斯克州的重点，而戈尔巴乔夫恰好主管农业。每次他去首都拜访分管农业的书记，他们都热情拥抱。叶利钦当时对戈氏的印象是：直率，真诚，开诚布公，非常希望改变苏联农业的落后状况，并为此做了很大努力。但后来的一件事却为他们的关系蒙上了阴影。

那一年中央派出委员会在斯维尔德洛夫斯克州例行检查工作，对农业方面的工作提出不少批评意见，叶利钦认为写在总结报告里的很多意见歪曲了事实。于是像以往一样，他不服气，在中央派人来组织的会议上公开提出异议，并坚持己见，由此和中央矛盾激化。中央认为作为第一书记，叶利钦没有客观看待州里的工作缺点，高傲自大，破坏了党的纪律。叶利钦也不退让，他后来到莫斯科申辩，并拜访了戈尔巴乔夫，也许他希望得到戈氏的支持，但是戈尔巴乔夫希望他正视错误，做出正确的结论。叶利钦为此很不舒服，尤其让他反感的是，那次会面戈尔巴乔夫对他说话时竟然以“你”相称，这在他看来非常不尊重人，他很难接受。就是这样一件事，让叶利钦耿耿于怀，并视为他们关系“变冷的开端”（参见《叶利钦自述》）。在外人看来其实这根本算不上什么事，叶利钦的狭隘由此可见一斑。

对自己的提携者里亚博夫，叶利钦在很长一段时间里心存感激。没有他，他叶利钦决不会有今天。当年他还差着好几个台阶才能跨上州委第一书记的位置，全靠了里亚博夫在勃列日涅夫面前的大力推荐才奏效；而之前的每一次提拔，即每一级向上的台阶，叶利钦也都得力于他的“灰衣主教”的鼎力相助。他清楚这一点。在当上州委第一书记初期，叶利钦很勤快地向中央书记处书记里亚博夫汇报工作，并在报告结尾处谦恭地签上“初学者”字样。这令他的“老师”挺满意。但是随着时间的推移，他们的密切关系开始变冷。里亚博夫看到，在叶利钦任斯维尔德洛夫斯克州委书记后期，即80年代初期，叶利钦已经变了，他固有的弱点毫不掩饰地表露出来：他热衷权力，好出风头，经常在电视上露面，以博得当地百姓喝彩；他唯我独尊，批评不得，专横跋扈。他盼望早日再次提升，调到中央工作，像他的恩师那样。叶利钦多次询问里亚博夫：究竟为什么中央从州里选拔干部任中央书记处书记时，不与我们斯维尔德洛夫斯克州的人比较？里亚博夫说，这个念头搅得叶利钦寝食不安。不排除这是他看到经常与之打交道的斯塔夫罗波尔州委第一书记戈尔巴乔夫被提拔到中央后发出的疑问。这样的问题使里亚博夫很不愉快。

1983—1984年他们的友谊开始“缩水”。1987年叶利钦成为政治局候补委员、莫斯科市委第一书记时，一度受到戈尔巴乔夫、利加乔夫和党内上层的严厉批评。在著名的苏共十月全会上，里亚博夫也发言批评叶利钦。这样他们仅存的联系就完全中断，两个人从此彻底分道扬镳。

9 告别故乡

同斯维尔德洛夫斯克分手是件非常难过的事。我离开了我的朋友，我的同志，还有我的母校——乌拉尔工学院。我在这儿经历了工作这个大学堂，从基层工作转入搞党的工作，这儿有我的全部的生活。

——《叶利钦自述》

泱泱大国苏联在雪花飞扬中迎来了1985年。叶利钦也在自己的家乡和家人迎来了新的一年。

这是苏联历史上一个非同寻常的年代，也是叶利钦生命中发生转折的一年。

3月11日，苏共总书记契尔年科病逝。这是苏联在不到两年半的时间里，连续第三位年迈体弱多病的领导人去世。这一次党和国家终于等到了一位年富力强、充满朝气、怀抱改革愿望的领导人戈尔巴乔夫。戈尔巴乔夫在契尔年科逝世后即刻当选为新的苏共总书记，全党全民欢欣鼓舞，寄予厚望。叶利钦同样也对他的老相识抱着巨大的希望。他眼下还在斯维尔德洛夫斯克任州委第一书记。春天即将来临，他正在考虑如何完成春播任务。4月初，戈尔巴乔夫任总书记仅仅20余天，叶利钦的命运也随之发生了巨大变化。他在担任州委第一书记近10年后，被调到了中央工作。

4月3日，叶利钦在州委会讨论了一整天春播问题。晚上回到家里，满脑子还是春播的事：这个冬天降雪太少，土地干旱，现在播种还是再等等？这个问题困扰着他。还有市里的食品供应问题，需要去看看……这时电话铃突然响起，是莫斯科打来的，接线员说：中央政治局候补委员、中央书记处书记多尔吉赫想同您讲话。

寒暄过后，多尔吉赫说政治局委托他转告，新的中央领导班子建议叶利钦去做国家建设部部长。这消息很突然。去莫斯科当建设部部长？叶利钦完全没有想到。虽说他早就有意有朝一日能到中央工作，也确信有这么一天，但绝不是去做某个部的部长。所有的州委第一书记调到中央后，都提升为书记处书记，为什么却让他去做一个部长！这不合传统。况且斯维尔德洛夫斯克州在全国是数得上的重要大州，这样对待一个举足轻重的州委第一书记很不合理。

他宁肯留在家乡。于是他对多尔吉赫说，他不想离开斯维尔德洛夫斯克州，也离不开，而这里的工作也离不开他。他列举了很多有分量的理由，请多尔吉赫转告政治局，他不去中央工作。不想离开自己的故乡，这也是实话。但最主要的是不满意对自己的安排。谈话就这样暂告结束。但叶利钦知道，这件事没有完，既然中央已经做了决定，那是必须服从的。

那天夜里他辗转反侧，一夜没有睡安稳。他想了很多。离开故乡去莫斯科，这可是关乎他命运的大事。

他那年已经54岁了，54个年轮的生命全部是在这片土地上度过的。这片广袤的大地，是苏联最重要的工业基地之一，也是欧亚大陆的交界地。在这片土地上经历的人生每一个阶段，都历历在目，难以忘怀。他与这片土地有着深厚的感情。这片土地养育了他和他的全家，他也为这片土地付出了心血，洒下了汗水。这么多年来，他已经将根深深扎在了这里，他的家在这里，妻子女儿和女儿们的孩子都在这里。他在这里长大，上学，工作，做建设部门负责人，直至当上州委第一书记。市府的几乎每个建筑都有他的劳动和付出，州里的每个乡镇都留下了他的足迹，他的生命已经与这片土地融为一体，不可分割。离开这里，他确实难舍难分！

还有他的家人，妻子奈娜一直与他在这里共同奋斗，他们的两个女儿列娜和塔尼娅（塔季扬娜昵称）也在这里长大。他记得，冬天和妻子一起在结冰的河上凿洞捕鱼，然后吃奈娜包的西伯利亚式饺子，可口极了；他记得两个女儿长大点的时候，全家经常去森林里度假，住在帐篷里，温馨愉快；他还记得，全家人休息日有时会在饭店吃上一顿饭，看着两个女儿那么心满意足地吃冰激凌的样子，是当父亲的最高兴的时候。妻子奈娜性情温柔、随和、谦逊，善持家务，会做菜肴，她做的小烤饼叶利钦在大学就品尝过，好吃极了。妻子包容他的一切，包括他的任性固执的坏脾气，给了他多少温暖。而两个女儿也很乖巧听话，学习用功，当父亲的基本没怎么管她们，很省心。所有这一切温馨的经历、回忆都是在亲爱的故乡——斯维尔德洛夫斯克。离开这里她们也会恋恋不舍。

当然，他知道他不可能永远做州委第一书记，他的能干、朝气和改革精神中央早有风闻。最重要的是，苏联的一个时代结束了，新的领导人将开启新的时代。新的时代需要新的干部，而且最需要的正是他这样的干部。但是令他不满的是，仅安排他当一个部长，他无论如何难以接受！他不想去。他的性格也不适合，因为他“已经当惯了一把手，习惯于发号施令，听别人的指挥很难”。而且他还认为，对于一个54岁的人来说，离开故土，到一个新的环境里改变生活，已经有点老了。可是中央的决定怎么办……

果然，第二天利加乔夫亲自打来电话。他现在是党内仅次于戈尔巴乔夫的第二号人物，新的总书记的最得力助手。叶利钦在电话里仍然说他不能离开斯维尔德洛夫斯克，“好多事情还没有做完”。但利加乔夫口气坚决地说，这是中央政治局的决定，希望他服从党的决定。几天之后叶利钦飞往首都，4月12日开始在莫斯科工作。莫斯科大学毕业的小女儿已经留在这里工作了。稍后，奈娜和大女儿列娜全家也搬来了。

叶利钦尽管不情愿，但还是服从了党的决定，来到了首都。有关部门给他在喧闹的第二特维尔-亚姆斯科大街上分了一套住房，那里近邻白俄罗斯火车站，昼夜车水马龙，很不安静。夜晚他站在新居的窗前注视着大街上的灯火，感觉自己像个外乡人，一下被从远东移植到了国家中心。远离家乡、故土、老朋友、老同事，离开了熟悉的一切，来到完全崭新的环境中，他的命运将会如何？他的生命之路将把他带向何方？

10 莫斯科新主人

我一生从未受人支配过。例如，我从来没有做过副手。……我已经习惯独立自主地做出决定，并且不会将由此带来的责任推卸给别人。

我不得不一切从零开始。

我每天的工作非常紧张，没有一点余暇：从早7点到夜里一两点。每周六也安排得满满当当。

——《叶利钦自述》

1985年12月24日，莫斯科市委大楼内，一间会议室正在举行全体会议。委员们个个就座，相互窃窃私语，今天的会议将要决定莫斯科市的新主人。消息灵通人士早就知道，谁是下一任人选，但那也不过是猜测而已。他们等待总书记在会议上正式宣布。

戈尔巴乔夫宣布开会。会议室顿时安静下来。总书记环视每一个人，然后宣布：根据本人意愿，同意原市委第一书记格里申离职退休；他的职务建议由叶利钦担任。这早就是众人意料中的事，所有委员表决一致通过。

叶利钦此刻坐在总书记左侧。他看到，所有人的目光都在注视他，每一张面孔都很陌生。从这一刻开始，他将在这里工作，和这些陌生的面孔一起。这些人就是他将要开始工作的同事、他的班子。自然，他会在很短的时间内进行干部调整，将庸碌之辈和前市委书记格里申的势力全部清除，组建自己的班子。这是开展工作的第一步。全国都在开展轰轰烈烈的改革，莫斯科应当走在前面，成为全国改革的表率，他明白自己肩上的担子，也清楚总书记将他调任首都掌门人的用意。他将竭尽全力以一贯的拼命精神领导莫斯科的工作。

莫斯科市委委员们也在打量着他们的新主人：高大健壮，有着运动员的体魄，精力充沛，表情刚毅坚强，显示出其果断的性格。他是不久前刚刚从斯维尔德洛夫斯克州调到中央，曾任那个州的州委第一书记10年，可谓地方工作经验丰富。来到中央后，短短时间内不断得到提升，显然深得总书记赏识。苏共中央四月全会后，他被调到中央任苏共中央建设部部长；7月当选为苏共中央书记处书记，负责建筑；现在则被任命为首都第一书记。但是莫斯科可不是一个远东的州，这里是苏联首都。首都和整个国家一样，存在很多问题，解决这些积蓄了多年的难题，绝非易事。况且新书记在这里完全没有根基，想要将莫斯科治理好，没那么简单。

叶利钦做了简短的发言。他说："感谢大家对我的信任，我将不遗余力地工作。"（参见《叶利钦自述》）

那天回到家里已经很晚，妻子奈娜照例在大门前迎候他。多少年来都是这样，无论刮风下雨，只要回到家，在大门口的台阶上总能看到妻子的身影，那一刻他感受到的是家庭的温馨和妻子无微不至的关怀。他的奈娜是一个最称职的贤妻良母。再艰难的时刻，都有妻子和两个女儿的关心，这是对他最大的支持，家庭温暖可以减少他心头的沉重压力。他为自己有这样温暖的家庭感到欣慰。

走进居所，奈娜帮他脱掉靴子，端来热水洗脚，热腾腾的可口晚餐已经摆上餐桌。当然一定少不了伏特加。酒精帮助他缓解紧张，放松神经。这东西很有好处，还可以助他睡眠。

新市长在食品店微服私访

夜里，叶利钦辗转反侧，难以入眠。他回想着半年多前来到莫斯科的一幕幕。调他来中央的任命，他最初相当不满意，只任命他为中央建设部部长，不合常理。他感到被怠慢了，因而坚决拒绝，但是最后不得不服从组织决定。他是一名共产党员。来到首都后，尽管不满意新职位，他还是以一贯的热情，很快就全力投入了新的工作。建筑行业他很熟悉，接手建设部部长对他来说不是件难事。令他不适应的是首都的气氛和生活，是苏联最高权力机构的工作作风，是在他看来周围无处不在的官气、教条、框框和束缚。他觉得受不了。国家开始了改革，但情况依然如故。他很失望。他那永远以批评家的目光看待一切的习惯，固执倔强的性格，使他继续与看不顺眼的事和人斗争。一个名副其实的斗士，从出生那一刻就注定了。

在书店微服私访

二十七大提供了让大家讲话的机会，他发了言。在众多的发言者中，像叶利钦这样大胆鲜明富有批评精神的领导人，很少见。他引起戈尔巴乔夫的注意和好感。总书记恰好与他有着同样的感觉。戈尔巴乔夫虽然早就与叶利钦打过交道，但在新的形势下他开始重新认识这个人。身材高大的西伯利亚汉子，身上有一股与众不同的东西。处事果断，大胆直言，支持改革，不墨守成规，有一股别人不具有的顽强和勇气，这是他留给戈尔巴乔夫的第一印象。不久，在党的六月全会上，叶利钦被任命为主管建筑的党中央书记处书记。他进入了党和国家高级领导人的行列。在此期间他对自己的工作有宏大的设想，视察过很多共和国和州，其中的一次留给他深刻印象。

那是在塔什干参加乌兹别克共和国党中央会议。当地人知道中央书记处书记叶利钦来出席会议后，来到他下榻的宾馆，想与他见面谈话。保安看见宾馆门口围了很多人，想把他们赶走。叶利钦知道后说，愿意在两天内接待所有来访者。来访者向叶利钦反映了当地官员可怕的行贿受贿之风，包括新的第一书记乌斯曼霍贾耶夫。新上任的书记都胆敢如此腐败，这让叶利钦深感震惊，他决定回到莫斯科向总书记戈尔巴乔夫汇报。临走时叶利钦请人拿来账单付清，但被告知所有的费用都从共和国中央总务局专门的账务上开支了。这也令他不解和不安。

回到莫斯科后，他立刻向戈尔巴乔夫汇报了他在那里听到和了解的一切。没想到，总书记的反应是“你被蒙在鼓里，乌斯曼霍贾耶夫是个诚实的好党员。他必须和前任书记拉西多夫做斗争，因而有人打了他的黑报告”。后来叶利钦知道，原来，乌斯曼霍贾耶夫在中央有人保护，有人支持。那个人正是党的二把手利加乔夫。叶利钦无话可说。但是后来最终证明，乌斯曼霍贾耶夫确实有贪污受贿问题，他被查办并撤了职。这已经是在叶利钦受到党内批评并被贬职之际。

原市委第一书记格里申肯定会被撤职，这他是知道的。但是他从未想过自己会担当首都的一把手。总书记找他谈话，说中央有意让他出任时，他感到很突然。谈话就在几天前，他当时拒绝了，认为自己不合适。他在建设部部长的位子上还没坐稳当，刚刚熟悉了情况，正在全力以赴地开展工作，什么都还没来得及实施，却突然要他去领导苏联首都的工作。这是一个有着1000多万人口和120万名党员，多年来积攒了大量各种问题的大都市。他行吗？他不害怕，没有他害怕的事，但是与他现在负责的领域相比，建筑行业他会干得得心应手，而首都的工作，改变目前的状况，是一件很艰难的事。但是戈尔巴乔夫说，莫斯科有120万党员，要拯救他们。共产党员叶利钦需要服从组织决定。

叶利钦到首都半年多了。莫斯科的情况，存在的问题，他耳闻目睹，有着切身感受。被撤职的格里申在这个位置上坐了将近20年之久，关系深厚，根基牢固，从基层到市委都是他的人。一个来到莫斯科仅仅几个月的外人，想要在首都站稳脚跟，打开局面，展开工作，困难确实很大。但是他不怕这些，越是难做的事，越是要做好。他喜欢挑战，喜欢逆流而上。恐怕戈尔巴乔夫也正

1986年11月出席政治局会议

1987年6月，和群众在一起

是看到了他的这一特点，才将他放到这个重要但情况糟糕的城市。莫斯科需要一个像他这样的强有力的领导人。他会快刀斩乱麻，尽快使首都有一个新的面貌，这样对全国目前的改革也将有重大意义。

一个新的天地、新的舞台，等待新的主人公登场。叶利钦正是从莫斯科这个政治舞台开始，上演了自己最传奇、最辉煌、最曲折、最沉重的一段人生。

11 遭遇滑铁卢

后来我常常问自己，当时有没有可能采取另一种方式，当时是否有必要毫无余地地发起猛攻，迎面冲突，大闹一场，让我的个人生活发生灾难性的变化呢？……现在（两年后）我可以十分确切地说，没错，我的那次发言是必要的……

——《叶利钦自述》

1987年10月召开的苏共全会，后来被称为“十月全会”，成为苏共改革以来最著名的会议之一，也是叶利钦政治生涯中一个重要时刻。叶利钦在全会上不顾一切，大胆发言，批评最高领导机构政治局的崇拜风气，点名批评党内第二把手利加乔夫，预言改革照这样下去会使民众失望等言论，在会场引起轰动；他很意气地并且多少让人感觉有点要挟式的辞职声明，引发与会者一片反对之声，他本人也陷入了空前孤立的境地。事情最后以撤销他莫斯科市委第一书记的职务结束。因而这次全会可以说是叶利钦的滑铁卢。他自认从此成为“政治弃儿”，一度销声匿迹，走入自己人生最艰难的时光。

叶利钦遭遇的滑铁卢没有像拿破仑那样，画上他政治生涯的句号。叶利钦——这个出生不久即经历了生死劫的斗士，从一名建筑工奋斗到州委第一书记的人，挺过了这次的沉重打击。两年后他强势返回，而十月全会的一幕也就成为他传奇人生的精彩一笔。

著名的十月全会上究竟发生了什么？

1987年10月21日，苏共中央委员全体会议在克里姆林宫大理石厅召开，会议主题是讨论总书记戈尔巴乔夫将在十月革命70周年大会上的报告。利加乔夫主持会议。

纪念十月革命周年报告一般不需要在全会讨论通过，但这一年的纪念日非同以往，不仅是十月革命70周年纪念日，更重要的是，纪念日是在改革正进行得轰轰烈烈的时候迎来的。总书记对这次报告异常重视，报告不仅要重申十月革命的伟大意义，阐明今天改革的重要性，还要说明当今的改革正是对十月革命精神的继承和发扬。报告已经在政治局讨论过几次，写作班子也几易其稿，

1987年，戈尔巴乔夫做“十月革命与改革”的报告

总书记更是殚精竭虑，他要拿出一个高水平的有新意的报告。在改革中必须有新的理论指导和探索，否则不会有真正的改革。

与会者对报告没有新的意见，利加乔夫准备宣布大会表决，这时有一个人举手要求发言，此人正是近来被议论纷纷的莫斯科市委第一书记叶利钦。社会上关于他的传闻，自从他上任莫斯科市委第一书记后，就没有间断。他的奇闻轶事、特立独行的工作方式，在媒体上不断披露，引起轰动，引人关注。他经常微服私访，使莫斯科人好奇和赞赏；他果断坚决地清理不合格的干部，反对特权，做法也深得人心。他关于改革的很多激进过火的言论，也引发很多百姓支持。他早已成为全国的知名人士，被认为是最彻底的改革领导人之一。但是，上层权力机构中很多人与百姓的反应却大相径庭。近来，围绕叶利钦又有了新的传闻，说他把莫斯科的工作搞得一团糟，他干不下去了，要求辞职。其实这个传闻并非空穴来风，而是确有其事。一个多月前，他确实给总书记写过一封信，信里谈了自己对改革现状的看法，提出由于自己经验不足，并且得不到政治局的支持，特别是利加乔夫的支持，他请求撤销他中央政治局候补委员和莫斯科市委第一书记的职务。戈尔巴乔夫看到信后立即给他打了电话，说服他收回自己的辞职请求。在总书记看来，这个问题已经解决，即叶利钦收回申请，继续领导莫斯科的工作。现在叶利钦要求发言，他想讲什么呢？代表们对这个有着种种传闻的莫斯科掌门人也很感兴趣，想知道他又想说些什么。

关于会议讨论的这个报告，之前在政治局讨论过，那次会议上叶利钦就有不同寻常的发言。这一次他想讲的不是关于报告，而是其他问题。

叶利钦举手请求发言时，利加乔夫似乎没有注意到，或是他看见了不加理睬。他们是对头，很多看法不一致，经常在政治局会议上激烈争吵，互不相让。总书记戈尔巴乔夫也看到叶利钦举手了，他低声对利加乔夫说，叶利钦好像要发言。于是利加乔夫请叶利钦上台发言。

叶利钦从自己的座位上站起来，走上讲台。此刻他竭力控制住自己心里既激动又不安的情绪，什么也不想，脑海中只有一个念头："鼓起勇气把想说的话说出来。这是最重要的。"（参见《叶利钦自述》）他知道自己要讲什么，也知道这一枪放出去会引起多大的波澜。但是他什么也不顾，只抱定一点，一定要把想说的话讲出来。在党代表全会上讲，这是最好的时机。

叶利钦手里拿着一张不大的纸片站在讲台上，对着台下代表开始发言。他内心非常紧张，感觉手在颤抖，说话有些词不达意。会场很静。代表们听到了他的讲话要点："完全同意报告，我的一些意见已被采纳。我想谈谈其他问题。改革遇到了巨大的困难，每个中央委员都有责任。要改变党的工作。现在应该立即选择革命的道路，并按革命的方式行动。人们的情绪在变化，起伏不定，总是说改革需要2—3年，时间过去了，又说还需要2—3年。人们的信心开始下降，这使我们极为不安。两年后我们党的威信在群众中会更加降低。70年失败的教训是因为没有议会制，由于党的权力全部集中在一个拒绝所有批评的人手里。政治局内的阿谀奉承是不能允许的，会变成新的个人崇拜。应当防止这种情况。""最后，我想说，"他停顿了一下接着说，这应该是他要求发言的主要意图，"显然，我在政治局的工作没搞出什么结果，原因是多方面的，经验显然不足，还有其他原因。或许，主要是缺少外界的支持，尤其是利加乔夫同志的支持。我想强调指出，他们迫使我产生一个想法，即当着您的面，我应当提出解除我的职务，我的政治局候补委员的职务问题。有关的辞职申请书我已经交上了。至于我的莫斯科市委第一书记的职务是否解除，这个问题当然将由市委来解决。"

叶利钦讲完话，回到自己的座位上。他听得见自己的心跳，那颗心脏似乎要蹦出来了。接下来将会怎样？大概会有"一顿猛批"。（参见《叶利钦自述》）

他的预感没错。会场一片嗡嗡声，代表们交头接耳，议论纷纷。要求辞职？看样子传闻是真的，但原因是得不到中央的支持。还点名批评利加乔夫？对总书记也有很大意见，这人未免太狂妄自负了吧？他的辞职分明有要挟的意味！

主席台上就座的总书记戈尔巴乔夫对叶利钦的发言内容感到突然。首先

叶利钦发言结束后

是叶利钦的辞职问题。他已经劝说叶利钦收回了辞职申请，怎么一个多月后居然在党的全会上重提辞职？这不是出尔反尔、反复无常吗？中央现在全力筹备十月革命70周年纪念日，需要莫斯科的积极配合，哪有可能考虑更换莫斯科市委领导班子？况且你叶利钦在改革的大方向上与总书记和中央并没有矛盾。戈尔巴乔夫早就听到过不少人对叶利钦的反映：此人桀骜不驯，自负傲慢，看什么都不顺眼，好批评，权力欲强，粗俗简单，理论修养不足，是个刺头，绝对不好领导。但是在当初，在改革很难推动的时候，叶利钦鲜明积极支持改革的态度以及做事麻利果断的风格，很得总书记欣赏。他还是重用了他，任命他为莫斯科市委第一书记。但是，莫斯科在叶利钦领导下一年左右后，戈尔巴乔夫渐渐发现了他很多不足。此人不断标新立异的很多做法不过是为了提高自己的声望，吸引媒体的关注，哗众取宠而已。而莫斯科各方面的情况却没有任何起色，相反某些方面更加恶化。但是叶利钦不检查自己，相反却将这归咎于中央支持不力。这完全不客观。中央在初期给予了他全力支持，叶利钦心里是最清楚的。当然，莫斯科的工作之所以没有起色，并非全部是他的原因。首都的状况其实也是国家改革遇到巨大困难和阻力的反映，而且是最集中的反映。叶利钦怎能一味只怪罪于中央呢？

面对嘈杂的会场，戈尔巴乔夫对着扩音器说："接下来由我主持会议可能更方便。"利加乔夫说："是的，请吧。"总书记接着说："同志们，我想，叶利钦的发言是严重的。我不想再开始辩论，但是需要讨论一下叶利钦刚才讲过的话。”戈尔巴乔夫就叶利钦的发言做了简要归纳。总书记最后谈到他请求辞职的问题：“叶利钦同志认为，他不能在政治局里继续工作，显然，按他的意思，莫斯科市委第一书记的问题将由市委而不是中央来决定。这里好像有某种新的意思，或许，想说的是想使莫斯科党组织分离出去？或者，叶利钦同志在全会上提出离开政治局，但保留莫斯科市委第一书记职务？这使人觉得他似乎有意要同中央较量较量。我是这样理解的，也许言重了。”

总书记的话像一瓢凉水，浇在叶利钦狂跳不止的心头。虽然他有思想准备接受“炮轰”，但依然感到很沉重。他认为戈尔巴乔夫是断章取义，并给大会施加影响。叶利钦在自己的座位上站起来，大声申辩。戈尔巴乔夫对他说：“你坐下，鲍里斯•尼古拉耶维奇，你没提出辞去市委第一书记职务的问题，因为你说这是市委的事。……叶利钦同志，我大体上将你所说的内容阐释得对吧？……我们必须把这个问题研究明白。请谈谈吧，同志们。”

总书记认为，叶利钦提出关于政治局和中央书记处工作中的“不健康现象”，这样的问题当然可以展开来认真讨论，这对大家都有好处。“但他那最后通牒式的做法和整个发言的口气招致了激烈的反响，于是开始了并非事先安排的讨论。发言都是自发的，事先没有准备，说话带情绪，很尖锐，可也真够这位‘反专制战士’受的。”（参见《戈尔巴乔夫回忆录》）

接下来会场极为热闹，人们一个接一个走上讲坛，发言指责叶利钦。叶利钦的发言引起与会代表极大反感。正如总书记所言，问题不在于叶利钦提出的看法和意见，而是他傲慢的最后通牒式的口气令人难以接受。

走上讲台批评叶利钦的有政治局委员雷日科夫、雅科夫列夫——这很出乎叶利钦意料，他对这两个人很有好感，没想到他们也站出来指责他，这使他尤其痛苦。还有别尔姆斯科州委第一书记康诺普列夫、秋明州委第一书记勃戈米亚科夫、工人党代表吉洪诺夫，其中还有和他当年一起在斯维尔德洛大斯克工作过的里亚博夫，这个人可是叶利钦的提携者和恩师，与他共事多年。老乡加恩师对他的批评，令他特别难以接受。他的理解是，这人如此激烈地抨击我，无非是在为自己向上爬铺路。发言的内容大都指责他狂妄自负、破坏团结、目无组织，莫斯科市委第一书记的任免历来应当由中央决定，他却说自己的去留要由莫斯科市委决定，眼里哪还有党？哪还有总书记和政治局？

24名代表纷纷登台发言，批评之声不绝于耳，叶利钦坐在自己的座位上，犹如经历一场狂风暴雨，每个发言者的严词指责，像一根根利剑刺在他心上。其实这个外表坚强的高大汉子内心很脆弱，他感觉每一句话都深深刺疼了自己，在心灵上留下了深深的伤疤。多少年后，只要他回想起十月全会，那急风暴雨式的袭击，会场的气氛，人们的目光，就让他感觉旧的伤口又被撕裂，开始流血。党组织党代会党中央——这一切都使他感到与自己似乎格格不入。他是其中一员，但这个大家庭没有这样对待他。因此几年后他毫不犹豫离开这个“神圣组织”，也可以说是一件很自然的事。

发言期间，总书记在主席台上始终观察着叶利钦。从他的脸上可以看出他内心的变化，“一种奇异的混合体：顽强固执、犹豫动摇、懊悔沮丧。这便是所有喜怒无常者独具的性格特征。发言者，包括昨天还在对他阿谀奉承的那些人，都在猛烈地、无情地敲打他，我们这里长于此道的的确大有人在。形势有点紧张。有人提出要求，不仅要免除他政治局候补委员的职务，还要立即将他清除出中央委员会”。（参见《戈尔巴乔夫回忆录》）

总书记还认为，叶利钦提出辞职除了因为莫斯科的工作毫无成就外，“还有另一个原因促使他迈出这一步。我曾经说过，叶利钦在莫斯科一定会遇到他在斯维尔德洛夫斯克想象不到的困难。他觉得，关键是要控制住权力的新阵地，用自己的亲信去巩固这些阵地，然后像我们这里有些人所说的那样，再以强有力的手段去建立起秩序！可事与愿违。在中央一月全会和六月全会之后，我们的高层领导意识到他们的切身利益开始受到触犯，于是起来抵制，而且方法十分巧妙，手段相当狡黠。而叶利钦，在我看来，处在了这场斗争的中心，因为旧体制的庞杂结构在各城市、各共和国、各加盟共和国的种种利益正是在首都盘根错节地交织在一起的”。（参见《戈尔巴乔夫回忆录》）

戈尔巴乔夫仍然想给叶利钦收回自己辞职请求的机会。他说：“让我们来听听叶利钦本人的意见吧。希望他能讲讲他对中央委员们的发言抱什么态度。”但与会者喊成一片：“不需要了，一切都很清楚。”总书记仍坚持请叶利钦发言。这是他抛给叶利钦的“救生圈”。（参见《戈尔巴乔夫回忆录》）

叶利钦再次走上讲台。由于紧张，他说话很不连贯。面对猛烈的暴风雨般的批评，他承认自己有错误，但没有接过总书记的“救生圈”，仍然神经质地说：“不，我仍然请求解除我的职务。”大会所有的人都听到了。这是他最后的意见。

全会由于叶利钦的发言，临时增加了一项议案，两点内容：一是对叶利钦的发言做出评价；二是责成政治局同市委一起分析一下形势，并解决莫斯科市委第一书记的问题。全会一致通过决议，“认为叶利钦的发言在政治上是错误的”。叶利钦后来在回忆录中写道：“我的发言并没有任何错误之处，谁读过刊登在杂志上的我的发言记录，谁就会判明一切。”

十月全会就这样结束了。关于叶利钦的工作，将按照全会通过的决议实行。

全会结束后的一段时间，叶利钦心情异常沉重。他彻夜不眠，苦苦思索：我究竟错在哪里？为什么所有的人都反对我？他的身体也出现不适，需要大量服用安眠药和酒精。这两样东西暂时起了作用，但却造成恶性循环。但是他硬挺着，没有让自己躺下。他似乎后悔意气用事了，不该提出辞职请求。他尤其不想辞去莫斯科市委第一书记的职务。但是看样子可能真的会撤销他这一职务。退出政治舞台？他其实根本不想。

10天之后，即10月31日，中央政治局会议最后讨论十月革命纪念日报告的定稿。轮到叶利钦发言时，“他侃侃而谈，说在改革的最初阶段，我们加快了速度，而现在这样的速度已经失掉了。那时，人民对转轨的准备是很充分的，但我们承担得太多，有些方面是失算了。1986年中又有了相当的进展，而我出于自负，出于自尊心（这是我的主要错误）回避了同利加乔夫、拉祖莫夫斯基、雅科夫列夫的正常合作。但市委的同志们没有抛弃我，尽管他们也指摘我的做法，但还是请我留下来”。叶利钦“请求市委书记们在他不出席的情况下开会。莫斯科市委书记会议认为，他（指叶利钦）的做法和他的发言是错误的，他的这些言行只代表他个人的意见；第一书记遇到问题应当先与同志们商量，而他并没有这样做。大家建议他撤回辞职声明，继续工作”。（参见《戈尔巴乔夫回忆录》）叶利钦这番发言使政治局委员们一头雾水，他们诧异地看着他，就是说，他承认了错误，并且还想留在莫斯科市委第一把手的位置上工作？

又过了两天，11月3日，叶利钦寄给戈尔巴乔夫一封信，这次写得更加清楚。信中说，市委委员们挽留他继续工作，他自己也请求给他机会，他愿意继续工作。这已经很明确了，莫斯科市委的同志们不愿意他辞职，他自己又想留下来。看了叶利钦的信，戈尔巴乔夫完全不明白，也“根本无法理解他的行为的逻辑”。（参见《戈尔巴乔夫回忆录》）前后仅十余天，出尔反尔，反复无常。这已经不是第一次了。一会儿当着全体中央委员的面坚决要求辞职，一会儿又请求给他继续工作的机会。但是党中央十月全会的决议呢？“谁也无权撤销全会通过的决议”，那可不是一纸空文，也绝非儿戏。事情变得有点复杂。谣言也到处流传，仿佛叶利钦是一位受到不公正对待的“人民英雄”。总书记立即将在莫斯科的政治局委员召集在一起商讨此事。大家一致认为，必须按照全会的决议来解决这一问题。“随后我打电话给叶利钦，告诉他政治局委员的

意见是把问题提到市委全会去。谈话中我把这几天积累起来的全部内容都告诉了他。”（参见《戈尔巴乔夫回忆录》）

叶利钦接到总书记的电话后，极为沮丧。他确实不想真的离开莫斯科市委第一书记的领导岗位，因此他才在十月全会上说，去还是留，这个问题需要莫斯科市委讨论决定。这说法也确实不符合党和国家的一贯原则。首都的第一把手，这么重要的岗位，没有中央的首肯不可能决定。而且大会的决议也是当着他的面通过的，他的市委第一书记的职务需要中央政治局和市委共同解决。但是他存在侥幸心理，想以市委成员挽留为由，继续工作。他的做法不合逻辑，没有道理。这是政治局委员们的一致看法。

几天后，十月革命节70周年纪念日来临。那天，叶利钦站在红场上，面对着庄严肃穆的列宁墓，热烈的节日气氛丝毫没有感染他，戈尔巴乔夫慷慨激昂的讲话他一句也没有听见。他心中很凄凉。他想：“很可能这是我最后一次站在这里，他们很快就将解除我的政治局候补委员职务，然后是莫斯科市委第一书记。”多遗憾，在莫斯科工作了仅仅两年，很多要做的事还没有来得及去做，很多计划也未来得及实现，他一直自认为样样都行的本事也还没来得及施展。他本不想辞去这一职务，之所以提出来，确实有着要挟的意味：“因为得不到中央的支持，所以莫斯科的工作没有搞好，但撤我的职，问题并不那么简单，全国改革知名人士，是那么好解除职务的吗？市委一班人马也不会答应，那么中央就应当支持我，特别是利加乔夫同志。”但他没有想到，恰恰是他的这种做法失去人心，遭到一致反对。他自己将自己逼到了死胡同。这一次的较量他彻底输了。

十月革命节后，他的身体愈加不适。安眠药和酒精使他整日昏昏沉沉，萎靡不振。自从任莫斯科市委第一书记后，由于工作繁忙，面对很多难题，耗费很大精力，他的失眠症就犯了——这是在大学期间就有的老毛病了。现在失眠症更加厉害。有时头疼欲裂，浑身乏力，虚汗不止。他也就越来越经常地借助安眠药和酒精使自己暂时入睡，保持镇定。曾经请过著名医生为他会诊，结论是他有镇静药和酒精依赖症。对这一诊断结果他暴怒异常，大声喊叫：“一派胡言！我根本没有这样的依赖症。”那些诊断结论立即被秘密封存，医生们也三缄其口，不得泄密。现在，受到这样的打击——他其实非常看重自己的名誉和仕途，他身心极度疲惫。安眠药和酒精已经完全不能离开。11月9日，在办公室里，人们突然发现叶利钦昏倒了，趴在桌上，旁边有一把小剪刀，肋部被划开了一道不深的口子，有鲜血流出。人们大惊失色，紧急将他送往医院。这件事也惊动了总书记戈尔巴乔夫。叶利钦试图自杀？可能就是这么回事。一方面由于极度绝望，另一方面又在威吓中央？此外找不出其他解释。

叶利钦企图“自杀”事关重大，戈尔巴乔夫一直没有在公开场合谈论过这件事，直到他辞去前苏联总统职位后，才在自己的回忆录中披露。而叶利钦始终对此事没有提到半个字，但人们相信确有其事。当然也可以解释为，由于安眠药和酒精的作用，他昏昏沉沉，不小心用剪刀划伤了自己。叶利钦后来在自己的回忆录中对此事只字未提，只是说：“11月9日，由于头疼和心脏病突发我被送进医院。”总之，这件事至今也不十分清楚。清楚的是，几年后，当叶利钦重新崛起红透全国的时候，“划伤肋部”事件已经被改编为一个动人的传奇故事：叶利钦某一天夜里与街头小流氓搏斗而被划伤。事情挺滑稽，有人相信这是叶利钦自己编造的，但也可能是民间流传中按照想象杜撰的。俄罗斯人从来不缺乏想象力。

叶利钦住进了医院。肋部的划伤不算严重，但他的心脏很不好，情绪也极度消沉。妻子女儿非常担忧，奈娜前来探视，但医生不准，说目前谁也不能打扰他。医生嘱他卧床休息，按时服药，安心养病。

后来的情况，即叶利钦如何在病中被叫去参加莫斯科市委会议并被解除职务的经过，叶利钦和戈尔巴乔夫两个人都在回忆录中有详细描述，角度不同，看法迥异，不妨来看看他们各自的讲述。

戈尔巴乔夫——

11月9日，我又得把政治局委员紧急召集起来。医生再次确认伤势对生命和健康无任何危险。他的状况已经平静下来。在讨论过整个情况之后，决定应该即刻提出叶利钦的工作问题。我亲自打电话同他谈话。为了避免对他说来不太愉快的那个话题，我开门见山地说，全部情节我都已了解，对事情的原委也清楚了。所以要定个日子，开一次莫斯科市委的全体会议。

我觉得，他多少有些失态。他说：

“干吗这么仓促？医生还给我开了一大堆药呢……”

“医生给你开药是让你稳定下来，也是对你的鼓励。拖延不开全会是没有道理的。就这样莫斯科也已经谣言满天飞了，有关于你在中央全会上的发言，也有关于你的身体状况的。”

“那以后我干什么呢？”

“我们会考虑的。”

“要不我干脆退休吧？”

“我不这么想，你还不到年龄嘛。你还应该工作，再工作。”我答道。

在我们刚开始谈话时，我觉得叶利钦竭力想赢得时间，他拼命在寻找下一步行动的预案。后来，当我们谈及他有可能去国家建委任职、按部长级做安排时，谈话就具有务实性了。

“这是退出政治舞台吗？”他自问自答地这么说。

我说：“现在不能让你回到大政治的圈子里去，可部长是政府成员，你还是苏共中央委员嘛。往后我们再看一段时间。生活仍在继续。你就准备召开市委全体会议吧。”

莫斯科市委全会于11月12日召开。跟我一起去出席会议的有利加乔夫和扎伊科夫。会议的气氛很沉重。叶利钦在凌辱他的同事和身边的工作人员方面是个大行家。他奚落起人来又凶狠，又歹毒，多数还是受冤枉的，而这会儿可轮到他得报应了。许多发言人的动机很明显带有报复和幸灾乐祸的成分。我记得普罗科菲耶夫的发言极其尖锐，他讲得很长，讲他在市执行委员会工作期间受到不公正的对待。这一切给人留下了沉重的感觉。在全会上叶利钦表现得很克制，据我看，像个男子汉。（参见《戈尔巴乔夫回忆录》）

叶利钦——

11月11日上午戈尔巴乔夫打来电话。他似乎不是在往医院打电话，而是往我的别墅。他平静地说：“请你尽快来一下，然后我们也许要一起主持莫斯科市委全会。”我说我去不了，躺在病床上，医生连起床都不允许。“不要紧，医生会给予帮助。”他说。我对此“永远不会明白”，为什么一定要把一个病人——不管是工人还是领导——从医院揪出来，为的只是解除他的职务。“这种做法起码有悖于劳动法典。”虽然戈尔巴乔夫对我不好，但如此不人道、不道德，也是我没料到的。为什么这么着急？想趁我现在这个样子在莫斯科市委会上收拾我？或者想从肉体上把我彻底击垮？

我开始准备出院。那些听话的医生，刚才甚至还不允许我起床和走动，现在却在催我出院。我当时感到头晕目眩，踉踉跄跄，几乎不能说话，也听不清别人说什么。妻子见我这样再三恳求我不要去。我像个机器人勉强能挪动脚步，一点不知道周围发生的事，坐进汽车后便往苏共中央委员会开去。

我的妻子那些天被我的疾病折磨得疲惫不堪。她实在忍不住了，便将情况告诉了克格勃第九局局长普列汉诺夫，说这是极其残忍的行为，你们竟敢让一个还在生病的病人出院；你们当初曾为了某种目的要保护他，现在却由于自己的胆怯可能会杀死他……

于是我就以那个模样出现在政治局，差不多是不省人事。后来又是以同样的模样出现在莫斯科市委全会上……当所有与会者都坐下后，党的所有首脑便来到会场。党的这些主要头头友好地坐到主席团的位置上，就像出席一个展览会；而台下所有与会者都看着他们，显得胆战心惊，驯服听话，像老鼠见到猫一样。

可以在全会上很简单地解除我的职务。但他们不这样做，他们要从背叛过程中得到充分的享受。那些曾与我肩并肩地在一起工作过两年的同事（我和他们的关系无任何不好）突然说出那样的话，使我至今难忘。如果当时我不是处在昏迷状态的话，当然就要斗争，驳斥谎言，揭露那些发言者的卑鄙勾当——真正的卑鄙勾当！一方面我怪罪那些医生，因为他们竟然允许我到这里来；另一方面则怪他们给我灌了这么多的药，以致我不省人事。当然，应当感谢他们那时救了我一命……

向我猛扑过来的人“没有多少论据，要么是蛊惑煽动，要么是臆测，要么是想入非非，或是众所周知的谎言。另一些人向我猛扑过来纯粹出于害怕……还有一些人突然产生了古怪的感情：好不容易等到机会终于能骂你几句了，你以前是头，不能触犯你，可现在……这一切合在一起形成了某种可怕的、没人性的东西”。

就这样我被撤职了，好像是根据我的申请撤的职。这次撤职大会是那样喧嚣热闹，至今仍历历在目。（参见《叶利钦自述》）

看了两个人的不同叙述，对叶利钦撤职一事还是有了清楚的轮廓。叶利钦的感受自然可以理解，但他的一些说法没有逻辑。难道不是因为他提出辞职才引发十月全会的决议吗？难道全会的决议可以随便取消吗？难道最后举行的市委全会讨论他的去留不对吗？他说完全可以在全会上就撤他的职，不必再召开市委全会以这样的形式来“杀人”，若是那样做不就完全违背了民主和公开的原则了吗？这是一个改革的年代，叶利钦对此很清楚。如果不经过莫斯科市委全会就直接撤了他的职，他完全可以说那样的撤职是非法的。没有人怀疑这一点。但是后来，整个事情却完全被歪曲，谣言满天飞，“把整个这个情节描写成对人民捍卫者的迫害。应该认为这些谣言与叶利钦本人有关，也与已经将他吹捧为民主派领袖的那些人有关”。（参见《戈尔巴乔夫回忆录》）

12 政治弃儿

我是一个政治上的被放逐者，尽管我是部长、国家建委第一副主席，但随时随地都要记住自己是个犯过错误的人。……这一年半的时间是多么不好过啊。

——《叶利钦自述》

只有少数人知道这是多么痛苦！坐在死一般静寂的办公室里，置身于完完全全的真空里，在那儿坐着，下意识地期待着……譬如，期待着这部带有徽章的电话机响起来，或者不要响起来。

——叶利钦《总统笔记》

叶利钦被撤职后又住进医院治疗和休养。他的身体逐步得到恢复。这是一段难熬的时光。四面楚歌，没有任何人支持他，很多人断绝了与他的来往，开会时——他还是正部级待遇的副部长——一些熟悉的面孔和他客气地打招呼，只是在无法回避的时候。从他1969年走上从政之路后，他哪里经受过这么大的打击，这么大的失败。他的性格就是这样，愤世嫉俗，掩饰不住自己的不满，意气用事。但是在斯维尔德洛夫斯克的每一次较量，他总会占上风。他是个斗士，幸运的斗士，胜利总离他不远。但是这一次他真的似乎要被击垮。他感觉自己陷入了某种真空。“政治流亡”“政治弃儿”“政治僵尸”，这是他对自己那段时间的称谓。“很难描述那时的处境，太难了。开始同自己展开一场真正的斗争。分析自己的每一个举动、每一句话；分析自己的处事原则，回顾自己的过去，考虑自己现在和将来的看法；分析自己对人包括家人的态度，苦思冥想，不分昼夜，每夜只能入睡3—4小时，然后思绪又钻了出来。”（参见《叶利钦自述》）他在深刻反思和剖析自己，检查自己的信念。“留在我心底的东西已经变成炭火，通通烧尽了……”“我知道，如果在这场斗争中输了，就意味着我的整个一生都输了。”

处于这样高度紧张的状态，他的身体越来越弱。头疼每天都困扰着他，尤其在夜里，但思维却无法停止。救护车经常来到家里给他打针。他的病时好时坏，奈娜和两个女儿精心护理，日夜陪伴在身旁。饱受病痛折磨的叶利钦脾气一度变得更加暴躁，头疼发作时大喊大叫是常事，人也变得异常狂躁，无法控制，经常向家人无端发火。全家跟着他担惊受怕，为他担忧，也承受着他的暴躁脾气。他知道这样做很对不住亲人，但是他无法控制自己。医生也束手无策，什么药物似乎都没有用，制止不了他的可怕的头疼。有一段时间他感到，自己真的完了——从身体到政治生命。但是在他内心，一个声音不甘心沉默，那是他与生俱来的顽强和生命力，那个声音始终在说：你不能这样，你不能倒下。

他曾想过是否就此退休，但考虑再三抛弃了这个念头。“对我来说，退休好比生命结束。”（参见《叶利钦自述》）第二年（1988年）1月戈尔巴乔夫亲自打电话到医院，告诉他中央对他的决定，并询问他的想法。他立即同意了，而且他记住了总书记当时说的这样一句话：“我不会再让你从政了。”1月14日，他被正式任命为苏联国家建委第一副主席（按部长级待遇）。那时他依旧是政治局候补委员，还参加过若干次政治局会议。直至二月全会，根据总书记的提议，他才被撤销政治局候补委员资格。

戈尔巴乔夫没有将他一棍子打死。“从一开始我就力求不要使‘叶利钦事件’成为丑闻，按照正在中央、党内、国内逐渐形成的新的气氛来解决。因此，在政治局提出公布莫斯科市委全会上的发言，包括我的发言时，我建议：在会上谈到叶利钦个人问题时，话应当说得准确些，不要把他的一生和他的活动完全否定。”（参见《戈尔巴乔夫回忆录》）

时间可以治愈一切，这句睿智名言在叶利钦身上再次体现。慢慢地，几个月过去了，他的身体开始好转。头不再那么疼了，精神也比以前好。他能够走出家门，在街头漫步，没有保安人员，像一个真正自由的普通人。他惊奇头顶的阳光如此温暖明媚，似乎一扫心头的阴霾。还有街上的来往行人，他们不经意地对他微笑，礼貌问候，都像柔和的微风拂过他心头。他们可能认出了他，也可能完全不认识他，但态度都亲切友好，令他感到温暖。世界原来并不像他想象的那么糟，自己也没有完全陷入孤岛。他在人群中得到了在党内得不到的温暖和安慰。他也渐渐恢复工作，将注意力集中到自己的工作上。建筑行业，多么熟悉亲切的领域，着手这个工作，使他仿佛回到了过去，回到了斯维尔德洛夫斯克，他甚至忘记了十月全会的羞耻和一切烦恼，像鱼儿回到了水里，感觉很舒适。

社会上流传着他试图自杀的消息。叶利钦或许已经记不得用小剪刀划伤自己的事，或者出于自尊心绝不会承认，反正听到这样的传闻他非常气愤。他说："我绝不是那种人。"这种情绪再次激活了他不甘屈服的个性。他下决心绝不自暴自弃。

心中的伤口慢慢愈合，但永远不会彻底痊愈。他所经历的滑铁卢犹如一道疤痕，永远留在心头，留在记忆里。他感到自己身上已经被打上了耻辱的标记，那标记就是十月全会通过的所谓"决议"。"我是一个政治上的被放逐者，尽管我是部长、国家建委第一副主席，但随时随地都要记住自己是个犯过错误的人。"（参见《叶利钦自述》）这样的状况令他感到自己很难开展工作。

一年半的时间就这样慢慢过去。他背负着重负的十字架，艰难独自行走，度日。好在奈娜和两个女儿无微不至呵护左右，与他承受着一切压力，陪伴他度过艰难时光。他在内心深处多么感激他的亲人，多么庆幸他有这样的亲人。还有知识界一些原来并不相识的人邀请他去做客，去剧院，听音乐，节日寄贺卡给他。他多么感谢这些人在他最困难的时刻向他伸出温暖之手，这是对他无声的支援。

叶利钦销声匿迹了很长时间，国内媒体似乎遗忘了他，但是西方媒体对他始终保持着特殊的兴趣，而在民众中，也有一批人一直坚决支持他，这令他感到鼓舞。据说十月全会后支持他的信件来自四面八方，雪片般寄往党中央、克里姆林宫。这些信件都来自普通百姓。他们把叶利钦看作是最彻底的改革派，代表民意的旗手。西方媒体对他有过几次采访，他乐意接受采访，这是他依然存在的证明。但是那些记者提的问题尖锐刻薄，又令他苦恼。如果回答记者提问，他就必须说出自己的看法，绝不隐瞒丝毫；但是那样必将涉及中央，涉及政治局某些委员，甚至总书记本人，似乎又不很妥当。但是有媒体的关注，这对他来说很重要。他不想一直沉默下去，他要恢复自己的政治生命。他要走上政治舞台，必须重新走上政治舞台。戈尔巴乔夫不是说过不会再让他从政了吗？那么就是说他一定要回来！这是他的个性所决定的。

从十月全会后，叶利钦和总书记戈尔巴乔夫没有见过一次面，也没有打过一次交道。这段时间他也回顾了和总书记的关系。从一开始，他就是积极支持改革的，也对总书记寄予希望。总书记那时赏识他，提拔重用他。在他刚任莫斯科市委第一书记时，总书记全力支持他的工作，他对总书记也没有多少意见和看法。那时两人关系尚可。每次戈尔巴乔夫打来电话，叶利钦总是急匆匆来到电话机前接听。但是随着改革的深入，他和总书记渐渐有了分歧。叶利钦说，他仔细读了戈尔巴乔夫的《改革与新思维》，但是从中没有看到对改革如何进行等重大问题的可信答案。这使他失望。改革的举措和进度也使他产生了很多看法。戈尔巴乔夫的反酗酒运动，是叶利钦坚决反对的，他认为那是一场极为愚蠢的运动，会给国家经济造成不可挽回的损失，也会给改革带来不必要的困难。这也是他与利加乔夫激烈冲突的一个重要方面。不幸，事实证明叶利钦所言没有错。其次在反对党的领导人的特殊化方面，叶利钦也极端地认为，大力提倡改革的总书记在这方面并未有所触动，反而还在享受着特权。还有，新的个人崇拜也在形成——这是他的看法，总书记一个人说了算，精英班子随声附和，没有不同意见，这很可能导致新的个人崇拜。这也成为他与戈尔巴乔夫的又一个矛盾。

叶利钦性格有缺陷，也不排除他做惯了“老大”、一把手，很难听任别人指挥。他对政治局候补委员的职位不满意，希望升得更高，这些都有可能。这是造成他的不满情绪的某种原因。就是说，他与戈尔巴乔夫的矛盾与他的个性和不满有关，与他不服输的性格有关，也与他们对待改革的不同看法有关。当然，将两个人的恩怨和矛盾完全归结为叶利钦对权力的渴望、野心，未免过于简单，原因是多方面的。但是叶利钦第一次失败，确实是他意气用事言语不当以及做法过激造成的苦果。他为自己的行为付出了代价。接下来呢？

叶利钦慢慢恢复了身体和心理的伤痛。1988年他第一次接受了一所高级团校的邀请，前去与该校共青团员会面并做报告。这次会面来之不易。团校的团委书记提出这一建议时，校长惊异地说：怎么能邀请他？表示坚决反对。但是党委对此挺感兴趣，于是提议就此表决，结果大多数人赞成邀请失宠的叶利钦来做报告。当共青团中央得知后，团中央第一书记曾两次来到学校，想阻止这次会见，但都未达到目的。叶利钦与高级团校学员的会见如期举行。

站在团校的讲台上，叶利钦心中非常激动。一年半以后，这是他第一次出现在公众面前，而且是克服了各种阻力。这一定会引起舆论和上层注意：他叶利钦没有倒下，而且有人支持他。叶利钦决意不放过这个露面的好时机。他要畅所欲言，讲出自己的心里话。会见场面很热烈，学员们提出了各种各样的问题，很尖锐，很敏感，关于改革，关于他和利加乔夫的矛盾，关于他自己的弱点，关于总书记戈尔巴乔夫……叶利钦侃侃而谈，一一回答，毫无保留。学员们听得兴趣盎然，暗暗赞叹：不愧是叶利钦，如此旗帜鲜明，大胆敢言！叶利钦也感到，这样酣畅淋漓地表述自己的看法，他自己都没有想到。其实他也忘记了，正是戈尔巴乔夫提倡的民主化公开性是改革的大背景，才使他有了这样的讲话机会。就这样，叶利钦站在讲台上整整五个小时，不知疲倦地回答各种问题。他像个完全恢复了健康的人。

对此次见面和报告，他心里很满意。叶利钦知道他尖锐的看法会引起上层和社会的再次轰动，至少是注意吧，就像他在莫斯科任职时每一次新奇的做法一样。他感觉他在开始返回生活，返回政坛。他又像以前一样，在人们目光的注视下，引起人们的好奇和惊讶。他非常喜欢这种感觉。虽然他脚下的大地还是坚冰，但是他已经敏锐地感到——他历来都很敏锐，坚冰已经开始松动。那条返回政治舞台的道路已经慢慢出现在眼前。但是这条道路是陌生的，不同于以前，也充满了未知。确实，他是作为一个反对派、异见者、改革激进派旗手和民众的代言人回到了国家政治舞台的中心，而不是党的领导人。虽然这个党正在总书记的领导下进行改革，但是他要踏出一条改革的新路，按照他自己的设想。

和高级团校的学员会见不久后，在一次中央委员会全会上，中间休息时，戈尔巴乔夫恰好与他打了个照面，两人互相问候，然后谈到了这次会见。总书记先发问，叶利钦做了回答和纠正，因为总书记说，“你在那次会面中批评我们团的工作做得不够”。叶利钦答：“不是不够，我是说做得不好。”戈尔巴乔夫没说什么，然后泛泛地说：“是啊，多与基层群众接触很有必要。”谈话就此结束。这是叶利钦被撤职后总书记和他的第一次交谈。是的，总书记日理万机，忙得很，哪里还顾得上他？况且叶利钦也看到，改革很艰难，困难很大，国家灾难不断，经济下滑，政局不稳，令人忧虑，尤其是百姓开始抱怨和批评。这刚好印证了他在十月全会上的预言。总书记日子并不好过，但这能怨谁呢？他在十月全会上早就讲到这些了，形势发展已经证明了这一点，而那个决议却说他在政治上是错误的。真是毫无道理。他打算在适当的时候一定要提出来，请求恢复他的政治名誉。他不能无故被打压。

叶利钦的请求在第十九次党代表会议上公然提了出来，再次引起一片哗然。

13 冲上讲台

我感到自己有力量重新开始工作，也有这样的愿望，而且我的处事原则不允许我无声无息地、不经过一番战斗就退出政治舞台。

我只有一条路——冲上讲台去。

我想请求讨论恢复我在中央十月全会之后的政治名誉问题。

——《叶利钦自述》

叶利钦已经感到有力量重新涉足政坛，而不是被放逐在建设委员会只搞建筑行业的行政领导工作。

第十九次党的全国代表会议即将召开。这是一个极好的澄清自己所受冤屈并要求为自己恢复政治名誉的时机，但是首先要获得党代表会议的资格。一般而言，部长都是党代会的代表，但叶利钦是副部长，因此最初他并不在代表之列，就是说，他不可能参加第十九次党代会。参加这次会议对他来说太重要了，必须争取。他甚至不敢设想自己身处党代会会议之外，坐在电视机前看那些代表空洞乏味的发言。后来他打听到，所有的部长级干部都是代表，他虽然不是部长，但却是部长级待遇，是正部级干部，并且，他还是党中央委员，不能成为第十九次党代会代表没有理由，不合常理。于是他给有关人员打了电话，提出上述理由。但事情远不是这么简单。

全党和社会对这次会议期望巨大，代表选举也颇为复杂。在叶利钦看来，中央很不情愿让他参加这次党代会。戈尔巴乔夫说过，不会再让他参与政治。况且他们已经看到，叶利钦近期身体好转，在社会上开始出头露面，媒体开始采访他，特别是西方媒体，还有不久前某高级团校请他去做报告。这些都让中央不很高兴。若让他参加第十九次党代会，他们生怕这个古怪固执的家伙再搞出点什么新闻来，搅得人心不安。他制造的麻烦已经不少了，关于他的流言也一直没有断过。但是叶利钦本人提出的理由不好驳回，那就让他参加选举吧。

党代表资格需要逐级进行筛选。在莫斯科不少人投了他的票，但是很遗憾他没有到达最高一级；在他的家乡斯维尔德洛夫斯克州，很多大企业都投了他的票，最后要在州委表决。叶利钦认为，情况很严峻。他的落选已经引起一些工人罢工以示抗议。中央看到这样的情况后做出妥协，他们将叶利钦放到卡累利阿选区参加选举。这是一个比较小的区，不像斯维尔德洛夫斯克是个大州。选举前夜叶利钦来到彼德罗扎沃茨克，与当地党组织和党员见面、交谈，走访了基层党组织，大家对他热情友好。最终，他成为卡累利阿地区选出的13名代表之一。叶利钦的一颗心终于放下。他获得了参加党代会的资格，接下来他要做的是，全力以赴准备在代表会上的发言。他要让中央和所有的人看到，他叶利钦又回来了。他要告诉大家，他没有错，错的是中央。他要求恢复自己的政治名誉。

在第十九次党的代表会议前不久，国内最有名的杂志《星火》打电话来，要求采访叶利钦。打电话的人是该杂志评论员阿列克谢•拉多夫。这是时隔这么久之后，第一个国内影响很大的媒体与他联系。有这样的媒体采访他，叶利钦感到高兴，他可以有机会向全社会说出自己的话。但他还是拒绝了。他对评论员说："这对我来说当然是件好事，我很乐意，但是，我讲的一切，你们费力地搞出来后，最后还不是不了了之？不会让你们刊登的。"评论员说服了他。叶利钦极为重视这次采访，他期待这次访谈能与读者见面，毕竟这是被政治流放后第一次在重要媒体上露面。他为此花费了很大精力，做了认真准备。但最终还是如他所料，中央审查没有通过，评论员沮丧地告诉他，访谈不能刊登。这件事对叶利钦打击不小。他再次感到非常失望。在自己的国家里，找不到说话的地方，没有言论自由，何谈改革？民主化公开性又在哪里？这个事件使他出席十九大的愿望更加强烈。十九大，这可能是他唯一讲出自己心里话的机会和地方。

党代会日益临近。但是对叶利钦来说，没有任何好消息。他变得烦躁不安。对党代会的期望有时感觉也很茫然。党代会上究竟会怎么样？我能得到发言的机会吗？大家会怎么看？这些问题使他心神不宁。

1988年6月底，克里姆林宫代表大会大厅。总书记戈尔巴乔夫和党的主要领导人端坐在主席台上，台下座无虚席，会场庄严肃穆。在台下的代表中，叶利钦坐在卡累利阿代表团当中。这个代表团离主席台很远，几乎在会议大厅的最末端。坐在那里，他看不清主席台上的人，正像主席台上的人看不清楚他一样。

周围是熟悉的一切，熟悉的克里姆林宫会议大厅，熟悉的面孔。叶利钦极为激动，略显不安。近一年的时间，他脱离了这一切，从这些人的目光中消失了，从国家政治生活中消失了。这段不长的时间对他来说无比漫长。今天，他又回到了这里，回到了人们的视线中，回到了政治舞台上。人们怎么看他？投向他的是各种各样的目光：惊讶，冷漠，同情，疑问，佯装没有看见……这些眼光使叶利钦很不自在，感觉自己如同关在动物园里的某种动物，人们似乎是在观赏自己。但是他清楚一点，不论他们怀抱何种感觉，却不得不承认，这个人并没有从政治舞台消失。他的生命力是顽强的。

会议开始了。代表们一个接一个上台发言。很多发言依然如故，没有新意，空洞无物，但一些发言却言之有物，引人入胜，引起阵阵掌声。叶利钦感到，时代确实在进步，改革也在深入发展，在党代会上能出现这样精彩的发言，确实说明问题。在对某些提议表决时，他也看到，表决不像以往那样全部举手通过，走个形式，而是有了不同意见，有代表发出了不同的声音。但总体而言，叶利钦感觉代表们的意见还很不够。他的发言将更加尖锐，充满火药味，并且还要提出为自己平反的要求。他期待轮到自己发言，更期待发言后的影响。

发言的人很多，迟迟轮不到他。一天、两天、三天过去了，没有轮到他发言；第四天长长的发言者名单中仍没有“叶利钦”，只剩下最后一天了。这一天无论如何要发言。坐在几乎最远处的叶利钦不断写条子传上去，请求发言，但是没有回应，于是他决定冲上讲台。此刻离大会休会仅剩40分钟左右。大会主席宣布，下午将进入通过各种决议阶段，就是说，发言在上午将全部结束。叶利钦听到这一宣布，当机立断做出不再等待的决定。他站起来，走到自己代表团前面对他们说：“同志们，我只有一条出路——冲上讲台。”（参见《叶利钦自述》）大家同意他的决定，于是在代表大会上发生了下面轰动的一幕。

还是来看看他自己的叙述：

> 我沿着长长的阶梯朝直通讲台的小门走去，到了那我请大会工作人员打开小门。克格勃工作人员的态度还算不错，他们推开了两扇门，我举着红色代表证，脚步坚定，顺着长长的通道，走向主席台。当我走到主席台中央时，在场代表都已明白是怎么回事，主席团成员也不例外。正在主席台上发言的塔吉克代表停止了发言，会场一下变得骇人的寂静。我举着代表证，直视着主席台上的戈尔巴乔夫，我甚至能听见大厅里5000名代表的呼吸声和投向他的目光。举着代表证，我径直走向总书记，口吻坚定地说：我请求发言，或者是请您就此事提请大会表决。他显得有点不知所措，我就站在那里等待。终于他说了一句：请坐到第一排去。我在讲台的第一排坐下了。政治局委员们互相商量和低声交谈后，一位工作人员走过来对我说：请您到主席团办公室去一下，那里有人要和您交谈。谁想和我谈？回答不知道。我说：不，我不喜欢这种方式，我就坐在这里。他走了。过了一会，那个人又走来说：一位领导现

在和您一起去。

我明白，如果走出去，那扇大门不会再为我打开。我说：我得看看主席团哪位出来。我悄悄顺着通道走去。但第一排有人劝我千万不要离开大厅。走出四五米的时候，我回头看看，主席台没有人站起身走出来，发言者仍在继续，旁边正好是记者席位，他们也劝我不要离开。那位工作人员又对我说，戈尔巴乔夫允许您发言，但您应当先回到自己代表团那里。此刻我明白，只要我走开，他们就不会让我发言。于是我说："不必了，已经允许我发言了，用不着回去，第一排有一个位子，我喜欢坐在那里。"我迅速转过身，坐在那里，这个位置正好对着主席台上的戈尔巴乔夫。

叶利钦在大会发言结束前最后一刻冲上讲台，整个过程如同一场紧张的战斗。他为自己争得了发言的机会。

在众目睽睽下，叶利钦从第一排站起身，走上讲台。会场寂静无声，人们惊异地看着他。

"代表同志们！首先我应该回答扎戈伊诺夫代表提出的一系列问题。

"第一，为什么我向国外电视广播公司发表谈话，而不是向苏联新闻界？我的回答是：最先要求采访我的是苏联媒体，我早在向国外电视广播公司发表谈话前很久就接受了苏联媒体的访谈，但谈话在《莫斯科新闻》上没有发表。第二次要来采访我比较晚，那次采访他们也没有保证要发表。《星火》杂志提出采访要求也在此前，谈话持续了两个小时，但是一个半月过去了，仍没有发表谈话，据卡罗维奇说，刊登采访没得到批准。

"下一个问题是，为什么我在莫斯科市委全会上发言那么'前言不搭后语？'我的回答是，当时我患了重病，只能躺在床上，医生不允许，我也站不起来。离开会还有一个半小时的时候，叫我去参加会议。医生按量给我服了药。我坐在会场上，身体某个部位感到麻木，事实上说话都不很方便。"

叶利钦接下来讲述了他如何接受三家外国媒体采访的经过，英国广播公司（BBC）、美国哥伦比亚广播公司（CBS）和美国广播公司（ABC）。他特别强调这是苏联广播电视委员会来信建议的。三家电视广播公司也是他们确定的。而且在采访中，"对一些不友好的问题，即不利于我们党和国家，并有损其威望的，我都予以了坚决回击"。（参见《叶利钦自述》）

关于他与利加乔夫的关系，在大的方面他们是一致的，不同意见只是在具

叶利钦在第十九次党的代表会议上发言

体问题上，在社会公正和他的工作作风问题上。“这个问题美国哥伦比亚广播公司采访我时也提出过，他们曲解了我的回答，我写了驳斥声明，该公司也道了歉。但是索洛缅采夫同志仍然因此把我叫去，要我做出解释。对此我想说：在这件事上我毫无过错，录音带已经转交给了索洛缅采夫同志。对这种做法我极为愤怒。”

回答了几个问题后，叶利钦略做停顿，目光扫过会场，语气坚定地说：“现在我正式发言。”他的正式发言要点如下：

这次大会的议题是党内民主化；改革应该从党开始，带动起所有的人，但是从改革的观点看，党落伍了。因此我认为这样的会议早就该开；准备工作匆忙，政治体制改革没有作为主要任务提出，代表选举仍按老框框进行，高层机关没有得到改组；会议本身的讨论很有意思，现在的主要问题是将通过哪些决议。

根据戈尔巴乔夫同志的报告，发表我的看法和建议。

关于政治体制，应当带有防止错误的机制，即不制造领袖人物和搞“领袖制”，即实行真正的人民的权利；报告中关于第一书记和苏维埃合并的前景不很清楚。

关于选举，应当是普遍的直接的和无记名的，包括中央书记和总书记，自下而上，也适用于最高苏维埃、工会和共青团，限定两届任期，年龄要有明确限制，政治局委员不得超过65岁；我们的党和社会能够靠自身力量解决这些问题。

依我看，并非两党制才是反对个人迷信的保证。但是一旦有土壤个人崇拜立刻会滋生，因此需要“一系列得到党章或法律确认的严格的防范措施”。应当规定，总书记易人，政治局也要随即改组，中央机关基本上也要更换。

总书记很清楚地说，在我们国家没有不受批评的禁区和领导人，包括他本人。但事实上，禁区和界限还存在。这极为有害，扭曲了党的良心。

党的决议很多并非党制定的，而是机关炮制的，得不到实行就流产了。重要的决议草案应当提交党和全民讨论公决。

我们为社会主义的70年感到自豪，但应当看到，70年来很多问题诸如吃饭穿衣公共福利设施以及很多社会问题并未得到解决，改革就是要解决这些问题。但是改革口号多效果少，3年了，成果在哪里？没有取得革命性的变革。人民的信心在动摇。眼下空洞的口号还有感召力，但是长此以往很危险，将会失去方向，失去社会稳定。

关于党的公开性。党内存在不同意见很正常，少数不同意见不会破坏党的团结，相反能加强党的统一。党是为人民工作的，人民有权知道一切。了解领导人的知识、生活和经历，他们在干什么，有何成果等。

党内预算和财政不应当保密，也不是禁区，应当公开。这样可以避免党内营私舞弊，行贿受贿，或用在不合适的地方，例如为党的领导人建造豪华别墅等。

应当消除“特供”，消除特权，不应当有特殊的共产党员，这将非常有利于改革。

关于机关整顿与精简，我建议将党的州以及机关精简1/2至1/3，把党中央一级裁减至1/6—1/10，并取消各专业部门。

还有青年问题……报告中几乎未提及。

接下来，叶利钦大胆提出了令全场人震惊的问题，即关于恢复他的政治名誉的要求。他说：

“同志们！还有一个切切实实的问题。我想请求讨论恢复我在中央十月全会之后的政治名誉的问题。（会场顿时响起一片喧哗声）如果你们认为时间不允许，那我就讲到此为止吧。”

戈尔巴乔夫说：“大家请你讲。”会场上响起掌声。总书记接着说：“让我们揭开叶利钦事件的秘密吧。请吧，请把你想讲的话都讲出来。”

叶利钦停顿了一下，接着讲道：“经过50年之后，恢复名誉现在已经成了习惯。这有助于社会健康化。但是我请求在我活着的时候恢复我的政治名誉。这是一个原则问题。众所周知，我在苏共中央十月全会上的发言已由全会通过决议，称之为有‘政治错误’。但在那次全会上提出来的问题已不止一次见诸报端。都是由共产党员提出来的。并且这几天，就在这个讲台上，在报告中，在发言中，一直都在谈论这些问题。我认为自己的那次发言唯一的错误是不合时宜，不该在纪念十月革命70周年前夕提出来……这件事对我震动很大。我请求代表大会撤销就我的发言通过的决议。如果你们认为可以，那么就在共产党员的心目中恢复了我的名誉。这不仅是我个人的事，而且符合改革精神，是民主的具体体现，它会促进改革，也会增强人民的信心。是的，社会的更新是艰难的，但我们有了进步，即便还不大。生活本身迫使我们只能沿着这条道路走下去。”叶利钦以这句话结束了发言。会场上响起一阵掌声。

叶利钦讲完了自己想讲的所有的话。他发言时内心很激动，也很紧张，但他竭力克制住了。此刻他如释重负，走下讲台，回到离主席台很远的卡累利阿代表团自己的座位上。掌声一直伴随着他走到会场最远处。在他的发言中也几次响起掌声，似乎反应还不错，至少不像想象的那么糟。大会主席宣布休会。叶利钦走出大厅，很多代表走向他，握手，问候，表示支持。记者也将他团团围住，提出问题。如他所料，他的发言很成功。这是他很长时间后第一次返回政治舞台，亮相不错。面对热情的代表和记者，叶利钦既激动又兴奋。但是他高兴得有点早了。

休会后，一些代表走上讲台发言，对他严厉批评指责。这些发言中，利加乔夫的发言尤其尖锐，引起叶利钦反感。他认为利加乔夫的发言除了乱扣帽子外，极其平庸，没有任何有分量的东西。但正是这次发言后，他刚刚恢复起来的一点人气又迅速跌落，“政治前途迅速结束了”。（参见《叶利钦自述》）莫斯科市无产者区年轻的区委书记鲁金、奥尔忠尼启泽工厂经理切基列夫等也纷纷发言谴责他，叶利钦认为他们所讲的内容都是对他的诬陷和栽赃。没想到的是，来自家乡斯维尔德洛夫斯克的一名代表伏尔克夫，在发言中却说了他的好话，这令他和会场代表感到奇怪。这大概就是民主化公开性的结果吧，讲台上并非完全是一个声音。但是这似乎也证明，发言并不是有组织的，而是人们自愿的。这和叶利钦的猜测不一样。尽管有家乡的代表支持他，但是斯维尔德洛夫斯克州代表团却递上一张纸条说：“斯维尔德洛夫斯克州委代表团完全支持苏共中央十月全会（1987年）就叶利钦同志的问题所做出的决定。没有人授权让伏尔克夫同志以代表名义发言，他的发言受到全团代表的谴责。以代表团的名义——州委第一书记鲍贝京。”

总书记戈尔巴乔夫做了最后发言，他批评了叶利钦。

叶利钦坐在自己的座位上，一动不动。刚才的激动兴奋一扫而光，发言者的每句话又如上次那样，鞭打着他脆弱的心脏。他刚才真的是太乐观了，完全

总书记戈尔巴乔夫在第十九次党的代表会议上发言

没想到自己的要求又一次遭遇批评风暴。周围的人也仿佛石雕泥塑般，没人看他一眼。一切在眼前浮动，他感觉自己就要失去知觉了……人们发现他脸色苍白，赶紧叫来医生，给他打了一针，为的是让他坚持到会议结束。

他不知道怎么回的家，也记不清会议是怎么结束的。唯一的感觉是，从精神到肉体都非常痛苦。那些批评者在眼前晃来晃去，心里像有一堆火在燃烧，似乎烧灼着五脏六腑……接下来叶利钦两昼夜未合眼，思绪不断。他提出为自己恢复政治名誉的愿望落空了。党没有为他恢复名誉，相反再次批评了他。一切都结束了，这个耻辱的标记将一直伴随着他，直至生命终结，他再次坠入心灰意懒的境地。电视台在全国做了转播，他从此不会翻身了。“我不想再斗争，不想再解释，什么也不想做，只求忘掉一切，让我安静下来。”（参见《叶利钦自述》）

但是，事情的发展出乎所有人的意料。电视转播并没有毁掉他，相反，看了电视的千百万观众、人民、百姓，了解了一切，听到了他的发言，却表示出与中央相反的意愿。他们给予了叶利钦巨大的支持。人们从全国各地——甚至最偏远的地区——打来电报，寄来信件，成千上百件，雪花般飞向党中央，飞向叶利钦工作的建委，表示支持他。善良的百姓听说他病了，还给他寄来蜂蜜、草药、自制的果酱，希望他早日康复，振作精神，继续工作。

看到来自四面八方的支持信件，叶利钦也不敢相信自己的眼睛。为什么？这么多素不相识的人，对他的命运和遭遇如此同情？他的解释是，人民饱经沧桑，不可能对无端遭到打击的人无动于衷。结论是：“我无须得到党的平反，完全可以依靠民众站起来。我要继续向前走。”

正是民众最终为他平了反。十月全会关于他的决议是否取消，对他而言已经没有什么意义。在他后来当选为人民代表后，他这样说道。

颇具戏剧性的社会反应，让很多人不得其解。为什么党内党外对一个人的看法差距如此大？为什么越遭到中央批评，却越能得到民众支持？除了人们的逆反心理，人们表现出对执政党的不满和向往彻底改革，这也是改革提倡的公开性带来的结果。叶利钦直接享受到了公开性带来的巨大好处。若没有电视转播，人们不会知道这些，也就不会表现出对他的支持和热情。叶利钦此后取得的一个又一个胜利，都借助了民主化公开性。就此而言，叶利钦是改革的产物。没有改革，就不会有叶利钦。

14 绝路逢生

奇怪，就连现在我也还不相信当时发生的这件事，叶利钦竟然冲破阻挠，成了莫斯科选区的候选人。

我万一当选不上人民代表，我冒的风险就太大了，我将丧失从长期的政治监禁回到人民中的唯一机会。

——《叶利钦自述》

第十九次党代表会议极为成功，被西方记者称为“震撼世界的四天”。会议畅所欲言，气氛活跃，代表们就一系列改革的重大问题发表讲话，纷纷建言献策，大胆提出政改建议，讲出自己的看法。叶利钦在最后一刻冲上讲台所做的发言内容，都是大会所议的题目，没有什么新鲜之处，不同的是，他的建议和看法更激进，口气更严厉，高调反对特权，并指名道姓再次批评利加乔夫等党内主要领导人。这再一次表现出他一贯的行事风格：喜爱标新立异，显示与众不同。

此次代表会议表明，戈尔巴乔夫已将改革全面转向政治体制。改革已经进行了三年，阻力依然不小，成果几乎看不到，民众的热情正在丧失，各种矛盾层出不穷，经济危机迫在眉睫。如何走出困境？总书记认为，一切的根源在于没有彻底进行政治体制改革。而政治体制改革首先要从党自身开始。这不是一句空话。总书记并不忌讳这一点，他的精英班子也正视现实，就在这次党代表会议上已经有了切实举措。大会通过的一系列决议中，其中最重要的一项决议，即是决定在不久的将来召开苏联人民代表大会，并产生最高苏维埃，最高苏维埃将取代党中央，成为国家最高权力机构。总书记认为，这正是伟大导师列宁早就提出但却从未认真实行过的一句话：“一切权力归苏维埃。”现在他要真正践行列宁的教导。决议规定，人民代表的选举过了年就开始，1989年3月26日为最后一轮投票日，而第一届人民代表大会将于5月召开。

嗅觉敏锐的叶利钦对这一决定感到欢欣鼓舞，他看到了自己的新机会，看到了展现在眼前的道路，一条不同于以往的道路，充满艰险，但前途无限。他决定竞选人民代表。相关法律规定，正部长级的官员无权竞选人民代表，这是对他唯一的限制。没关系，既然看到了一条前景光明的大道，既然决定了参加竞选，他可以不惜一切，破釜沉舟，孤注一掷，不要官职。最重要的是，他无论如何也要抓住机会，竞选人民代表。在第十九次党代会上经受了第二次众多代表的严厉批评后，他再次意识到，对他而言，重返政坛的其他道路都已经堵死，唯有眼前这条路是一条冲杀出去的活路。他对此也坚信：人民会投他的票。

当然，顾虑和其他想法并非没有，亲朋好友也一再劝阻。做出这一决定，他是经过了一番认真思考和思想斗争的。他清楚地记得，这个关系他今后命运的重大决定，是在1988年12月13日做出的。他明白，这不仅是一次重要机遇，更是一条艰难漫长复杂的道路。他没有必胜的把握，横在面前的困难相当多，想想那复杂的程序，需要几上几下去拼杀，面对选民的各种问题，还要把握他们的心态，讲出能够打动人心的竞选纲领等等。这一切都让他感到不安，甚至生出一丝胆怯。还有，若选不上，他的对手们会高兴和欢呼，这是他最受不了的。他的面子和威望甚至重于他的生命，他绝不能失败。退一步说，他可以不去竞选，这也是家人和他的好友的意见，他们劝他不要走这一步，干吗自讨苦吃？他叶利钦不同于其他竞选者，他是一个另类，身上带着“犯过政治错误”标签的人，消失了很长一段时间。而且，竞选人民代表就必须放弃他的部长官职，如果落选，那么他就什么也不是，真正的一介平头百姓而已。今后怎么办？他自己也不知道。总之，这件事需要冒很大的风险，没有哪位在职的部长愿意这样做。

在他犹豫的关头，雪片般的支持电报从全国各地不断寄来，很多集体组织纷纷表示支持他做自己的代表。面对热情的民众，他感觉自己没有退路，只有一个选择，参加战斗，投入竞选。“也许，我完全有可能在这个漩涡中被击得粉身碎骨，但我没有第二条道路可走。”（参见《叶利钦自述》）最终，他决定，什么都不想，全力以赴，竞选人民代表。这是千百万民众的意愿，他不能辜负他们，这也是他与生俱来的秉性，他不想做一个平庸的部长，就这样退出政治舞台。他不能认输，一定要拼搏到底。

叶利钦从这一年的12月底，开始了艰难的竞选旅程。他将此次竞选称为一场“令人精疲力竭的选举‘马拉松’”。这是一场战斗，什么样的对手都有，他们会对你发起突然攻击，并采取各种办法，合法的非法的，明的暗的，你必须面对这一切。而在叶利钦看来，很多做法并非正常竞选，而是企图阻止他当选。

1989年新年刚过，他就开始忙于奔波。他几乎每天同他的选民见面，回答他们提出的各种问题，了解选民关心什么，从他们身上汲取力量，坚定信念。1月、2月和3月大选投票前，他很辛苦，马不停蹄，疲惫不堪，但得到的锻炼很大。他了解到大量以前不知道的情况，接触了大量民众，做了多次演讲，回答了各种各样民众提出的问题。最重要的是，他赢得了不少民众的支持。他在民众中的地位，和他在党代会上的境遇完全两样。

2月19日，叶利钦顺利通过了第一关：选区的选举。有2000个边疆区的大企业和工厂推选他。这是他当选为全国代表的第一步，当然算不上最后的胜利，路途还很遥远。

叶利钦参加的第一个选区的选举是彼尔姆州的别列兹尼基市，他全家曾在这里生活过，当地还有人记得一个“叶利钦”姓氏的家庭。在选举日，叶利钦采取了“出奇制胜”的办法：先乘飞机来到列宁格勒，那里有他的支持团队，然后与他们一起乘坐飞机飞往彼尔姆。天蒙蒙亮时刚好到达彼尔姆机场，那里的支持者已经在机场迎接他。叶利钦与他的支持者直接奔向选区的选举会场。看到叶利钦及其大队人马来到会场，所有与会者与选举负责人一样惊异。这家伙就像从天而降，突然出现，真没想到。叶利钦做了演讲，谈了自己的施政纲领，回答了选民的问题。他对自己获胜信心满满。果然，投票结果是他顺利当选，度过了第一关。

接下来他参加了莫斯科紧张的竞选。已经被彼尔姆选为代表了，但叶利钦还是决定参加莫斯科的竞选，这是为了体验一下首都的选举气氛，了解莫斯科人的意向。每一次的选区选举大会都会给他启发和激励，一些选民刚开始对他十分冷淡，争取他们的支持，使他们转变态度，他觉得这样的挑战更有意思。选举场面十分激烈热闹，记忆最深刻的是参加加加林选区的选举。他是10名候选人之一，候选人个个身手不凡，各具实力，竞选纲领也都极为精彩，因此要求将10人都列在候选名单上。选举主持人百般干扰，设置阻力，想使这些候选人全部落选。但是选民不干了，会场一度很热闹，人们情绪激动，僵持到夜里2点，最终选民胜利了，这10名候选人全部写入了候选名单。

2月21日举行投票选举。大厅座无虚席，约有1000人，他们要从10名候选人中间选出两个人。会场气氛使叶利钦感到，他当选的可能性很渺茫。他唯有抓住机会，改变会场人们的情绪。但这谈何容易！不过他还是决心尝试一下。

每个候选人首先要做施政纲领演讲，然后有5分钟时间回答选民写在纸条上递给他的问题，随后回到自己的座位上，有7分钟的时间接着回答选民的问题。

1989年竞选人民代表的集会，左为波波夫，右二戴眼镜者是萨哈罗夫

轮到叶利钦了。人们对他的态度并不十分热情，会场弥漫着冷淡的气氛。他讲完了自己的施政纲领，开始回答递上来的纸条上的问题。递给他的问题有100多个，他决定回答那些最尖锐最令他难堪最不公道的问题，那样定会赢得选民的同情。"为什么你出卖了莫斯科党组织？在困难面前表现出一副胆怯和惊慌失措的样子？""你的女儿为什么搬入了新居？""为什么你被带入警察局？"诸如此类带有贬损的问题，叶利钦毫不畏惧，做了合情合理的回答，以事实批驳了流言。他看到，在他回答了这些具有挑衅性的问题后，会场气氛一下变得缓和了。

最终的结果是，叶利钦从这10名候选人中脱颖而出，当选为莫斯科地区的人民代表。看到结果的那一刻，他自己都感到奇怪，不相信他真的被选上了，但是他确实已经被选为首都莫斯科市的人民代表。上层领导人不管多么不情愿，这已经是不可改变的事实。

叶利钦之所以竞选成功，还有一个因素也很关键。候选人中极有竞争力的著名导演格列奇科（两个几乎百分百当选的候选人之一）在选举前找到叶利钦，对他说决定退选，他不想与叶利钦竞争，因为他觉得叶利钦当选才是正确的，换句话说，他想以自己的退选，换取叶利钦当选。在最后表决前，格列奇科当场宣布了自己的决定。这就出现了一个空缺，人们不知道原来决定投给他的选票投给谁，选票出现了分流，最终为叶利钦当选赢得了不少选票。后面我们还会看到，在叶利钦政治生涯的每个关键时刻，都会有人挺身而出，助他一臂之力，使他绝处逢生。这真是一个很奇特的现象。

在莫斯科选区当选为人民代表，这是通向最后胜利很关键的一步。叶利钦虽然险胜，但毕竟胜利了。这为他接下来的竞选增强了信心，打下了基础。他信心十足，继续向前走去。

莫斯科市的选举持续到第二天即2月22日凌晨3点才结束。这一天离规定的最后一轮投票日还有一个多月，准确地说还有32天。所有在第二轮中当选的代表都在忙碌地做最后的竞选准备。

3月初，叶利钦继续遭到媒体冷遇，但他在全国民众中已经得到极大支持，声望不断提升，很多人将他看作彻底改革的一面旗帜。这时离最后投票日只剩下20天左右，叶利钦像上紧了发条的机器，一丝不敢懈怠，做最后的冲刺。他一天会见两拨群众，每次见面后都疲惫不堪，但精神是愉快的，因为他受到了新的鼓舞，增强了信心。他不满足于小范围的会见选民，而是经常参加群众集会，有的集会规模浩大，人数达到10万人。开始他不太喜欢这样的大型集会，对这种与群众见面的方式感到陌生和不适。面对成千上万的人，无数双眼睛看着你，要在这样的集会上讲话，回答人们的问题，不能出半点差错，还要使集会者满意，激发出他们的热情，使他们受到鼓舞，这样的压力不是一般的大。但是他必须出席这样一些集会，这种集会声势浩大，影响力和号召力与小范围内的见面谈话不可同日而语。学会在这样的集会上抓住人们的情绪，慷慨激昂地顺应大会气氛做演讲，激发大家，展示自己，对一个政治家，特别是在目前改革形势下的政治家来说，都是严酷的考验，也是扩大影响的最好方式。这是一个政治家最需要也是最艰难的功课之一。“这里需要掌握用一个字就能吸引广大群众注意力的艺术。如果你说错一句话，你就会被群众轰下讲台。”（参见《叶利钦自述》）就是说，这是最有力最有效也最富挑战的与民众打交道的竞选方式，民众将决定你的命运。叶利钦参加了很多次这样的集会，学会了如何在集会上展示出一个改革家的形象，如何顺应民众的呼声和会场的气氛，演讲时用最有力简洁的话语打动人心，从而掌控会场情绪，并塑造自己刚强有力高大的形象。当会场上响起一片“叶利钦，叶利钦”的有节奏的呼声时，这是民众在请求叶利钦讲话。叶利钦既激动又略微不安。在震耳欲聋的喊声中，他必须马上走上前去，抓住麦克风，面对黑压压的一大片人开始讲话。他不是个很好的演讲者，没有演说特长，但他的讲话充满激情，言辞激进，铿锵有力。他摸准了集会者的情绪，知道人们爱听什么，言辞越激烈，批评越尖锐，就越得人心。他的感觉是敏锐的。只要他开始讲话，会场顿时安静下来。人们专注而仔细聆听着，整个会场甚至大地上都响彻着他的声音，时而会从人群中发出热烈的掌声和呼喊声，像阵阵滚雷掠过天空。这时会场的气氛会变得越来越热烈，人们的情绪无比高昂，而这一切都令他无比激动和陶醉。

对叶利钦的反感和反对，即他所说的“阻力”，确实存在。反对者搞了他的“黑材料”，试图阻止他当选。材料中写道：他不顾一切地投入竞选人民代表，“是什么促使他这样做呢？为了老百姓的利益？难道身居部长要职，在实际工作中不能捍卫老百姓的利益？说穿了，推动他的是他那不可克服的、满脑子的妄自尊大、自负以及权力欲……”“只会产生这样的印象：他试图在人民代表事务中寻求捷径，谋求舒适的政治安乐窝”“他算不上一个政治活动家，倒像是某种政治临时工”。（参见《叶利钦自述》）这份材料在不少地方做了宣读，但结果适得其反。叶利钦在竞选中需要经常会见选民，有关部门并非每次都给他提供会见场所，以此刁难，还成立了一个特别委员会，专门调查了解叶利钦与选民的会见情况以及他的言论和在集会上的讲话内容。后来《莫斯科新闻》揭露了这些情况，引起了大众的不满。叶利钦的支持率反而上升了几个百分点。

官方和媒体的冷落，与来自民众的热情和支持，形成巨大反差，也进一步将叶利钦推向党和机关的对立面。叶利钦的言论更加激进，竞选人民代表的决心也更加坚定。党内传统派利加乔夫等人认为，这个人具有的“破坏力”越来越强大。因为在他的身后形成了一股强大的势力支持他，这支大军中有希望彻底改革的百姓，也有历来怀才不遇对党不满的人，还有怀抱各种私念的人甚至曾经的罪犯——一支奇怪的混合队伍。

3月13日举行了人民代表竞选电视辩论会。叶利钦和其他代表一样，也是第一次尝试这一新鲜玩意。他不再面对无数张面孔，也感受不到人们的情绪和会场气氛。他面对的只是冷冰冰的摄像机，没有激动人心的场面。而摄像机将通过卫星转播，将辩论者的形象和言谈举止送到千家万户，因此，他极为看重在电视里自己的形象。“我很想让人们看看，我一切正常，完全能够经受得住近一年半来遭受的一切磨难。”（参见《叶利钦自述》）

叶利钦有10分钟时间讲述自己的竞选纲领。每一句话每一个段落他都已经在不同场合多次讲过，已然熟记于心，但是第一次面对摄像机，他还是很拘谨，谈不上出色。接下来是回答电视观众提出的问题。尽管做好了思想准备，但是问题的难度和尖锐还是让他吃惊。他们提出诸如这样一些问题：他亲自到门诊挂号看病，是不是作秀等。后来有媒体披露，他们查过，提问叶利钦的人根本子虚乌有，完全不存在。那么究竟是谁提出了这样一些想令他难堪的问题呢？目的何在？叶利钦说，答案不言而喻。

3月26日，周日。这一天将举行最后一轮大选，也将决定叶利钦的命运。千百万人的投票将对他的选择做出回答。全家人早早起了床，吃过早餐。大家闭口不谈今天的选举，但每个人心里都激动不安。叶利钦完全感受到了家人的情绪。

大女儿列娜不经意地向窗外看去，发现一群西方记者已经等在那里，带着摄像机和麦克风。“快看，那么多记者在院子里呢。”叶利钦向窗外看去，果然，一群记者聚在那里。近来这情景对叶利钦来说已经司空见惯。总有一帮记者跟着他，让他不得安宁。今天这样的日子，他更成为热点追踪对象，躲开他们是不可能的。

奈娜和女儿帮助叶利钦穿上最庄重的衣服，叶利钦在镜子前看了看自己，很好，精神饱满，衣服得体，皮靴擦得铮亮。在这样重大的日子，自己的形象尤为重要。他走出门，奈娜和两个女儿紧随其后。一出门，记者们一拥而上，将他团团围住，七嘴八舌开始提问，并从各个角度拍摄照片。叶利钦发现，其中几乎没有国内记者，清一色全是西方记者。叶利钦没有停下脚步，继续向前走去。记者们跟着他和家人一直走到了伏龙芝区少年宫——叶利钦将在这里投票。

“这里的情形更加可怕。约有100人‘呼’一下围了上来，闪光灯摄影机录音机在眼前晃来晃去，人们接二连三提出各种问题……我冲出人群，向家人看去，想知道她们的情况如何……她们仍站在一起，但显然在用最大的力气支撑着。我随着这股向我涌来的人流踏上二楼，领到一张选票。”（参见《叶利钦自述》）

叶利钦快步走到投票箱前，准备将选票投进票箱。此刻有人将闪光灯对准了他，他突然想起报刊上那些年迈的领导人投票的照片，那并非很久以前的事，他们慢慢将选票投进选票箱，为的是让摄像机摄下这个意义重大的时刻，叶利钦觉得很好笑，他可不想让自己重现这样一幕。他将选票很快投进票箱，然后快步离开了。那些记者仍然尾随其后，叶利钦急于甩掉他们，但无奈还是被严密包围。记者们提出了各种问题：如何看待选举，自己的机遇，今后打算，以往经历等等。足有半个小时，叶利钦才摆脱了媒体人的纠缠，走进离这里不远的大女儿列娜家。现在他可以安心等待选举结果，等待人民的评判。

记者仍然聚在列娜家门前，很久才散去。此时叶利钦全家决定上街散步，随便走走。紧张了好几个月，包括他的家人，现在他们终于可以没有任何负担地在户外散步了。冬季还未过去，但阳光温暖。看着街头行人来往，车流穿梭，全家人心情无比轻松，感觉很好。选举结果嘛，他们不担心，心中早就有预感。

晚上，叶利钦和家人的预感变为了现实，第一轮选举结果就表明，支持他的选票遥遥领先，他当选人民代表已确定无疑。

叶利钦最后以89.6%高票当选为苏联第一届人民代表。这个数字叶利钦认为其实不太正常——过高了。社会上流行着一种说法，这么高的数字，其实民众不是支持他叶利钦，而是表达了反对党政机关的情绪。这样的说法表明，民众已经将他视作反对党和机构的代表人物。

叶利钦几个月的劳顿辛苦没有白费。结果圆满，目的实现。他正式向部长会议主席雷日科夫递交了辞职申请。从这一刻起，他没有任何官职，只是一名人民代表。几个月的紧张竞选使他筋疲力尽，他很想停下来，休息一下，但是形势不允许。家里电话铃声不断，祝贺的，问好的，套近乎的……全家人都处于喧嚣之中。

他和奈娜躲到了郊外。远离嘈杂的首都，他有时间静下心来，好好回顾自己这段时间和这几年的变化。

窗外依然是覆盖着白雪的大地，窗前有几株没有树叶的白桦树，树干白得耀眼。几声寒鸦聒噪传来，清冷宁静。哦，空中竟然又飘起雪花，这是今年的最后一场雪吗？叶利钦望着眼前的景色，脑海中回忆着自己的经历：大起大落，曲折艰难，步步惊心，绝路逢生，关键时刻总会出现转机。他的人生就是这样，充满艰难曲折和戏剧性。仅在一年半前，十月全会上他被大肆批判后，撤职，离开政坛，那段艰难时刻历历在目。他没想到短短时间内，他已经这样风光地回到了政治舞台。党没有为他恢复政治名誉，但是竞选结果说明，人民为他恢复了政治名誉。他获得了新生，人民给了他新的生命，从此他已经无须再请求党来为自己平反。“获得胜利的这一天，是我第三阶段的生活（我的第三次诞生）的开始。”（参见《叶利钦自述》）

人代会召开前，街头巷尾有很多流言。其中有传言说，叶利钦在人代会上反对戈尔巴乔夫当选为最高苏维埃主席。没有这回事，叶利钦还没有那么大的力量。倒是总书记确实与他见过一次面，是在人代会召开前的一个星期，即5月下旬。

叶利钦已经对他的个人问题无所谓，党中央是否为他恢复政治名誉已经无关紧要，事实做了最令人信服的回答。人民信任他，选他当了代表，这已经够了。他关心的是“国家在坍塌”，这令人震惊。叶利钦说：“机关官僚主义的角逐原来就有，现在还在继续进行。其中最重要的一点是全部权力都掌握在机关人员的手里，即便是一点点权力也不敢让给人民代表大会。我一直在敲警钟——您，米哈伊尔•谢尔盖耶维奇（即戈尔巴乔夫），愿意同谁，是人民抑或是同将把国家引向深渊边缘的制度站在一起？……”总书记的回答令叶利钦极为失望。交谈越多，叶利钦发现他们的分歧越大。其间戈尔巴乔夫谨慎地问叶利钦，今后想做哪方面的工作。叶利钦的崛起令戈尔巴乔夫不安。叶利钦回答，大会将决定一切。总书记不喜欢这样的回答，再次追问。叶利钦还是那句话，这使戈尔巴乔夫“愤怒”，会见不欢而散。此后社会上又出现了新的流言，说总书记提议让叶利钦担任部长会议第一副主席，而傲慢的叶利钦不干，因为他想当一把手……

15 走进最高苏维埃

在大会期间出现过许多富有戏剧性的、动人的、尖锐的事件。……全国乃至全世界都是这些事件的见证人。

——《叶利钦自述》

1989年5月25日，一个不同寻常的日子。经过近半年的准备，首届通过民主选举产生的苏联人民代表大会在此日召开。全国上下都洋溢着异常热烈的气氛。

9时左右，通过激烈竞争当选的人民代表陆续走进庄严肃穆的克里姆林宫人民大会堂。他们知道，这可不是一届普通的人民代表大会，而是第一次真正由人民选出来的代表聚集一堂，商讨国家大事，并将选举出最高苏维埃——这个机构将是国家的最高领导机构，而不再由苏联共产党包揽国家一切大事。

戈尔巴乔夫等共产党的最高领导人没有在主席台上就座，而是坐在2500名代表中间。这已经显示出，在这里，他们不过是代表大会的参加者，而非领导人。更深刻的含义则是，国家最高权力将归苏维埃，而非党中央。

叶利钦作为一名普通代表，坐在莫斯科代表的席位上。他今天特意穿了一身深色的西服，系着领带，头发梳理得整齐光亮，面容显得精神饱满，意气风发。他虽然是一名普通代表，但他的不凡经历和叛逆者的身份，很引人注目。

会议由弗•帕•奥尔洛夫主持。10点整，他宣布第一届苏联人民代表大会开幕。这一镜头通过卫星转播，传送到全国各地和每个苏联家庭。总书记决定，将这个非同一般的代表大会全程直播。因为这是一次前所未有、意义重大的代表大会，于是千家万户、亿万民众都收看到了代表大会整整10天的实况转播。会议报道的透明真实，不仅使民众及时直接了解到大会的所有信息，看到了代表们的激烈辩论，听到了各式各样的观点看法，而且对于全体人民也是一次最好的思想启蒙教育。民主化公开性对于长期受到精神和思想禁锢的苏联人民来说，还是一个不久前才接触到的新事物，很多人并不了解也不清楚究竟是怎么回事。电视直播大会全程，再次展示了一个活生生的例子。“10天的大会转播，比70年使民众受到的教育还多。”（参见《叶利钦自述》）短短10天的时间，很多人在思想上发生了巨大变化，“几乎所有的人都从昏睡中觉醒了”。

萨哈罗夫在第一届人代会上发言

（参见《叶利钦自述》）

会议一开始，民主斗士萨哈罗夫提出建议，改变大会议事程序，先由总书记做报告，然后根据报告再选举最高苏维埃主席。一些代表认为，苏联氢弹之父的这个建议很有道理，但是他的建议未被通过。接下来代表们一个接一个走上讲坛发言。不少人对当前改革发表看法，见地深刻，内容丰富，极有启发性。也有很多发言者言语激烈，针对苏共提出了许多尖锐批评意见，甚至包括严重指控，乃至号召“复仇”，号召把国家从“苏共的压迫下”解放出来。（参见雷日科夫《大国悲剧》）

另有代表发言对改革现状和前景表示相当堪忧。雷日科夫记述了其中一位代表的发言，这里不妨引用一下：

> 其中比较鲜明的一个发言，表达了对局势的极大不安，就是前线老战士、杰出的作家尤里•邦达列夫的发言。我想，过一段时间，改革时期的历史学家也许会把这篇发言全文发表出来……发言出自作家笔下，所以非常形象生动。比如说，在谈到改革产生的破坏作用时，他将之与《圣经》中巴比伦塔的毁灭相比，说那是一个未能达成相互理解的人类的未能实现的友爱的象征：“我们不需要在毁灭自己过去的同时再搭上自己的未来。我们反对把我们的理智变成潜意识，而把疑虑变成狂热。”

针对改革的目标模糊不清这一点，尤里•邦达列夫也做了毫不含糊的评论：

如果说4月这个充满等待的春天的月份让我们意识到必须采取行动，那么现在已经是对于无可抗拒的发展规律的历史逻辑进行深思的时候了。

能不能把我们的改革比成一架飞机，当它起飞之后，竟不知道在它降落的终点是否有一个机场？尽管关于民主，关于扩大公开性，清理垃圾场的辩论和争论进行得沸沸扬扬，但我们要想立于不败之地，就只能有一个选择，那就是对于改革的道德目标要有一致的看法，那就是改革要为了全体人民的物质利益和精神团结。唯有团结一致，才能在目的地修建好一片降落的场地。团结一致是唯一的选择。

他以极度的不安和痛苦，谈到了道德，谈到了作家、记者、媒体对社会精神生活所负的责任。缺乏道德的书刊不可能教育别人有道德。意识形态中的反道德主义会腐蚀人的精神。也许，并不是所有坐在报刊总编办公室里的人，都能完全认识到或者想认识：公开性和民主是高尚的精神道德和公民的纪律约束，而不是恣意妄为；按照伊万•卡拉马佐夫的哲学，改革的革命情感产生于道德信仰，而不是产生于用以代替康复手段的毒药……

那些把我们生活的过去，把我们民族的圣土，把各族人民在卫国战争中蒙受的牺牲，把文化传统统统倒进脏水坑，也就是把记忆、信仰和希望从人们意识中抹去的出版物，它们正在为我们一切的思想失误，为我们思想上的、纯粹感情的、良心上的赫罗斯特拉特建造一座丑陋的纪念碑，意识形态史定会以羞愧的心情和诅咒来回忆这座纪念碑的诞生……（参见雷日科夫《大国悲剧》）

他的发言代表了相当一部分代表和民众甚至党的部分最高领导人的看法和担忧。但是很遗憾，“邦达列夫的这种忧心忡忡后来被局势的发展，被1990—1991年改革的终结以及‘独立自主’的俄罗斯现实所证实。这位艺术家和思想家对当时社会上发生的事件的理解，比政治家们早了许多，他能对未来看得很远很远。也许，他的发言是改革诞生三年后敲响的最令人不安的警钟。那是一个转折的关头，从那时起，破坏倾向以及其他的力量就日益压过了创造的力量”。（参见雷日科夫《大国悲剧》）

作为人民代表，叶利钦心里极为期望自己被选为最高苏维埃成员，但是他没有把握。果然，他落选了。他认为落选的原因是，很多代表还是一如既往，温顺听话，落选在意料之中，况且主要的改革精英如萨哈罗夫、阿法纳西耶夫、波波夫等都没有被选上。他说，没选上他，他并不难过。但是民众对他落选极为不满，会议期间自发举行了集会示威。这其实给总书记出了一道难题：选举结果已经通过，怎么办？叶利钦饶有兴趣地观看事态的发展。

另一些人认为，改革精英包括叶利钦的落选，反映出当时大多数代表对激进改革派的不无担心。他们不认可改革精英，并且已经感到他们是一群对国家有危害的“破坏者”。

叶利钦被中央批评免职后，靠着自己的顽强走到这一步已经不易。不过只当一名普通人民代表对他意义不大，发挥的作用有限。他的最终目的是重返政坛，自然最好是进入最高苏维埃。可惜，现在看来，这个目标已经变得渺茫。但是富有戏剧性的是，在此关键时刻，他又遇到了相助者。冥冥中总会有人出来帮助他。这一次是已经被选上苏维埃委员的鄂木斯克国立大学劳动法、环境法和农业法副教授卡赞尼克挺身相助。卡赞尼克副教授提出一项议案，建议在“不经过投票的情况下由叶利钦取代本人进入最高苏维埃……同志们，我担心如果再投一次票，叶利钦同志还是通不过，而这种情况绝对不该发生”。提议被总书记戈尔巴乔夫慷慨大度地允许了。就这样，叶利钦当上了苏联最高苏维埃的委员。

这一次的帮助实在重要。如果不是这样，叶利钦后来的崛起要艰难很多，曲折很多，是否有后来的辉煌也很难说。为了报答农业法副教授卡赞尼克的相助之恩，叶利钦在当上俄罗斯总统后，随即任命他为国家总检察长。

俄罗斯后来的第一位民选总统一路走来总会出现惊险局面，但又总会化险为夷。进入最高苏维埃的叶利钦，如虎添翼，有了自己的阵地，可以将全部能量发挥到极致，在自己的政治生涯中写下最不平凡的耀眼经历。对于这样突如其来的绝路逢生，他该感谢谁？其实他真的该感谢他一直视为政治对手并最后取而代之的戈尔巴乔夫。没有戈氏发起的改革和大力提倡的民主化公开性，哪里会有他叶利钦的今天？没有今天又何谈将来？

叶利钦靠让位进入了最高苏维埃，成为最高苏维埃代表。不久，他又被选为最高苏维埃建筑主席，由此进入最高苏维埃主席团。这样，辞去建设部副部长的职务后，不仅他今后做什么已经不是问题，而且他成功地通过自己的拼搏，杀出一条生路，非常体面地重返了政坛。

16 跨地区议员团

我认为，1989年7月29—30日，应该载入我们社会革新的史册。在莫斯科电影工作者之家举行了人民代表跨地区议员团的第一次会议。意见一致、全体一致的时代崩溃了。

跨地区议员团不是“一群傲慢的、觊觎权力的活动家”，它代表我们社会一大部分人的利益。

——《叶利钦自述》

1989年7月，报刊、电台和电视台将一件事炒得沸沸扬扬，也引起社会相当关注，即人民代表中的部分人经过两个月的酝酿，协商成立了跨地区议员团。跨地区议员团的第一次会议，在第一届人民代表大会召开两个月后，即7月29—30日在莫斯科电影工作者之家召开。这是苏联历史上第一个合法的具有全国影响的反对派组织，也有人称之为“第二个议会”。此前，在6月7日，第一届人民代表大会刚刚结束时，成立跨地区议员团的倡议人、人民代表萨哈罗夫、阿法纳西耶夫和波波夫召开过第一次会议。

出席7月底的跨地区议员团第一次会议的代表计有268名（一说388人），会上产生了议员团委员会25人，并从中选出5位联席主席：萨哈罗夫、阿法纳西耶夫、波波夫、帕尔姆和叶利钦。萨哈罗夫被视为该组织的主要领导人。大会通过了《对深入实行改革决议的意见》。

跨地区议员团是如何产生和成立的？最初的建议是由改革著名人物之一、经济学家波波夫在第一届人民代表大会上提出的。在那次会议上，波波夫、阿法纳西耶夫、叶利钦和萨哈罗夫等著名改革家没有一人被选进最高苏维埃，叶利钦后来侥幸被自己的同乡让位获得了最高苏维埃成员的资格，但是波波夫、阿法纳西耶夫和萨哈罗夫等就没有那么走运，他们被排斥在外。这几个人在全国一直被公认为激进改革派的头面人物，在代表大会上的落选令他们恼火，因此他们对最高苏维埃的选举相当不满，认为选举不过是一群驯服听话的工具按照最高当局的意愿行事而已。第一届人代会的第三天，落选的改革家们相继发言，攻击刚刚选出的最高苏维埃。阿法纳西耶夫言辞激烈地宣称，“代表大会成立的是斯大林—勃列日涅夫式的最高苏维埃，选出来的代表都水平低下，大多数都是听话的打手”，“他们阻碍了代表大会任用进步人士”。波波夫则把大多数代表说成是缺乏智慧的群氓，不懂得思想多元化，只知道秉承组织的旨意行事。这次大会就是这样一群“群氓”的大会，目的就是搞出一个听话的最高苏维埃，然后再以最高苏维埃的名义，继续对国家领导中的“进步一翼”施加压力。为此，他说，不得不想一想怎样来变更立场了。“他建议考虑成立一个跨地区的独立的代表小组，并号召代表中所有的志同道合者都参加这个小组。”（参见雷日科夫《大国悲剧》）

这就是当初波波夫提出建立跨地区议员团的背景和初衷。简言之，即他们不满意第一届人民代表大会选举出来的合法的最高苏维埃，也不满意他们自己的落选，于是提议成立一个对抗最高苏维埃的跨地区机构。两个月后跨地区议员团果然成立了。

据叶利钦说，跨地区议员团顶着重重压力，得不到支持，找不到开会的地方，处处受到刁难，并被扣以分裂主义者、派别活动分子、独裁者等各种骂名和压力。但是最终，跨地区议员团还是成立了。跨地区议员团的五位联席主席都是改革大潮中涌现出来的风云人物、著名的改革家、人权捍卫者，他们经历不尽相同，各有所长，对改革的看法也不完全一致，如今能走到一起，也很不容易。

安•德•萨哈罗夫，闻名世界的核物理科学家，享有苏联氢弹之父的称号，公正而有良知的知识分子，人权斗士，持不同政见者。在改革中，戈尔巴乔夫力主为他平反，解除了他在高尔基市的“流放”生活，并安排他回到莫斯科工作。萨哈罗夫自从被解除迫害回到莫斯科后，一如既往，积极活跃地参与到他一直为之奋斗的事业中，继续为人权、正义和社会公正而战。但在当时，很多人仍然对他持有相当大的负面看法。解除他的“流放”生活时，中央委员中有不少人不置可否，不冷不热。

戈尔巴乔夫发起的改革他是赞同的，很多观点和做法都是他几年前就提出过的。但是在很多问题上他比总书记走得更远，看法也更尖锐。他期望的改革要彻底得多。而第一届人民代表大会上，著名的人权斗士没有当选为最高苏维埃成员（议员），充分反映出大多数人对激进改革观点的不赞同，很多人的思想还没有解放到不要党的领导、否定社会主义这一步。而这正是萨哈罗夫的目的，即反对苏共的一党集权统治，坚持取消宪法中关于苏共领导地位的第六条。萨哈罗夫在改革的大潮中仍然扮演着持不同政见者的角色。成立跨地区议员团，他是倡导人之一，但是他与叶利钦等人也存在巨大分歧。尤其是，他与叶利钦完全不是一类人。

尤•尼•阿法纳西耶夫，国立莫斯科历史档案学院院长，改革大潮中涌现出来的著名改革家，持有很多激进的观点，经常与中央和总书记唱对台戏。其实正是戈尔巴乔夫力排众议安置他进了历史档案学院任院长，但是他却毫不领情，反而处处非难。戈尔巴乔夫对此很不理解。

比叶利钦小三岁的阿法纳西耶夫毕业于莫斯科大学历史系，历史学副博士。曾任《共产党人》杂志编辑。他长期从事历史学方面的研究和杂志编辑工作，成果颇丰。他极为赞同波波夫的倡议，力主成立跨地区议员团，并被选为五位联席主席之一。据当年与其共事的人说，这位历史学家好出风头，热衷出访和接受采访，作风浮夸，期望自己担当起改革激进派旗手的角色。但是后来出访日本时，由于信口开河，主张将北方四岛归还日本，此言一出，招致全国一片反对和猛烈批评，威望迅速下降，一度销声匿迹。

苏联解体后，1991年阿法纳西耶夫在莫斯科历史档案学院的基础上创建了俄罗斯第一所国立人文大学。这所大学实行新的教学模式，成为俄罗斯培养精英的高等学府之一。他是闻名国内外的社会科学活动家，著述被翻译为很多种文字。1989—1992年任苏联人民代表；1991—1993年为俄罗斯议员。曾任俄罗斯驻联合国大学和平委员会成员，美国、法国和日内瓦大学名誉博士。他的研究领域非常广泛，发表各类学术文章和著述600余篇。

格•赫•波波夫，著名经济学家，任《经济问题》杂志主编。波波夫是希腊族，他的父母均为希腊人。1954年波波夫以金质奖章毕业于新切尔卡斯克中学后，赴莫大经济系学习。大学5年期间学业骄人，一直是斯大林和列宁奖学金获得者，曾担任莫大团委书记。1959年大学毕业后，继续在该校读研究生，后留校任教，1980年成为经济系教授，1988年调任《经济问题》杂志主编。他的经济论文在全国起了很大的作用，曾为斯大林的著作《苏联社会主义经济问题》做过精辟阐述。

在改革期间，波波夫发表了一系列有影响的文章。1989年在《星火》杂志上呼吁重新在克里姆林宫墙边安葬赫鲁晓夫。波波夫1990年3月被选为莫斯科人民代表后不久，4月20日被选为莫斯科市人民代表委员会主席。1991年6月被选为莫斯科市长。当时中央在列宁格勒和莫斯科搞了试验性全民直选，列宁格勒的索布恰克被选为该市市长，波波夫则在莫斯科胜出。接下来的八月政变中，正是他将叶利钦和戈尔巴乔夫被全国紧急状态委员会软禁和受到威胁的情况通知了美国，随后在国际上形成反对苏联政变的强大国际舆论。波波夫任莫斯科市长期间，下令批准拆除了几个纪念碑，更改了10多个地铁站的名称以及几百个街道和广场的名字。波波夫还支持将莫斯科几座花园和机场以超低的价格和50年的期限租赁给法-苏合资企业。后来赴莫斯科讲座的英国议会代表团某团员说，在任何一个文明国家，类似波波夫搞的这类草案和做法，都会被判坐监狱。波波夫也许是一名不错的经济学家，但完全不是一个优秀的大都市的管理者。他根本胜任不了管理莫斯科这样一座在改革中变得如此混乱贫困无序的都市，莫斯科被他搞得一团糟。仅仅一年后，即1992年6月，他就被迫下台了。

维•阿•帕尔姆，1926年出生，爱沙尼亚和苏联科学家，爱沙尼亚科学院院士。毕业于列宁格勒国立大学，化学博士，教授。曾在塔尔图国立大学任化学教研室主任。爱沙尼亚人民阵线创始人之一。1989年12月22日，153名人民代表签名声称自己是最高苏维埃的反对派，他是其中之一。

鲍•尼•叶利钦，不必介绍了，闻名全国的响当当的最坚定的改革派，他传奇般的经历为自己编织出耀眼的光环：被撤职的莫斯科市委书记，反对特权的斗士，受到当局迫害的真正的改革家……

跨地区议员团的成立确实不易，除了在《叶利钦自述》中讲到的很多困难，还有他没有讲到的难题，即这些激进的改革精英，观点看法立场目的不尽相同，甚至相距千里，很难站在一个阵营里。特别是公认的领军人物萨哈罗夫和强势崛起的叶利钦，几乎水火不相容。波波夫曾谈道：“这些人能联合在一起相当难，因为叶利钦和萨哈罗夫是完全不同的两种人。我想，如果不是我，他们的联合即使有可能，也是非常困难的。”“他还说，是萨哈罗夫的倡议起了主要作用，成为跨地区议员团的一致的思想，即反对苏共一党执政，要求取消宪法第六条，实行民主。”（译自俄网站）正是萨哈罗夫清晰地阐述了该组织的共同目标，才将所有这些人求同存异，集中到一个旗下。跨地区议员团还成立了协调委员会，成员有索布恰克、特拉夫金、斯坦凯维奇、波尔托拉宁、布尔布利斯等人。

跨地区议员团标志着苏联第一个合法的反对派组织正式成立。“它把许多具有反对派思想的代表团结起来，形成了基本力量，它就是80年代末破坏活动的组织者，最后导致了国家的解体。跨地区组合及其协调委员会的领导人过了大约两年都进入了政权机构，开始领导俄罗斯、莫斯科和列宁格勒。”（参见雷日科夫《大国悲剧》）

合法的反对派组织最初的活动表现有所节制。在其文件中说：将准备对苏联最高苏维埃以及代表大会文件的修正案提出新问题，“不要把自己同最高苏维埃对立起来，而是相反，要使最高苏维埃激进化，要促使它更加迅速地彻底转变成表达人民要求的机构”。但很快，该组织的真实面目就显示出来。跨地区议员团越来越清楚地与人民代表大会、苏联最高苏维埃，同当局的地方机构以及同政权机构的人民代表，都发生了对抗。按照雷日科夫的看法，即“跨地区代表组合虽说是一个议会党团，却并没有打算把自己局限在议会活动上。它越来越觊觎国家政治生活中的特殊地位”。就是说，该组织是一个议会党团，却不遵守相应的游戏规则，没有将自己的活动放在议会活动上，而是谋求在国家活动中占有特殊地位。

新年前夕，12月21日，第二届苏联人民代表大会召开。这是在危急情况下召开的，国家陷入空前混乱，经济坠入谷底。民族矛盾日益尖锐。在这次会议上，跨地区代表组合成员宣布，他们同与会大多数代表之间存在着原则分歧。受跨地区代表组合的委托，阿法纳西耶夫在大会开始前声称自己受到至少250名人民代表委托发表正式声明，该声明表示了他们的立场，阐明了他们与大多数代表的具体分歧。

也就是在这次会议期间，一件意想不到的事情发生了，著名的人民代表，氢弹之父，跨地区议员团主要领袖、联席主席之一萨哈罗夫因心脏病突发病逝。萨哈罗夫的去世引起全国甚至世界震动。

“这位上了年纪的科学院院士，三次荣膺社会主义劳动英雄称号，得过诺贝尔奖的人，就是他，在胸口挂了个好大好大的牌牌，上头大字写着：‘一切权力归苏维埃！’那么，我们又该如何来理解那些一直以萨哈罗夫的名义发誓，而掉过头来又消灭苏维埃政权的人们呢？……他基本是个诚实的与其他几位联席主席有区别的人。他有良知，不胡来。他不是为了一己私利。而其他几人特别是叶利钦，带着强烈的私人和意气用事的色彩。”（参见雷日科夫《大国悲剧》）

这一消息似乎将莫斯科这个冬天变得更为寒冷。

领军人物的去世，留下空缺，需要有人补上。这期间跨地区代表组合的领导团体出现裂痕，开始分化，争权夺利，互相不满。阿法纳西耶夫因言论不当引发全国不满，波波夫、帕尔姆声望能力都不够，只有叶利钦可以担此重任，于是改革激进派的大旗就落到了叶利钦身上。这样跨地区议员团就成为叶利钦的第一块政治基地。叶利钦此后愈加不可阻挡，成为万人拥戴的改革激进派领军人物，声望和人气也一路高升。

1989年7月底，叶利钦在莫斯科电影工作者之家参加跨地区议员团会议并当选为联席主席的时候，我正在北京准备赴苏留学，可能正在某个医院做体检。一个月后我和我的同事们踏上国际列车，一路北上，来到苏联首都莫斯科。此时是苏联改革的第四年，在世界瞩目中这个国家的改革却陷入了空前的混乱和危机。改革之父戈尔巴乔夫的威望大大下降，激进派人物叶利钦一步步崛起，民主化得到史无前例的发扬，公开性不仅揭露出以往隐藏了多年的不为人知的秘密，也成为谣言谩骂攻讦以及泄私愤的各种人手中理直气壮无人可以阻挡的工具，集会示威更是司空见惯，声势浩大，令人震撼。莫斯科——当我逐步熟悉了环境可以和俄罗斯人交流，可以浏览报纸和看电视后——给我的感觉就是一锅沸腾的水、一片熊熊燃烧的火，正在焚毁一切不合理的事物，同时也将很多珍贵的东西毁掉了。而商店里看到的情景我已经在《俄罗斯证人》和《戈尔巴乔夫的命运》中有过很多描述，仅有的几样食品摆在空荡荡的货架上，商品匮乏一目了然，惨不忍睹；或者是在食品店前有着一条长长的购物大队，人们耐心等待只不过是想买到最基本的面包和白糖……

我被分在莫斯科历史档案学院学习，那里的校长正是声名鹊起的改革名人阿法纳西耶夫。每次走进位于市中心的尼古拉大街那座白墙蓝窗框的典雅的古建筑楼——莫斯科历史档案学院教学大楼，我就会想起这位苏联当今著名的改革人物。我甚至想过采访他，但是改革家太忙了，忙得连学院都难得来一次。我只是不断听到人们和媒体谈论这位响当当的改革激进人物。我差点想说出“造反派”这个词，在我的记忆里，莫斯科的情景和我国的“文革”很有几分相似，而激进的改革家们也很像当年的“造反派”。

12月15日，雪花飘飘，寒风刺骨。莫斯科正在召开第二届苏联人民代表大会。傍晚我和一个女伴漫步在阿尔巴特街头，我们议论着苏联的改革，令人不安的种种见闻，社会主义与资本主义的利弊，以及苏联的前景。街头行人脚步匆匆，神色严肃，表情凝重。要知道圣诞节快到了，但是却感觉不到多少节日气氛。突然擦肩而过的一个行人的一句话飘入耳内：萨哈罗夫去世了。这消息使我们震惊。当时我还不很明白，这位著名人权斗士、氢弹之父的去世意味着什么，对当下已经很复杂的苏联政局会产生什么影响，只是心中隐约感到，这会对苏联眼下的改革带来更大的困难和变数。实际情况确实如此。萨哈罗夫的去世，使激进派即跨地区议员团失去了一位无私心的公正的旗手，从此，接过大旗的叶利钦，已经可以毫无阻拦地按照自己的想法行事。其激进过头的很多做法和言论，加剧和促使了苏联的经济危机和政治危机，最终导致了一场历史剧变——那是一个世人有目共睹无需说出的事实……

1990年1月，叶利钦沿着自己的道路又前进了一步：成立了党内民主纲领派。

17 美国之行

> 当我见到（美国超市）货架上摆满了成千上万的罐头、食品和各种各样的其他货物时，我第一次从内心深处为我们、为我们的国家难过、痛心。将这样一个富饶的国家搞到如此极端贫困的地步……真可怕。
>
> ——《叶利钦自述》

叶利钦3月高票当选为人民代表；5月靠着让位进入最高苏维埃——虽然很侥幸，但结果是最重要的；7月和部分人民代表成立了跨地区议员团，成为该组织五位联席主席之一。这样，叶利钦重返政坛已经是不争的事实。何止是重返政坛，现在的他和一年多前完全不一样：走的路不一样，依靠的力量不一样，人也不一样。他信心大增，疾病全消，说话更果断有力，迈出的脚步更坚定，傲慢自负的心理也得到进一步发展。他已经有了自己的阵地，甚至可以说有了自己的人马——千军万马，成千上万百姓支持他；并且他已然是苏联党的机构的反对派首领，是全国激进改革派的一面旗帜。那条前途无量的大道，正在他脚下展开。

叶利钦进入最高苏维埃后，不仅在国内名望继续提升，西方世界也对他更加刮目相看。此人凭着一股带点邪气的勇气和巨大能量，虽然在中央被视为异己，遭到打压，但却凭借着改革的大气候和他本人的超乎寻常的坚韧性格，绝处逢生，强势崛起，扶摇直上，获得不少追随者。这个激进蹩脚的政治家的能量绝不可小觑。这样的人值得被邀请到访美国，于是美国对他发出了邀请。暂时还是苏共党员的叶利钦，出访美国需要得到中央批准。总书记没有阻止他，批准他访问行程为9天。于是在9月12日，一个美好的金秋季节，叶利钦乘飞机前往美国，开始他第一次的美国之行。

飞机飞行在广袤的天空，跨越大洋，飞往美国——几年前还是苏联的头号敌人——访问。当飞机飞越自由女神高大的塑像时，叶利钦心中生出几分感慨。这样一个资本主义国家，被苏联一直视为头号敌人，万恶的人剥削人的社会，究竟是什么样一个景象？他渴望亲眼一看究竟。此外，他对此次受邀访美很满意，这说明他的分量，而他是完全依靠了自己的顽强和民众的支持，得以重返政坛。他比以往更加坚信：在他面前没有克服不了的障碍和困难。

叶利钦的访问是非正式的，他本人也是“非官方人物”，但是美国对他的访问格外优待和隆重，访问期间安排了总统、副总统、国务卿和前总统里根等诸多政要同他会晤。头上顶着奇异光环的叶利钦对这样的破格接待很满意。为期9天的访问，使他亲眼看到了资本主义——苏联一直大力批判的没落腐朽的万恶的资本主义社会——的真实面目。干净整洁繁华有序的城市，富丽堂皇的建筑，街头人们体面的穿着，美国人脸上的从容自信，特别是商店中琳琅满目应有尽有的食品和商品——这可是在苏联从未见到过的极大的市场繁荣，而眼下苏联国内的商店和市场，与这里色彩斑斓名目繁多种类齐全的状况相比，简直是天壤之别。资本主义的商品已经达到了极大的丰富，而他们却自我封闭不看现实，真是自欺欺人！面对这一切，叶利钦不禁大感惊讶，惊讶之余，又感叹自己国家的不足，也仿佛忽然猛醒：原来资本主义是这样美好！原来社会主义和共产主义不过是虚构出来的美好图画。这么多年了，一直被禁锢在高大的社会主义围墙之后，一直闭着眼睛无视周围，一直没有机会走出来看看世界，看看资本主义。原来在苏联，人们活得如此可怜。

此番访问，可真使他大开眼界，而且使他心底发生了巨大变化。他在访问期间道出了他的最大感受：共产主义思想是空中楼阁、空头支票，根本不可能在苏联实现。“当我飞过自由女神像的上空时，我自己在内心也成了一个自由的人了。”“我领略了什么是‘资本主义’，原来它并非是苏联的敌人和可怕的恶魔，而是摆满货架的罐头和高速灵敏的电脑。”后来还说：“是的，那时我已改变了自己的世界观，明白我虽然在苏联历史传统、习惯和教育方面

1989年，叶利钦在美国超市考察

仍是一名共产党员，而在信仰方面已不再是一个共产党人了。”此刻的叶利钦世界观和政治立场已经发生了质变，从一个具有偏激思想的共产党员、社会主义者，演变为一个崇信资本主义的民主激进派人士。他发誓要学习美国200年的民主历史。他本是一个典型的俄罗斯人，此刻却忘记了自己国家的特点、民族的特性、历史的不同。他后来执掌了俄罗斯大权后，实行完全西式的变革，生硬地搬来了休克疗法，最后给俄罗斯民族和自己的国家带来了前所未有的恶果，使百姓经受了巨大磨难。

他在美国的行程和多场演讲，国内都做了转播，苏联和全世界的人惊异地看到了苏联最著名的改革家极为丢脸和羞耻的一幕。尤其是在某大学的一次演讲。那天这位声名远扬的改革家很可能喝多了威士忌，听众看到讲台上的他脸色微红，目光游移，举止轻狂，言语粗俗，双手不停地上下翻动，有时在空中划着奇怪的圆圈，非常夸张可笑。开场白是：“你们的专家比我还要了解我的国家。”极尽吹捧。演讲中他对翻译说：“你为什么不像我这样做手势？这不是同步翻译。”听众哑然失笑。叶利钦把演讲当作了一场表演秀，还要翻译模仿他的怪异的手势。某句话引起了台下的掌声，叶利钦说：“不要这样追捧领袖人物。”

美国人对他的印象很负面，他们很纳闷，这就是苏联政坛近来大红大紫受到民众追捧的改革家？他的言谈举止为何这般不合时宜？这样的人也能成为改革领袖？不少人还认为，此人根本不具备一个大国政治家的素养和才干。在国内，很多苏联人看了电视转播后感到，这个人真是给国家丢尽了脸！厚颜无耻，寡廉鲜耻，一副醉醺醺的样子居然出国访问。

叶利钦的第一次美国之行被某些人称为“耻辱之行”。回国后听到这样的不良反映时，他对此的解释是：因为中央只批准他9天的访问时间，而对方的日程安排极为紧张，要访问的地方和项目太多，以至于他在美国的行程疲于奔命，劳累不堪。夜里他睡不着觉，为了不至于影响第二天的计划，他不得不借助于安眠药。这样一来情况更糟，第二天他完全醒不来，不是影响了访问计划，就是在半昏睡状态下去了某个地方，这也就是为什么他的某些镜头给人的感觉非常怪异，仿佛喝醉了酒还未清醒过来。其实他是没睡醒，而不是喝多了酒。一些人相信了他的解释，还有的人宁愿相信叶利钦无辜，他们需要他，不管他究竟是因为安眠药没睡醒还是喝多了。但是叶利钦酗酒的恶习终究是事实。谎言不可能掩盖真相。

意大利《共和国报》记者的一篇长文更是将他的不雅和粗俗暴露无遗。文章这样写道："他（叶利钦）应约翰•霍普金斯大学政治学系之邀来到巴尔的摩，住进酒店之后一晚上就独自喝光了半升装的一瓶酒。一位教授大清早坐车来接他去大学会场，不禁吓傻了。叶利钦送了他一个醉醺醺的沾满唾液的吻，又把喝了半瓶的威士忌递到他手上。'为自由干杯！'叶利钦在清晨六点半向他提出喝酒建议，手里挥动着倒满了酒的玻璃杯——那是一只通常在浴室里放牙刷牙膏的杯子。不过他自己把酒干了……"

还有一件事更丢人，为叶利钦的美国之行做协调工作的哈利逊在回忆录中写道："飞机着陆了，叶利钦走下舷梯。不过他没有向迎候他的代表团致意，却沿着起降区走向飞机尾部，背转身去，开始冲着飞机后轮撒尿。我们大为震惊，站在那儿不知所措。叶利钦走回来后，一句话也没说，同官员们一一握手，从一名年轻妇女手上接过一束鲜花，坐进了等候他的高级轿车。"

雷日科夫在《大国悲剧》中说："说实在话，在引用报刊上这些段落的时候，我真是觉得不太舒服。这位在大洋彼岸解开裤带的我国同胞，他的事迹读起来实在叫人恶心：这是个受到生物本能驱动的人，可是两年之后，竟'经全民选举'，当选为俄罗斯联邦总统！"

关于叶利钦酗酒的传闻很多。这是他从父亲那里继承下来的嗜好。叶利钦自从担任莫斯科市委第一书记后，就离不开酒精，经常借助酒精安神，帮助睡眠。他的家人和周围的人都清楚这一点。有人披露，叶利钦还发明了喝酒的新方法，名曰"双管齐下"：两瓶酒同时往嘴里倒。这样的方法颇新颖也很让他过瘾。

叶利钦因酗酒在出访中引发的丑闻不止一次。1994年已经成为俄罗斯总统的叶利钦出席在柏林举行的庆典，庆祝俄罗斯军队全部撤出德国。出席庆典大会的叶利钦显然又喝多了。他先是从主持人手里抢过麦克风，哼起一首俄罗斯民歌，接着兴奋不已的他居然又当着来宾跳起舞来，最后夺过德国乐队指挥的指挥棒开始指挥乐队。人们对这位俄罗斯总统的行径震惊不已，而众多的俄罗斯人从电视上看到这个场面，感觉他们的总统真是给俄罗斯人丢尽了脸。前持不同政见者、著名作家马克西莫夫在他的文章里写道："上帝啊，什么时候你才让俄罗斯不蒙受这样的耻辱和不丢人现眼！"

当叶利钦访美结束，从华盛顿飞回莫斯科时，按预定计划，他本该在飞行途中前往爱尔兰，与爱尔兰总理雷诺兹会谈。然而就在飞离华盛顿的前一天，叶利钦却在白宫举行的宴会上喝得酩酊大醉。结果，当飞机抵达都柏林的香农机场时，叶利钦一直未从座机中出现，让前来相迎的爱尔兰官员在飞机跑道上痴等。宿醉的叶利钦完全没有办法进行正常的会谈，副总理只好代劳与雷诺兹交谈了十几分钟。无疑，俄罗斯总统因为贪杯而误了事，但是他的助理后来解释说，他是因为之前的访美行程累瘫了。

还不止这些，更让人大跌眼镜的是1995年叶利钦第三次访问美国。这次访问期间，叶利钦出的丑闻前所未有，令人咋舌。《克林顿录音带——与总统纵论历史》一书中有这样的描述："叶利钦下榻于白宫对面的布莱尔宫。在参加一个晚宴时，叶利钦喝得酩酊大醉，一个人跑出来坐在白宫对面的一条大街旁。负责保卫他的美国特工发现俄罗斯总统不见了，四处寻找，最后发现他居然只穿着短裤，一个人站在宾夕法尼亚大道上与出租车司机聊天。他含混不清地向特工说，他想吃比萨。第二天晚上，叶利钦又喝醉了。不知道怎么回事，他竟出现在其下榻的宾馆的地下室里，走路左右摇晃，步履踉跄，警卫差点以为他是擅自闯入这里的危险人物。"

有关叶利钦酗酒的丑闻不断见诸各国报刊，他的酗酒名声越来越大。特别在他掌握了俄罗斯大权后，很多百姓不得不承认一个令他们难堪的事实：他们选出来的总统是个酒鬼，不仅如此，他还是个严重的心脏病患者，当然，他更是一个权势欲极强的人。他的一切活动，其主要推动力都来源于此。

叶利钦第一次访问美国期间的酗酒丑闻，浅薄粗俗的言谈举止，为自己造成了很大的负面影响。但是他后来在《叶利钦自述》中这样辩解道："意大利记者的文章是捏造，他列出了我饮酒的数量，显然，那个数字只能吓倒不会喝酒的外国人。"叶利钦矢口否认："《真理报》转载的这篇文章里说'我像一个嗜酒如命、未受过教育的俄国熊，无意中出现在一个文明社会'。对我不怀好意的人竟堕落到如此明目张胆、如此愚蠢撒谎的地步，老实说，我没料到。"还说，他在各大学演讲的收入扣除团队的一些花销，还余10万美元，这笔钱并非像报刊所言，用于他自己购买高档礼品，他将这笔收入全部用于为"预防艾滋病运动"购买一次性注射器。

对叶利钦的负面报道尽管是真实的，但是像这段时间很多时候一样，负面的东西反而被说成是新的造谣，是来自旧体制对他的迫害，是阻碍叶利钦带领大家改革。据他自己说，他甚至接到几千封支持电报。他们不相信这位改革家如此爱好酗酒，更不相信他在出访期间居然这样丢人现眼，他代表的可是国家，还有国家的希望。不幸，脑子似乎进水了的苏联人很相信这一点。《真理报》由于刊登了意大利记者写的叶利钦酒后丑闻的文章，引来大量苏联人的抗议声浪，以致该报主编被撤职才平息了民众的不满。叶利钦也因此继续创造着自己的辉煌和神话。

简言之，叶利钦的美国之行使他在思想上发生了质的转变。他幡然醒悟：原来他一直相信的社会主义和共产主义理想不过是虚无缥缈的神话。浮光掠影看到的富裕的美国，使他啧啧称道。他决心走美国式的民主之路，彻底改革。他还因访美期间酗酒丑闻被曝光而大为不满，并再次得出结论：“这个制度敌视我，紧盯着我走过的每一步，捕捉我每一个正确或不正确的言行，因此不能有一分一秒的大意……”

18 落水之谜和叶利钦现象

“这纯粹是一次有预谋的陷害活动……”

“河水非常凉，我两腿冻得抽筋。虽然离河边只有几米远，但我也是好不容易才游到岸边。我倒在地上躺了一会儿，慢慢恢复了知觉。然后我站了起来，冷得浑身发抖。”

——《叶利钦自述》

叶利钦第一次访美归来后，在美国醉酒的负面传言一直跟随着他，电视里他的失态和不雅镜头印证了那些流言不是空穴来风，而是确有其事。无独有偶，阴差阳错，一系列的倒霉事从秋天乃至第二年春天都缠住他不放。在春风得意了一段时间后，那几个月他很背运。

1989年9月底，访美回来后不久，他去莫斯科郊外乌斯平斯村看望斯维尔德洛夫斯克来的老朋友。中途——快到别墅时放走了司机，最后一段路打算步行过去。刚刚走出几米远，他身后突然冒出一辆小汽车，下来几个人，走到他身边，叶利钦还未反应过来是怎么回事，就被这几人用麻袋套到头上，然后从附近的一座5米高的桥上扔到了河里。9月底的莫斯科，河水冰凉，他的两条腿抽了筋，幸好水不很深。叶利钦大喊求助，但周围没有一个人影。他在水里挣扎着好不容易游到岸边，在草地上躺了一阵，浑身发抖。此时依然没有一个人影，他最后挣扎着站起身，慢慢走向近处一个哨所。哨所的人马上认出了他，惊讶地看着浑身湿漉漉、冻得发抖的他。他们给他端来热茶，并立刻给他的家人打了电话。很快，他的妻女将他接回了家。由于浸泡在秋天的凉水里，他的身体受到损害，肺部灌进了凉水，回去后他足足在家躺了两周。

叶利钦请求哨所战士不要将这件事传出去。他在公开场合也声明：没有人要陷害我。其实他认定了这是一次有预谋的陷害。他隐瞒真相的理由很高尚：若将这件迫害我的身体和生命的事传出去，那还了得，很多地方的工人将会罢工，斯维尔德洛夫斯克州，泽廖诺格勒市，还有首都莫斯科大部分工厂——这样一来国家将进入紧急状态。虽然在公开场合否认，但内心里，叶利钦对这件事气愤异常：这帮无耻之徒，败坏他的名声已经不够了，还要加害他的身体。

尽管叶利钦矢口否认这件事是对他的迫害，但社会上还是沸沸扬扬，流传着各种说法。他的追随者自然愤怒、抗议、支持，而很多人则提出质疑：从那么高的桥上被扔下，早就性命难保，这又是一场作秀，是叶利钦的拿手戏。这件事后来在《叶利钦自述》中披露了经过，但是很多人仍然半信半疑：他是不是真被人扔到了水里？什么人？为什么？时至今日它仍然是叶利钦传奇人生中很多不解之谜之一。

同一个月的21日，他乘坐的“伏尔加”小轿车又出了车祸，和一辆“日古丽”小车撞上了。叶利钦的大腿受了伤。这件事也被传得很邪乎，说又是有人要加害于他。他被迫害的事件越多，头上的光环越耀眼，同情者和支持者也就越多。

第二年（1990年）4月底，叶利钦非正式访问西班牙时又经历一场大难。他乘一架小型飞机从科尔多瓦飞往巴塞罗那时，所有的电源系统失灵，飞行员很费力气才将飞机降落在机场。降落时飞机严重损坏，叶利钦胸椎受损，压迫神经。西班牙医生为他做了很长时间的手术。手术复杂，但很成功，三天后他已经能行走了。当地人几个小时站在医院门口，为他献上鲜花。很多人也一直等待，在叶利钦散步时向他问候。但是苏联驻西班牙大使馆和其他苏联机构没有一个人去看望他。

一连串的倒霉事，使叶利钦身心备受折磨。

一个月后，叶利钦回到国内，参加俄联邦最高苏维埃主席的竞选。在选举期间，有媒体爆料，西班牙的车祸是苏联克格勃蓄意制造的，目的不言自明，又是一场来自国家机构的迫害。一时舆论哗然，很多原来正在犹豫或不打算投票给叶利钦的人，转而同情叶利钦。加上选举期间在莫斯科大街小巷中大量美化叶利钦的传言，都对选举进程产生了很大影响。叶利钦最后以微弱优势击败其余五名候选人，包括戈尔巴乔夫力荐的波罗兹科夫，当选为俄联邦最高苏维埃主席。

至此，叶利钦在强势返回苏联政坛后，取得了又一个意义重大的胜利。在与戈尔巴乔夫和党内保守势力的角逐中，他一步步扩大着自己的阵营、势力，并不断有所突破。从竞选人民代表大会代表，到进入苏联最高苏维埃主席团，继而成立跨地区议员团并任主席（联席主席之一），以及最重要的成果——当选为俄联邦最高苏维埃主席。这可是苏联最大的联邦共和国。叶利钦步步为营，取得一个又一个胜利。现在他已经是国家政坛上举足轻重的人物，其威望和影响日益扩大。叶利钦想到这一点，不由得非常欣慰。这几年经历的痛苦、烦恼、绝望消失殆尽，他为此付出的一切都是值得的。

叶利钦在短短三年内经历如此大的反复，坠落，复又上升，上升的速度和高度让人不可思议。总书记戈尔巴乔夫着实没有想到，利加乔夫、雷日科夫，包括政治局其他委员也都完全没有料到，这么一个才干和品行都绝对算不上优秀、爱出风头、自负高傲、缺乏教养和文化修养的人，居然得到民众的狂热支持。他们不理解。叶利钦就像一股旋风，猛烈地在全国刮起。叶利钦也是一个标记，代表一股势力，说明很多问题。一些人将此称为叶利钦现象，也有不少人专门发文分析过这一奇特景象。

叶利钦的迅速崛起，首先得力于改革的大环境，即戈尔巴乔夫倡导的改革。他充分利用了民主化公开性，而且唱的调子更高，表现得更积极，提出的口号更动人，也更脱离实际。

其次，看似粗俗的西伯利亚汉子，其实嗅觉极为敏锐，善于捕捉时机，做事果断，绝不拖泥带水。他和戈尔巴乔夫的矛盾，其中一个原因就是因为两个人的性格不同。他看不惯总书记优柔寡断，走一步退两步，面面俱到，遇事瞻前顾后，顾虑重重的性格。其实，两个人在改革的大的方面，应当说是一致的。

不少人始终认为，叶利钦受到党的一致批评，主要是他好出风头、妄自尊大、喜欢标新立异等性格所致。但是对他的一面倒的批判，反而将他推向更加激进的道路。他的一系列言辞和举动在很大程度上是因为自己受到委屈不肯屈服，要证明自己是正确的，而不是出于为国家和人民考虑。在为自己恢复名誉的抗争中，他居然得到了广大民众的支持和同情。其实，与其说民众支持他，不如说民众是以这样的方式，来表达对苏共的不满更为准确。广大民众早已对这个党失去信心，与党对立的叶利钦自然成为他们的希望。他的很多激进的言论，恰好符合了民众的心理要求。当然，不能说他对政治一窍不通，也不能绝对否认他真的看透了旧体制的实质缺陷。他访问美国看到的一切，使他的价值观发生了根本变化；他周围的一些激进改革家如萨哈罗夫、波波夫、阿法纳西耶夫等人的思想理念也对他有不同程度的影响。他对很多问题做了思考，敏锐地感觉到，这个体制、这个党乃至这个联邦都已经没有前途，应当彻底推倒。这也是事实。换句话说，叶利钦主要因自身的缺陷受到的批评使他不服气，在为自己的奋力抗争中，他抓住了并利用了改革的形势，特别是改革的困难和戈尔巴乔夫的失误，并恰好迎合了大众的心理。他也在一定程度上看透了旧体制的弊端。这一切造就了叶利钦神话。

戈尔巴乔夫在改革中确实有不少失误，他本人也有自身的弱点。从根本上说，从上至下发动的改革，基础是薄弱的，民众的思想基础没有达到改革需要的水平，民众对改革的艰难性理解不够，思想准备不足，但对改革的期望却很高，认为很快就会生活在一个有着充分民主自由并且物质生活极大富裕的新的家园。然而，5年过去了，现实令他们极为失望，过分的民主自由导致了无政府主义的泛滥，社会动荡，犯罪猖獗，经济恶化，百姓生活更加糟糕。其中的原因是复杂的。但百姓的忍受力已经达到极限，他们对戈氏从巨大的希望转为巨大的失望甚至愤怒。叶利钦的出现使他们将新的希望寄予这位激进改革家，就像当初他们寄希望于戈氏那样。可怜的俄罗斯人，失去了忍耐力和分辨能力。极度失望使他们愿意选择叶利钦，认定了叶利钦将实行的真正彻底的改革，能够拯救国家，并将给他们带来美好的未来。

叶利钦被称为民粹主义者，走的是贫民路线。他在历史巨变的漩涡中上下沉浮，经过拼搏最终浮出水面。他意志坚定，顽强坚韧，不达目的决不罢休。他是一位强势领导者。他改变了并牢牢驾驭着自己的命运，也改写了俄罗斯的历史。他有着顽强的生命力，是一个名副其实的斗士。苏联民众对这样的强势领导人历来不乏敬重和信赖。所以他受到大众的支持并不奇怪。

叶利钦现象还有一个重要原因，这恰恰表现出一个国家在改革进程中反映出来的幼稚的民主化的特点。长期没有真正的民主，一旦开始实行，人们并不知道真正的民主究竟为何物，根本划不清无政府主义与民主自由的界限，似乎越激进越好，越极端越好。叶利钦现象其实就是苏联改革中不成熟的民主化的产物。

19 又一次搏斗

我不是在宣誓，但我坚定地承诺，为了俄罗斯，为了生活在她的土地上的人们和各族人民，为了我们的团结一致，我将不惜自己的一切——无论是健康还是时间，做需要做的一切，使我们能够摆脱危机状态，使俄罗斯走向较好的时代。我坚定地向你们保证这一点。

——叶利钦就职俄联邦最高苏维埃主席时的讲话

俄国第一届人民代表大会成了破坏伟大国家的主要力量，而1990年6月12日这个被“民主派”宣布为伟大节日的日子，则成了我们在全世界面前蒙羞的日子。

——雷日科夫《大国悲剧》

1990年1月，一架银灰色飞机从莫斯科飞往斯维尔德洛夫斯克。机上载着叶利钦和他的助手列•苏哈诺夫、联盟代表和他的老乡根•布尔布利斯。叶利钦冒着西伯利亚的冰雪严寒，飞往自己的故乡。飞机已经盘旋在故乡的上空，叶利钦很激动：就要回到故乡了，见到那座城市、那里的人民。舷窗外千里冰封，万里雪飘，景象恢宏，广袤的大地似乎敞开巨大胸膛，静静地迎接他。这就是他的故乡。

此番回到故乡，叶利钦的主要目的是在这里竞选俄联邦人民代表。其实他可以就近在莫斯科竞选，一年前他刚刚在首都成功被选为苏联人民代表，现在再去竞选俄联邦人民代表会轻车熟路，更保险。但是这一次，他想在自己的家乡竞选俄联邦人民代表，争取参加即将在5月举行的第一届俄联邦人民代表大会，最终目的不言而喻，他要竞选俄联邦最高苏维埃主席。当然现在考虑这个还为时过早。目前的目标是当选斯维尔德洛夫斯克州的人民代表。这是又一次挑战，既是对自己，也是对党的机构。

和一年前相比，叶利钦的状况有了巨大变化。他有了资本，有了经验，有了阵地，与一年前的那个叶利钦已经不可同日而语。他已经成为全国的一面大旗，一个标记，民主派公认的领袖。但是他并不满足于此，他要继续战斗。因为他看到，虽然他有了立足之地——跨地区议员团（任主席），但是他也很清楚，这个组织不过是权宜之计，生命力不会很强，其成员也并不完全信任他，或者说不过是在利用他。他们对他有看法，认为他性格有缺陷，性格的缺陷反映在他的政治上；他也一样，对这个组织抱有怀疑。他们只是同路人，不是一路人。叶利钦要另辟蹊径，寻找完全属于自己的力量和地盘。俄罗斯就是他瞄准的目标。叶利钦认识到，他必须这样做，必须当选，必须胜利。

故乡伸出热情的双臂，欢迎自己的前州委书记。叶利钦一下飞机就感受到了这一点。家乡的人，西伯利亚汉子，体态丰满身材壮实的西伯利亚大婶们，还有不计其数的男男女女以及年轻人，以他们特有的淳朴热情，无私给予叶利钦巨大的支持和欢迎。很多次的演讲和会面，场面极为热烈，挤得水泄不通，令叶利钦感动不已。人们像欢迎凯旋的英雄那样迎接他，聆听他的演讲、看法、观点，对他的建议和竞选纲领毫无保留地支持。这是自己家乡飞出去的金凤凰，如今是全国最著名的改革家，他居然敢于和总书记对着干，无所畏惧，坚毅果断。叶利钦真是好样的！每当此时，叶利钦也满怀感激和感动，家乡人真好啊，与党中央对待他真是天壤之别。激动人心的场面也使他信心陡增，他一定能达到目的，他必须达到目的，他不能让家乡人失望。

斯维尔德洛夫斯克州委的反应很节制，既不阻挠，也不热烈，可谓不冷不热。这大概是老广场（指党中央和总书记）的意图。

叶利钦在家乡和民众进行了多次会面和演讲。竞选纲领未必很周密健全，一些观点也不见得经得起辩驳，但是叶利钦充分发挥了他的特长：回答各种问题，越尖锐越好，回答时直抒己见，毫不隐瞒，无所顾忌，完全体现出公开性，以此弥补了演讲的不足，引起大众兴趣并受到欢迎。他已经有足够的经验，知道民众喜欢听什么，对什么感兴趣，哪些能引起他们的共鸣。他的竞选纲领就以这样一些内容为主：批评苏共，抨击利加乔夫，也大讲对总书记的不满——这构成他演讲的主要内容。政治上他主张将全部权力交给苏维埃，公开提出多党制（一年前还不是这样，他的思想在不断地迅速地发展变化），在此框架内，建议俄共在不设机关机构的基础上，成为独立政党，其目标是人道的、民主的社会主义（注意，此时还没有完全否定社会主义）。他还强调，“所有政党都应在宪法和法律范围内活动”（参见格•萨塔罗夫等《叶利钦时代》）。主张实行总统制，每五年进行一次大选，由全民直接、平等和秘密地进行差额投票选举。制定俄罗斯新宪法，全民表决通过，“原则是三权分立和法律至上，保障公民享有基本的权利和自由：言论自由，集会和游行自由，政

治组织自由，信仰和宗教信仰自由，公民出入境自由。”（参见格·萨塔罗夫等《叶利钦时代》）

他的经济主张是市场经济，发展私营企业，实行根本性的土地改革。他还提出这样一些设想：在俄罗斯实行双重货币，可以兑换卢布；俄罗斯在联邦范围内经全民公决，可以成立自我管理的社会经济区，如“中央”区、北方区、南方区、乌拉尔区、远东区、西伯利亚区等，并将其权力在宪法中明确确立。这个主张后来取消了。

谈到俄罗斯，叶利钦主张在新的联盟框架内，俄罗斯与其他共和国一样享有主权。此外他还谈到要进行俄罗斯民族国家制度的根本改革，给予“所有民族自治区独立自主权，有权向共和国最高苏维埃提出成立新的民族独立组织的建议并给予机会”。

当然，少不了最能引起共鸣的口号和激烈言辞：反对特权。带有浓重平民色彩的“反特权”言论，似乎已经成为争取选民必不可少的调味品。每谈到这个问题，叶利钦都异常慷慨激昂：“取消所有特权，将所有国家别墅、市内的独院住宅和其他专门用途的社会设施交给孩子们和居民中最贫困的社会阶层。”老百姓最爱听这些话。但是具有讽刺意味的是，仅仅几年后，坚决反对特权的人走上最高权位后，人们才发现，他享有的各种特权一样也没有减少，相反，更多了。

叶利钦的主张和许诺，燃起了人们新的希望。国家的改革已然走进死胡同，政治危机和经济危机日益严重，这是有目共睹的。每个人都为之不安，担忧和焦虑不断加深。家乡大部分人对他的演讲反应热烈，激动地表示响应和支持。他们觉得，家乡飞出去的金凤凰，或许真的能挽救国家和民族于危难。但是也有持相反看法的人。乌拉尔大学的师生听完叶利钦的演讲后，感觉很失望，其实他们也是前州委书记的坚定支持者，但是，从叶利钦的讲话里，他们感到这位炙手可热的改革家对总书记抱怨得太多，而且显得过于纠缠不休，令人怀疑他不过是在泄私愤，争意气。但是无疑，大部分人包括党组织都支持他。

竞选进行了约两个半月。当地报刊《接班人》刊登了叶利钦的第一本书《我的自白》（即《叶利钦自述》）的节选，人们怀着极大的兴趣争相阅读。这本书发行的时间是精心设计的，非常及时，对叶利钦竞选和后来当选为最高苏维埃主席起到了预计的效果和作用。

叶利钦轻而易举地当选了俄罗斯人民代表，得到了85%以上的选票，接下来的目标是争取在第一届俄联邦人民代表大会上当选为俄联邦最高苏维埃主席。

俄联邦第一次人代会1990年5月16日开幕，6月22日结束。人民代表大会开了一个多月，时间很长。代表中很多是党员，这对叶利钦很不利。毫无疑问，叶利钦的崛起引起中央政权的不安。在他们眼里具有破坏性的这个人究竟要干什么，谁也拿不准。会议主持者的任务是无论如何都要阻止叶利钦当选最高苏维埃主席。但他们并没有十分的把握，群众站在叶利钦一边，这一点在首都街头就可以明显看出。市中心广场不时有群众自发组织的集会，集会者旗帜鲜明，他们支持叶利钦。而代表大会的时间越长，对叶利钦越有利。总书记戈尔巴乔夫经常出席会议，坐在右面最后排的包厢里，似乎控制着会议进程。

叶利钦在会上发言，阐述了摆脱危机的看法，要点是“在不立即破坏现行制度的同时，并列建立一栋新的大楼，实际上意味着放弃党对权力的垄断，将其交给人民和苏维埃。转向市场将使整个行政命令机制失去作用，事实上它将消亡”。（参见格•萨塔罗夫等《叶利钦时代》）

“老广场”（苏共中央所在地，指党中央）刚开始没有很重视俄联邦这块阵地，一个联邦共和国的人民代表大会——尽管是联盟最大的联邦共和国，但毕竟只是联邦的一部分。叶利钦知道得很清楚，没有俄联邦，联盟可以说就失去了最重要的基础和成员。这块阵地的重要性非同一般。此刻，当党中央明白将有可能失去这块最重要的地盘后为时已晚。但是“老广场”在俄联邦的阵地也没有全部失去，它还牢牢地掌握着俄联邦党的大权。在人代会召开期间，俄联邦召开了党代表大会，波罗兹科夫当选为第一书记。他是个传统意义上的布尔什维克，观点极为保守，绝对不会彻底改革。但他的当选在正统派看来是个重大胜利，说明权力仍然牢牢在中央掌控之中。

选举俄联邦最高苏维埃主席的时刻来临了。直至选举的最后一刻，“老广场”都拿不出自己合适的候选人。最后不得不推举了刚当选为俄罗斯党的第一书记的波罗兹科夫。人民的人——叶利钦，和党的人——波罗兹科夫的对决开始了。孰赢孰败？两个人在外貌上差别很大：一个高大坚毅，刚强果断，举手投足显示出自信和魄力；一个目露凶光，猥猥琐琐，弯腰驼背，“连正统的党员都看不上他”。后来有人说，“老广场”决定的人选注定了其失败。

选举投了三次票一决胜负。第一轮投票叶利钦低于波罗兹科夫，447对473票，都没有达到所需票数目——高于50%。第二轮情况有变，叶利钦反超波罗兹科夫，503对458票，但依然没有获得半数以上。第三轮投票在所难免。两个人经过两轮投票都没有决出胜负，有人建议抛开他们两人，另提他人交付大会投票表决，但这个建议未被采纳。其实此刻很多人内心已经转向了叶利钦。

第三轮投票5月30日举行。投票前，叶利钦的支持者在会场前厅向会议代表赠送了刚刚出版的《我的自白》，代表们饶有兴致地翻看着这本书，大厅里可以听到书页的“沙沙”声。这本书对投票者起到了微妙的作用。最后一次投票叶利钦的对手已经不是波罗兹科夫，换为俄联邦部长会议主席阿·弗拉索夫。这是一位经济问题专家，比波罗兹科夫强很多。但是很遗憾，他最后还是败给了叶利钦。问题已经不在于弗拉索夫本人是否胜任，或者比叶利钦强，关键在于他是“党”提出的候选人，这样的背景已经让很多人不分青红皂白产生反感。叶利钦最终以微弱多数取胜，他得到535票。其实获得多少选票已经不重要，投了几次票也无所谓，重要的是结果——叶利钦当选了。叶利钦这一次的胜利是巨大的。

叶利钦踌躇满志，就职时宣布：“我不是在宣誓，但我坚定地承诺，为了俄罗斯，为了生活在她的土地上的人们和各族人民，为了我们的团结一致，我将不惜自己的一切——无论是健康还是时间，做需要做的一切，使我们能够摆脱危机状态，使俄罗斯走向较好的时代。我坚定地向你们保证这一点。”（参见格·萨塔罗夫等《叶利钦时代》）

叶利钦当选为最高苏维埃主席十几天后，最令人瞩目的《俄罗斯联邦国家主权宣言》（简称《俄联邦主权宣言》）就交付代表大会投票通过。此前（甚至在代表大会前）《俄联邦主权宣言》草案就引起异常激烈的争论，有主张温和的，有主张激进的。6月12日，叶利钦宣布该草案交由大会投票表决。代表们看到，叶利钦那一刻激动得脸色发红，似乎发着高烧。后来得知，那天他确实发高烧达39℃。《俄联邦主权宣言》以907票赞成、13票反对、9票弃权的绝对多数通过。那一刻全体代表激动万分，兴奋不已，大厅响起暴风雨般的掌声，不少人从座位上站起来互相祝贺。大会不失时机地立即投票表决另一项提议，将6月12日这一天作为俄罗斯的节日记入史册。这就是后来被称作和遭到很多人讥讽以及诟病的“俄罗斯节”“独立节”。

沸腾的大厅，激动的代表，他们为争得了自己的主权，为有了自己的节日兴高采烈，兴奋不已。《俄联邦主权宣言》高票通过，有着多种原因。苏联一个接一个的加盟共和国要求独立，联盟大厦的基础已经在动摇，作为联盟核心国的俄罗斯，还有它的新主人叶利钦，并不十分担忧这一点，他们更在意的是俄罗斯自己的利益，是如何摆脱中央的领导管辖，后一点同时被他们认为是与专制的党和体制决裂，是彻底的改革，也可以说是改革的目的。并且摆脱联盟中央，也才真正符合俄罗斯人的利益。当时流行着一种很普遍的说法，是俄罗斯在养活那些边远的加盟共和国，俄罗斯自己已经穷困潦倒，干吗非要将这样沉重的包袱背在身上？言外之意是，谁想走让他们走好了。也无怪乎有人说，其实是俄罗斯最想摆脱联盟。《俄联邦主权宣言》这般顺利和高票通过，很说明问题。俄罗斯人想和其他加盟共和国一样，享有自己的权利，首先是使用自己的资源和财力，让自己的人民过上富裕幸福的生活。

俄罗斯的主权宣言通过不久，俄罗斯总统首先尝到了苦果：很快就引发了俄罗斯各自治州、少数民族区要求独立、主权、民主的呼声。这是叶利钦没有料到的。叶利钦提出主权要求主要是为了对抗中央，考虑并不周全，但没想到此举也为苏联各加盟共和国独立做出了示范。

无可否认的是，《俄联邦主权宣言》在当下联盟岌岌可危纷纷要求独立的呼声中，在后来联盟解体的过程中，都起到了巨大的促进和加速的作用。通过这个宣言的那一刻，有多少人想到了这一点？如果激动不已的代表们知道他们通过的宣言必将导致联盟加速解体，他们还会那样兴奋激动和高兴吗？

20 退出苏共

鉴于我已当选俄罗斯最高苏维埃主席并对俄罗斯人民负有重大责任，考虑到社会正在向多党制过渡，我不能执行共产党的决议。我必须按照人民和他们非常有权威的代表们的意愿行动。因此，鉴于我身负的责任，我宣布，退出苏联共产党。

——叶利钦二十八大声明

在叶利钦充满戏剧性的一生中，给人印象最深刻的一幕，可以说是在1990年苏共最后一届党代会的最后一天，而且几乎是最后一刻，他宣布退出苏联共产党。他自己在很多年后，已经离开政坛颐养天年的时候，回忆起当初毅然决定退党一事时说，他早就有意退党，在行动上他也早已经是个离经叛道者，对共产主义的信仰不复存在。退党是迟早的事，但是他要选准一个时机，最佳时机，将退党搞成一个最有利于自己的轰动新闻，一场引人注目的政治秀。他做到了。

1990年，戈尔巴乔夫倡导和领导的改革，历经六年的艰难、曲折和无果后，似乎即将走到尽头。国内局势乱成一团，政治经济民族危机总爆发，民众极其不满，怨声载道，总书记的威望日益跌落，不仅在民众中，而且在党内。激进派指责他摇摆不定、软弱和不彻底；保守派对他更是不满，批评之声不绝于耳。在这样的局势下，苏共的命运也岌岌可危。几次大的退党潮，伴随在民主化、公开性下不断指向苏共的批评甚至诋毁，已经使这个昔日强大坚固、团结统一、任何力量都无法撼动的统治国家的政治力量，变得支离破碎，成为一盘散沙，好比风雨飘摇中摇摇欲坠的危楼，随时都有可能轰然倒塌。但是总书记戈尔巴乔夫以其坚毅和耐心，力图在改革的急风暴雨中将共产党和平演变为苏联未来多党制中的一个合法政党。他抱着这一愿望和决心，依然不弃不舍，顽强地走着自己的路。他没有采纳周围同僚的建议——辞去共产党总书记，甩掉这个政治包袱，主要履行总统职责，这样对他自己会好得多。他认为，作为总书记，他没有理由不顾千万党员的前程和命运，抛弃他们于不顾，保住自己，因为那样做是不道德的。

他的政治对手叶利钦则不然。叶利钦抛开苏共，也是顺理成章的事。改革以来，无论什么原因——他本身性格的缺陷，还是党内抵制改革的保守势力对他的打压，反正他与“党”格格不入，矛盾不断，以至离“党”越来越远。最初他被打翻在地，受到党的严厉批评和处分，被撤去莫斯科市委第一书记的职务；两年后他强势返回，并渐渐占据上风；现在他的地位已经无人可以撼动。今天，他是改革的旗手，改革的代表，改革的代名词。最重要的是他被民众选为俄罗斯联邦最高苏维埃主席。现在他已经是苏联政坛上真正具有举足轻重作用的人物，与戈尔巴乔夫平起平坐的反对派领军人物。苏联似乎有着第二个政权。国内任何大事，没有他的意见很难实行。因此有人称，苏联现在是双权并立。这也是事实。以俄罗斯的地位和重要性，谁成为最大的这个加盟共和国的领导人，都会具有这样的地位和实力。而这个在改革中多次与他较量的“党”，多次批评他不容他的“党”，他早就对之不抱任何希望，也已经不再需要。他现在有人民的支持，而这是最强大最坚实的支持，就像脚下的土地坚固可靠。这些看法和理解，叶利钦也是通过痛苦思考得来的。最初受到打击后，他痛苦不堪，不理解，满腹委屈，他希望党能原谅他。但渐渐地他理清了思绪，他不再寄希望这个党能支持他。在情感上他与党脱离了。在这个过程中，他敏锐的目光又使他看到，一党集权的政治体制不合理，必须推倒，实行多党制。这场旨在改善社会主义、改革党的领导的风暴，其实质就是要摆脱一党制。这才是改革的核心和实质，这才是目的。他很敏锐地看清了这一点。

1990年7月2日，苏共二十八大在莫斯科克里姆林宫代表大会堂召开。二十八大原来预定年底召开，但由于国内形势紧迫，危机四伏，苏共，这个列宁缔造的有着90年历史的和70多年治国经历的党，早已今非昔比，处于风雨飘摇之中。党内也已经形成派系，斗争激烈。而国际上东欧一系列社会主义国家的共产党都纷纷退出历史舞台，这对苏共震动极大。

二十八大召开当天，激进派（即纲领派）代表在会场外集会抗议中央。会场内的争斗毫不比会场外逊色。传统派、激进派、中间派，各路人马纷纷登场，慷慨激昂发表自己的主张、看法、建议。

会议最初几天，发言者轮番上台，炮轰总书记戈尔巴乔夫，将目前一切问题归咎于他的改革。批评性发言引来潮水般的掌声，占压倒性优势，批评的尖锐也前所未有，并对他们的总书记发出了最后通牒。戈尔巴乔夫不得已，希望得到激进派和叶利钦的支持。

叶利钦在会议第六天发言，言辞之尖锐，反击力度之大，都令传统派惊骇。他对党的机构进行了如下的严厉批评："今天党濒临危机，本届中央委员会亦有责任。中央教条主义严重，对党内民主化迟迟不决、优柔寡断，不愿意对自身进行改革……党……在人民群众中日益失去威信和影响。看来，全会和党代会是它的最后一次机会了。应当在新的民主的基础上，对党进行真正的、深刻的改革。"

叶利钦提出如下极为激进的改革纲领：（1）在组织上，允许党内各种派别共存；（2）将党的名称改为社会民主党；（3）放弃这次大会要通过的章程和纲领，只通过简明的苏共改革宣言，然后重新选举新一届全国代表大会，产生新的章程和纲领；（4）军队、安全部门和国家机关的党组织解散。

最后，他发出了赤裸裸的威胁："这是最后一次机会。如果党不按照这个纲领进行改革，那么，用不了多久，党的官僚机构就会失去一切合法权力。这样的党既不可能是先锋队组织，也不可能在苏维埃中起作用。那时候全国人民就会团结起来斗争，完全没收党的所有财产。可以预料，各级党的领导人都会被押上法庭。人民会向他们清算反酗酒运动造成的损失，外贸、农业上的失败以及民族政策的错误和军队问题，清算他们个人给党和国家带来的损失。党的官僚们将会面临东欧国家的领导人所遭受的厄运，会被关进监狱。事情发展极为迅猛，任何人企图制止事件的发展都是必然要失败的！"

叶利钦的主张自然没有被大会采纳。他本人对此也未抱希望。对党进行彻底的改革，戈尔巴乔夫和那些党僚不会这样做。他不过是将这次大会作为一个讲坛，发出信号，提出意见，扩大影响，这就够了。况且，这次代表会上他还将有更惊人的举动，那才是一颗真正的投向"党和体制"的炸弹。但他的主张引起了党代表中传统派的惊慌，这也正是总书记戈尔巴乔夫需要的。传统派对总书记的批评顿时减少了，他们看到了疯狂的叶利钦提出的疯狂的建议。温和的、持中派立场的总书记，比极端的叶利钦好得多。最危险的人物是叶利钦，他们需要和总书记一道阻挡这个人。

戈尔巴乔夫在这样的局面下很快拿出了自己的改革方案："在党章中既把民主集中制作为党的基本原则保留下来，又允许不同纲领的存在；既反对把苏共变成多党联邦的主张，又扩大各加盟共和国党组织的自主性；苏共立足于社会主义，放眼共产主义，但它同时赞成市场作用和私有制。"这是典型的戈氏风格，兼顾双方，妥协调和。他的建议暂时收到了效果：两方一致赞同，通过了他的建议。而总书记也由此扭转了于己不利的局面，戈尔巴乔夫再次当选为苏共中央总书记，尽管很艰难。原来的党内二把手利加乔夫落选了。

会议最后一天，取得胜利的戈尔巴乔夫信心满满，主持大会。就在此刻，叶利钦要求发言。在代表们惊讶和充满疑问的目光下，他快步走上讲台。随后代表们听到了叶利钦如下的声明：

经过长期的思考，我得出了结论：在党的第二十八次全国代表大会以后宣布这一决定。但考虑到今天将提名我为党中央委员会成员候选人，我应当发表以下声明。

鉴于我已当选俄罗斯最高苏维埃主席并对俄罗斯人民负有重大责任，考虑到社会正在向多党制过渡，我不能执行共产党的决议。

作为共和国最高立法机关的首脑，我必须按照人民和他们非常有权威的代表们的意愿行动。因此，鉴于我身负的责任，我宣布，退出苏联共产党。我准备与共和国内所有的政党和社会政治组织合作。

台下一片骚动，正是他期待的一颗精神炸弹的效果。他听到有人对此喝彩，但更多的人发出冷笑，还可以听到有人在骂他“无耻”“叛徒”“无赖”等，那些字眼比十月全会上的更加恶毒。这他早就料到了，也毫不在意，在党内挨骂已经司空见惯。他已经不是几年前那个被禁锢在党内的囚徒，他已看到了何谓“党”、“党”的前途和必然命运。他无须和这般人争论高下。国家和党的命运掌握在民众手中，而他是民众支持的。他已经被民众认可，手里握有大权。这权力来自公开选举，不再需要党的承认。

叶利钦在最后一届党代会退党

发表声明后，在一片嘘声中，叶利钦走下讲台，他没有再回到自己的座位上，径直走出了会议大厅，头也没回。发表退党声明的细节——如何登上讲台，接下来从哪个门走出会场——他事前都已经考虑好了，只是声明的时机是他根据情况临时决定的。

与他一起宣布退出苏共的还有莫斯科市苏维埃主席波波夫和列宁格勒市苏维埃主席索布恰克等，一干人也和他一起走出会场。

接下来总书记戈尔巴乔夫做了总结报告，依旧慷慨激昂，激起掌声。但再热烈的掌声也掩饰不住现实，苏共的威望、力量和作用已经是江河日下。这是每个代表不得不承认的现实。

叶利钦在二十八大最后一天的退党之举，制造了一个最轰动的新闻。他甩掉了身上最沉重的包袱，并为自己带来了巨大的声誉。他以极为敏锐的嗅觉预感到，这个党已经如西下的夕阳，很快就会寿终正寝，画上句号。正如一些人在党代会前预言的，这是苏共最后一届党代会。叶利钦预感到了这一点。现在他与戈尔巴乔夫相比，更为主动、轻松，占据优势。他的退党在社会上掀起新一轮退党热潮。党员们不是一个一个，而是成批宣布退党，有的是一个单位全部党员集体退党。苏共的形势更加险恶。

1990年8月初，我从瑞士、德国旅游回到莫斯科。短短时间，却感觉苏联首都有了巨大变化。与西欧国家安定富裕充满阳光的情景相比，这里完全是另一番令人沮丧的景象。街头行人脚步匆匆，面色严肃沉重。物价猛涨，商品奇缺，基本生活用品甚至面包都没有保障。记得我去附近的食品店买面包，居然没有。面包都会脱销？问题很严重了。后来得知，是因为叶利钦又被车撞了，撞到了脊椎骨，住院养伤。趁此机会，莫斯科周边城市拒绝供给首都食品，于是才有了几乎任何食品都断档的情景。从媒体获知，在刚刚结束的苏共二十八大上，叶利钦等人宣布退出了苏共，接下来引发大批党员掀起新一轮退党热潮。这个国家的前景真是不妙，难以预测。到处都可以听到要求戈尔巴乔夫辞职的呼声，但是他还是再次当选为苏共中央总书记。苏共的命运会如何？这是所有人心头的疑问。

21 第一位民选总统

此刻难以用语言表达我内心的感受。这是在俄罗斯上千年的历史上，总统首次向自己的公民宣誓。人民给予一个人的荣誉至高无上，国家公民选举的职务至高无上。

——叶利钦在俄联邦总统就职典礼上的讲话

1991年3月17日戈尔巴乔夫举行了决定苏联命运的全民公决，同时也投票表决俄罗斯是否设立总统制。前一项公决是在联盟出现分裂和解体的危机下，总统戈尔巴乔夫不得已的举措，由全体苏联人投票表决苏联是否存在；后一项表决是俄罗斯联邦最高苏维埃主席叶利钦和他的班子附加的表决条件，此举具有明显的显示俄罗斯联邦与联盟有着同样地位和作用的意味，也是叶利钦与戈尔巴乔夫博弈的又一场战斗。但是俄联邦的表决与苏联全民公投绑在一起，纵使苏联总统有一千个不愿意，但也说不出什么。两项公投在同一天举行。

两项议案公投结果都获得肯定。戈尔巴乔夫据此可以理直气壮地反对国家分裂，反对民族独立，保卫联盟的存在；叶利钦也可以全力以赴投入俄罗斯总统的竞选。他无疑是俄罗斯首位总统竞选中最具竞争力的候选人。但是俄罗斯设立总统制，将促使其在更大程度上与联盟争夺权力、脱离管制创造一个最有利的条件。就此而言，两项公投的目的是相悖的。当然这是指叶利钦当选的话。

5月20日，俄罗斯举行了第四届人民代表大会，会议决定6月12日为总统选举日。这一天恰是《俄罗斯联邦国家主权宣言》发表一周年，选择这一天作为总统选举日颇有深意。眼下距总统投票日仅剩不到一个月的时间，准确地说是三周左右，时间非常紧迫，各位总统候选人都在为竞选紧张地准备。

这次总统竞选，叶利钦与以前一样，将其看作是与党阀们的又一场大搏斗。他信心十足，全力投入了这场战斗。党阀们一天比一天衰败，而他身后有民众的巨大支持，他定会所向无敌，战胜任何困难取得胜利。3个月前他再次经历了一场危机，即被称为“六人集团”的人对他的倒戈。1991年2月21日，俄联邦最高苏维埃副主席戈莉娅切娃和伊萨耶夫以及其他担任要职的4人，宣读了一份反对他的声明。这阵容几乎是除了叶利钦和哈斯布拉托夫之外的所有俄联邦最高苏维埃领导人。六人声明极为严厉地批评了叶利钦的独断专行的工作作风和方法，谴责他根本没有把主要精力放在俄罗斯的工作上，而是热衷于争权夺利，树立自己的权威。他们声言不信任此人，将不再与他共事，要求立即召开俄联邦非常人民代表大会，来解决叶利钦是否继续任职的问题。事情看上去还是挺严重，不那么简单。

3月召开了第三届俄联邦人民代表大会，对“六人集团”提出的动议展开讨论，这一次叶利钦似乎真的遇到了麻烦。但是没想到的是，输掉的是“六人集团”，他们败得很惨。主要原因有二：首先，对叶利钦狂热崇拜的民众完全不相信“六人集团”对他的起诉，相反，他们认为这又是一次来自党的官僚机构对改革英雄的迫害、诬陷、造谣。一时，被激怒的民众将支持叶利钦、抗议迫害的电报信函雪片般寄往俄联邦最高苏维埃，大量的信函似乎将办公厅淹没。首都街头一时大小集会不断，清一色全是声援叶利钦的。社会一边倒地支持叶利钦。叶利钦真像一尊神像，受到如此的拥护和崇拜，其威望如日中天。时值叶利钦即将迎来自己60大寿，一些普通百姓专门送给他祝寿礼品。其次，在决定叶利钦命运的第三届俄联邦人民代表大会上，出现了戏剧性的一幕：突然出现的一个名为鲁茨科伊的代表要求发言，他是“俄联邦共产党人”议员团的人，但是他却批评了自己的同行和领导机构，声称他不想参加迫害一个受到民众拥护的政治家的行动，因此他将和他的人退出“俄联邦共产党人”议员团，组建“拥护民主的共产党人”议员团。

鲁茨科伊的发言对大会震动不小，出现了改变对叶利钦不利局面的转机。叶利钦也强硬地表示无论何时都“不会辞职”。投票结果宣告了“六人集团”的彻底失败，一场危机化险为夷。人代会最终授予叶利钦特殊的类似总统的权力，并决定于1991年6月12日正式举行俄罗斯总统选举。

鲁茨科伊何许人也？下面会谈到。他后来被叶利钦选中，作为竞选俄罗斯总统的副手。在这场危机中，叶利钦当时的铁杆支持者哈斯布拉托夫也立下了大功。两个人后来都受到叶利钦一时的重用，最终又都与叶利钦反目。

正是这场不大不小的危机，让很多人看到了民众的意愿、民众的支持。叶利钦的威望经受了这次危机后，再次变得比以前更强大，而这对不久将举行的第一次俄联邦总统选举，产生了很大影响。

被批准竞选第一届俄罗斯总统的候选人共有六位：鲍•叶利钦、尼•雷日科夫、阿•玛卡绍夫、阿•图列耶夫、瓦•巴卡京和弗•日里诺夫斯基。

对叶利钦来说，最具竞争力的当数尼•雷日科夫。雷日科夫长期从事经济工作，经验丰富，为人正派，性格敦厚善良，遇事不走极端，稳重平和，讲究实效，受到普遍好评和尊敬。此人还是叶利钦的校友、老乡。他在乌拉尔地区生活过很长时间，领导过乌拉尔地区机器制造厂——一个大型企业。雷日科夫有可能会在那里得到不少选票，而且他得到苏共的强大支持。但或许正是这一点，决定了他无缘胜出。因为他是“党”的人。虽然他不属于党内保守势力，但他也不是叶利钦这样的极端改革派。“党”在当下已经是个“反义词”，凡与“党”沾边得到支持的人，就像先天不足一样，首先就已经失分了。还有一点对雷日科夫也很不利，不久前他心脏病复发，一些人据此可能不会投他的票。

竞选人中最引人注目的是弗•日里诺夫斯基。他是唯一一名真正的非党人士，与党毫不沾边。他的政治生涯开始于某个具有辩论性的“俱乐部”，口无遮拦的日里诺夫斯基常常在那里与其他成员争得面红耳赤，唾沫飞溅，这倒也锻炼了他的口才，虽然根本说不到点子上。他的政治观点既无体系也不连贯，而且表现出极端的大国沙文主义和迫害倾向，此点引起很多人反感。不少人觉得他不过是个政治小丑，是民主选举的点缀，他自己有过不少令人哗然的丑闻。但是他的不知出自何人之手的竞选纲领，却完满周密，听上去很动人，“几乎集中了标准的传统的欧洲自由民主思想，并稍微带有毒味和修饰”。（参见格•萨塔罗夫等《叶利钦时代》）令人奇怪的是，最积极支持他作为总统候选人的竟然是共产党。更奇怪的是，踏上政坛不久、毫无经验的他，却赢得了某个阶层的拥护和支持。很多人对他持有好感。参加俄联邦第一次总统大选，他虽然无缘胜出，却收获最大。他的得票率位居第三，排在叶利钦和雷日科夫后面。

其他几位候选人注定都是陪衬。瓦•巴卡京是“党”支持的另一位候选人，属于苏共温和的改革派，他的主张与叶利钦团队差距甚大。在选举中他获票最少。阿•玛卡绍夫是伏尔加河沿岸乌拉尔军区司令，此人无论对改革还是对政治似乎都没有明确的观点。他在竞选中的言论给人印象最深的是，恢复苏联1945年的国界，在“红场当中鞭笞民主派和世界主义者”。（参见格•萨塔罗夫等《叶利钦时代》）铁路工程专业出身的阿•图列耶夫，一直在西伯利亚铁路工作。1985年改革开始时，他只是个铁路局科米列铁路处处长，1990年当选为俄联邦人民代表。据此他自认为是一名来自民众、来自实践、来自生活的政治家，完全靠自己努力奋斗成才的政治家。这几人在竞选中都败给了叶利钦。

叶利钦已经无需多说，无论经历，还是性格，以及最重要的他的政治主张，人们都已经十分清楚。他的形象坚毅、果断、好斗，“既残酷又固执”，但正是这一点使他深孚众望。在只有短短三周的竞选准备中，叶利钦不失时机，出访了图拉、车里雅宾斯克、沃洛涅日，所到之处都受到极为热烈的欢迎。在莫斯科，人们自发来到他的竞选总部，要求为其竞选做志愿工作者。来自各界人士的志愿者没有任何个人诉求，唯一目的就是支持叶利钦当选。他们分成各个小组，为叶利钦大力宣传，给民众写呼吁书，在街头散发传单。人们对叶利钦表现出巨大的热情，寄以极大的期望，给予坚决的支持，就像当初他们对待戈尔巴乔夫那样。

叶利钦是否能竞选成功，并非有绝对的把握。他深知其中一个因素至关重要，在一定程度上对选举结果有着关键影响，即他选择谁做自己的副手。在这个问题上他耗费了很大精力思考。布尔布利斯是他考虑做自己副手的第一位人选。此人是叶利钦在俄罗斯最高苏维埃的全权代表，既有能力，又善于思考，与叶利钦关系密切。他是一位哲学家。叶利钦对他的评价是：“颇有远见，善于对当前的事件做出战略性的、全球性的评价。关于俄罗斯新政治、新经济、新国家制度、新的生活方式的看法逐渐成形，这些概念的表述越来越鲜明、清晰和准确。”（参见叶利钦《总统笔记》）他的很多见解对叶利钦影响很大。此人还具有灵活性，善于在民主派当中进行协调，将他们黏合在一起。叶利钦非常倚重他，因此一些人称他为叶利钦身后的“灰衣主教”。但是布尔布利斯却没有任何社会基础，也没有丝毫机关工作的经验，完全不为官员们接受。他的言谈举止也很招人厌，不受欢迎。“布尔布利斯有两个严重的不足之处：病态般的自尊心和不善于社会应酬。”（参见叶利钦《总统笔记》）这些都是不能不考虑到的。若选择这样的人做自己的副手，必然会失去不少选票，弄不好恐怕第一轮不会获胜。

另一位人选是鲁•哈斯布拉托夫。哈斯布拉托夫是经济学教授，年轻有为，聪明能干，谈吐机敏，善于抓住问题的实质。在最高苏维埃，哈斯布拉托夫与叶利钦共事时配合默契，相互都很信任。他被视为俄罗斯最高苏维埃中的二号人物。不久前，俄罗斯最高苏维埃“六人集团”对叶利钦倒戈时，哈斯布拉托夫坚定地站在叶利钦一边，帮助他渡过了难关。但是叶利钦不打算提哈斯布拉托夫做自己的副手。他担心如果哈斯布拉托夫当了副总统，他在最高苏维埃的地位将会大大削弱。他将目光转向他人，亚•鲁茨科伊最终吸引了他的注意。

鲁茨科伊纯属偶然在政坛上崭露头角，几个月前才为人们注意。他被社会关注的原因众所周知——在第三届俄联邦人民代表大会上为叶利钦有力辩护的发言。他的发言使局势变得对叶利钦有利，从而避免了一场危机，叶利钦自然心存感激。鲁茨科伊系军人出身，1971年毕业于巴尔瑙尔高级军事航空学校，后成为一名出色的直升机驾驶员。1980年被派往阿富汗执行任务，其间完成飞行任务共计426次，4次被击中。由于其勇敢机敏，晋升为上校和副师长。1988年，他驾机在巴基斯坦境内作战时被击落，游击队将其俘获后转交巴基斯坦政府。后来苏联政府用一名巴基斯坦间谍与巴基斯坦政府做交换，鲁茨科伊回国。当年12月8日鲁茨科伊被授予苏联英雄称号，并被选为人民代表，开始从政。他与军界有着良好的关系，这一点对叶利钦很有意义。经过短暂的考虑，叶利钦果断决定，就选此人做他的副手。这个决定被一些人认为是轻率和鲁莽的，没有经过深思熟虑。其实哪里还有时间深思熟虑？一共只有三周左右的时间。

叶利钦的这一决定为他后来的政治生涯中最严重的一场危机埋下了伏笔。选择鲁茨科伊的决定，极大地损伤了哈斯布拉托夫。后者很希望叶利钦能提名他作为副手，他也认为以自己的经历、能力、资历，都比鲁茨科伊更有资格当叶利钦的副手，而鲁茨科伊不过是指挥打仗、不知世事的毛头小子。叶利钦竟然选择了他？这件事极大地影响了他和叶利钦之间一直很好的关系，以致后来反目成仇、兵戎相见。而叶利钦选择的鲁茨科伊也在苏联解体后，由于坚决反对休克疗法，与他产生了尖锐的矛盾，并与议会领导人哈斯布拉托夫结成联盟，成为叶利钦反对派的领袖之一。两年后，即1993年10月，哈斯布拉托夫和鲁茨科伊为首的反对派（即议会）与叶利钦的矛盾演化为一场宪政危机，爆发了激烈战斗，叶利钦动用武力，制造了轰动世界的炮打白宫事件。哈斯布拉托夫和鲁茨科伊最终被捕，锒铛入狱。这都是两年以后（苏联已经不再存在）的事了。

三周的竞选时间一晃即逝。这期间党中央也在竭尽全力阻止叶利钦当选。这是不言而喻的。戈尔巴乔夫和其他人预感到，叶利钦如果当选，国家局势将更为复杂动荡，难以预测，联盟的保留也将愈加困难。媒体也不是很支持叶利钦，“选举前夕，报刊上刊登了吓人的星象预测，说投票日的星象位置非常不好，预示着各种危险。警告大家在6月12日这一天最好待在家里，不要出门，甚至不要开窗”。但是一切警告都没起作用，在很多人都相信星象预测的俄罗斯，这一警告也未能挡住民众的投票。选举如期举行。结果也如很多人所料，叶利钦在第一轮投票就胜出了，得票率是57.3%。自此，俄罗斯历史上第一位民选总统产生了。

令叶利钦高兴的事不止这一件。他当选为俄罗斯第一届民选总统，同属跨地区议员团成员的波波夫当选为莫斯科第一位民选市长，而圣彼得堡的第一位民选市长由索布恰克当选。这真是民主激进派大获丰收的季节。国家最重要的组成部分——最大的加盟共和国、最大的城市首都和号称“北方首都”的苏联第二大城市列宁格勒的权力，全部掌握在了民主激进派手里。列宁格勒很快就是否更改该市名称的问题举行了全市公民投票表决，通过了恢复该市以前的名称——圣彼得堡。这一年的9月，列宁格勒正式恢复“圣彼得堡”的名称。

叶利钦又一次获得了胜利，一个巨大辉煌漂亮的胜利。他再次打败了党的官员们，战胜了党的机构。他在与戈尔巴乔夫的较量中也再次获胜。他强有力的翅膀可以载着他飞得更高更远，无人可以阻挡。他可以在自己的地盘上——苏联的基础和心脏——实现他自己的所有主张，首先要做的是在俄联邦一切领域实行去党化。他现在比苏联第一位总统还要风光，因为他是真正意义上的民选总统——由全民选出来的，而戈尔巴乔夫不过是在人代会上由代表们选出的。他从此更加自命不凡，颐指气使，也更加不把苏联总统放在眼里。苏联呈现出双权并立的局面。

叶利钦获得胜利后再次访问了美国。这一次他受到最高规格待遇。但是他发现，在国际上他依然没有获得和在国内一样的好评，他的形象和威望比戈尔巴乔夫仍然逊色很多。但这并没有影响他的情绪，那种胜利后的满足感。

1991年7月10日，在俄罗斯联邦第五届人民代表大会上举行了俄罗斯第一位总统的隆重就职典礼。地点与联盟商定好，在克里姆林宫代表大会堂。除各加盟共和国代表出席，还有俄罗斯大牧首阿列克西二世。宗教界人士占据了来宾的第一排，典礼充满浓重的东正教气氛。俄媒体评论，参加者恍然间有一种回到旧沙俄皇帝加冕仪式的感觉。苏联总统戈尔巴乔夫几乎在最后一刻才在保镖的护卫下出现在会场。叶利钦身着一套磨得发亮的深蓝色旧西服，佩红色领带，头发一丝不乱，表情庄重，容光焕发。

哈斯布拉托夫宣布典礼开始。几位代表登台发言后，叶利钦就职宣誓，俄罗斯国歌奏响。誓词打印在一个不大的明信片上，刚好放在叶利钦的左手掌上。但他几乎没有照着读，他背下来了，他的手掌下是俄罗斯宪法。大牧首阿列克西二世发言后，叶利钦发言。他激动地说：“此刻难以用语言表达我内心的感受。这是在俄罗斯上千年的历史上，总统首次向自己的公民宣誓。人民给予一个人的荣誉至高无上，国家公民选举的职务至高无上。……总统不是上帝，不是帝王，也不是万能的神仙。他是对俄罗斯及其同胞的命运担负着巨大责任的公民，首先是人民最信任的一个人。”他宣称，俄罗斯国家“复兴的基础是人的精神解放、信仰的真正自由和完全放弃任何意识形态强制”，“进一步的基础是创造性的人道原则——自由、富足、法制、向世界开放”。

宣誓就职俄罗斯总统，叶利钦成为俄罗斯第一位民选总统

苏联总统戈尔巴乔夫讲了话。此刻不知道他内心的想法究竟如何，但是讲话一如既往，对未来充满信心。也不知道他是否想起三年半前对叶利钦所言“我再也不会让你从政”这句话。但是今天他却在叶利钦的就职典礼上不得不表示祝贺，他内心也许有着几分苦涩。

叶利钦充满了自豪感和胜利感，应当说还有几分报复的痛快。瞧，你们不是说我错了吗？但是人民却选我当上了俄罗斯总统。戈尔巴乔夫讲话结束后，两人互相迎上去握手。叶利钦想的是，如何让苏联总统走向他，而不是他走向苏联总统——争强好胜毫不相让的性格暴露无遗。稍后在一次接受德国《时代周报》记者的采访时，他以更加放肆地带有试探性的口吻说：“没有戈尔巴乔夫，我几乎能解决所有问题。”（参见格·萨塔罗夫等《叶利钦时代》）

俄罗斯总统的办公地点，叶利钦坚决要求设在克里姆林宫14号楼——这是一栋不很显眼的苏联时期的建筑。戈尔巴乔夫被迫同意了。两面旗帜同时飘扬在克宫上空，预示着苏联政坛真正形成了两个权力核心的局面。但叶利钦一次也没有去过那里办公。显然他并非真想去那里办公，他需要的是形式和寓意。

7月20日，在叶利钦就职典礼仅10天后，他就签署了第一号总统令，宣布俄罗斯境内的国家机关和企业非党化。此举遭到俄共和苏共强烈谴责，他们要求苏联总统戈尔巴乔夫就此表明立场。叶利钦态度强硬，宣布他的命令“既不是反宪法的，也不是反民主的，其目的在于结束党僚们的垄断局面，为所有的政党和运动创造一个平等的民主条件”。由于他的命令很快生效，俄罗斯境内的反共狂潮骤然高涨，俄共许多党组织被迫解散。党，再次受到重创。

22 “叶利钦！叶利钦！”

我应该坐在白宫里，一直坐下去。我在这里坐的时间越长，对他们就越糟；围困的时间越长，对他们不利的政治丑闻就越多；已出现的情况、不明的间歇越是持续下去，他们彻底失败的机会就越多。

警卫已跑到街上，我也毅然地下楼走向人群，爬上装甲板，挺起胸膛。也许就是在这时。我才清楚地感到：我们不会失败，胜利属于我们。同时也感到我与我周围的人们心心相印，团结一致。

——叶利钦《总统笔记》

1991年8月19日发生在苏联首都莫斯科的军事政变，震惊世界。这是苏联党内和军界领导人中的保守派试图挽救联盟解体的最后一招，但是这一招不仅没能挽救联盟，相反加速了其解体的过程。

事变的整个过程我在《戈尔巴乔夫的命运》一书中已经有过详细叙述，这里不再重复，只是简要地将叶利钦在政变中义无反顾的反击场面以及政变后彻底推倒苏共的举措进行勾画。保守势力发起的这场政变，再一次为叶利钦提供了一个展示自己的最好的舞台。俄罗斯总统反击政变的场面生动鲜活，震撼人心，有着传说中勇士般的大义凛然，成为叶利钦政治生涯中最具传奇色彩的经历。叶利钦此番壮举最充分地展示了他在危机关头临危不惧、果断坚毅的性格和处理问题的能力。

8月19日，一个很平常的星期一。

天气格外晴朗。莫斯科人从家里出来走上街头时，却发现不对劲，大街上到处都是装甲车和坦克车队，还有载满军人的卡车飞驰而过，荷枪实弹，气氛很是紧张。政变了？人们疑惑地猜想。其实政变者早在这一天的凌晨（午夜12点刚过），就宣布国家进入紧急状态管制时期，原因是苏联改革已经走入“死胡同”，总统戈尔巴乔夫由于健康状况不佳，无法继续履行其职责，由副总统亚纳耶夫暂时代为行使，并宣告《告苏联人民书》，指出“苏联国家和人民的命运处在极其危险的严重时刻”。紧急状态委员会由副总统亚纳耶夫和苏联国防部长亚佐夫元帅及克格勃首脑等人组成。委员会已经下令武装部队接管国家政权。这就是8月19日早晨莫斯科市民看到的一幕。但很多人还只是猜想，并不知道已经发生了政变。

街头的火药味没有使莫斯科人惊慌失措，他们也没有更多的惊异。政变就政变吧，反正国家当前犹如处在火山上，社会动荡不安，问题堆积如山，经济濒临崩溃，民族矛盾久病沉疴，难以解决。改革这么多年，没有任何成果，相反国家的存亡都成了问题。这根本不是他们想要的改革，也绝不是戈尔巴乔夫当初许诺的改革。他们对此早就厌倦了。对总统戈尔巴乔夫的空谈也早就不抱任何希望，岂止是不抱希望，简直是愤恨！如果有什么人能替代他，收拾这样一个乌七八糟危机重重的国家残局，未尝不是一件好事。

人们的猜想很快就得到了证实。电视里广播中播音员语气沉重神色严肃，宣告莫斯科将实行为期六个月的紧急状态管制。

政变者几乎都是戈尔巴乔夫的左膀右臂，身居党政军要职，深得总统信任。但是他们却趁总统不在首都，去克里米亚度假的时机，发起政变。政变主要策划者和实行者亚纳耶夫、亚佐夫等人在实行紧急状态管制后，即刻乘飞机飞往福罗斯戈尔巴乔夫的别墅，试图迫使总统在相关文件上签字——哪怕只是形式上，以此证明他们行为的合法性。但是戈尔巴乔夫严词拒绝了。

政变者的目的是防止苏联最终解体。国家解体的危机绝非危言耸听，已经迫在眉睫，唯有采取果断措施来阻止。若再任其发展下去，后果将是联盟不保，国家分裂。这是他们最害怕也最不愿看到的。8月20日——苏联总统定好的签署联盟新条约的日子，在他们看来，新条约就意味着苏联作为一个主体国家的事实上的解体。他们的举措不说有绝对的群众基础，也可以说有着相当的群众基础。很多人都对此深深忧虑。但是政变者当中竟然没有一个人具有破釜沉舟的勇气、果断坚强的性格、无所畏惧的决心。在实行紧急状态后，他们完全不知道下一步如何去做，所有参与者都表现出举棋不定、优柔寡断和毫无魄力。最糟糕的是，经过几年改革思想熏陶的部队，竟然不听从他们的指挥，相反倒向了叶利钦。最终，在叶利钦发起的坚决果敢的反击中，在民众的一片反对声中，政变仅维持了三天就宣告破产。

戈尔巴乔夫和全家以及随行人员被软禁在福罗斯朝霞别墅，与外界的一切联系被切断，外界的一切信息总统全家都不得而知。三天的时间像漫漫长夜，十分难熬。其间由于高度紧张，赖莎突患中风，说不出话来。在艰难的等待中，苏联总统突然发现，真正的希望寄托在一直与他作对的叶利钦身上。他感觉只有俄罗斯总统能挽救当下的危局，将他解救出来。

戈尔巴乔夫被软禁在福罗斯度日如年的时刻，叶利钦的处境也相当危险和严峻。

政变发生前一天夜里，叶利钦刚刚从哈萨克斯坦访问回来。“早晨，塔尼娅（塔季扬娜昵称）飞快地跑进房间叫醒我：‘爸爸，快起来！发生政变了！’我半睡半醒地说：‘这是非法的。’她开始讲述紧急状态委员会、亚纳耶夫、克留奇科夫……一切都十分荒诞。我问：‘你说什么？是在捉弄我吧？’”（参见叶利钦《总统笔记》）叶利钦毫无思想准备，一时茫然无措。妻子奈娜镇静地提醒他：“鲍里斯，该给谁打电话？”叶利钦此刻便明白，他遇到了他一生中从未经过的艰难时刻。政变者的矛头主要是针对他的，他只有坚决迅速地组织反击，别无出路。

叶利钦以其惯有的果敢迅速和决断立即开始行动。就在阿尔汉格尔斯克别墅里，妻子和女儿成了他的第一批助手，他们当即决定首先起草一份《告俄罗斯公民书》。沙赫赖、布尔布利斯、西拉耶夫、波尔托济宁、亚罗申科等人陆续赶来。于是大家共同起草推敲，哈斯布拉托夫记录。宣言完成后，“由我女儿帮助打印。人们开始给熟人、亲戚和朋友们打电话，以弄清首先可以往哪儿发送”。令人兴奋的是，在别墅里找到了一台传真机，这机器居然能用，真是帮了他们大忙。一个小时后，很多人已经读到了《告俄罗斯公民书》。

与此同时，叶利钦与莫斯科市长波波夫、列宁格勒市长索布恰克通报和协调反击行动。后者恰好在莫斯科，他匆匆赶到叶利钦别墅，以律师的角度对局势做了分析评价，15分钟后索布恰克便匆匆离去。他要赶回列宁格勒组织反击。

大家都感到了事态的严重性。流血牺牲的惨剧并不遥远，就在眼前。索布恰克临别时突然对奈娜说：“愿上帝帮助你们。”“显然，这句话使奈娜完全意识到所发生事情的可怕，她看着索布恰克，两眼充满了泪水。”（参见叶利钦《总统笔记》）

军队很关键。但是军队在政变者手里。“可我是俄罗斯的合法民选总统啊，军队应当保护我。”叶利钦看着电视上满大街的军车，脑海中浮现出一个人来，他就是空降部队司令员帕维尔•格拉乔夫。他和这位年轻的将军有过一面之交，印象良好。叛乱前不久，他检阅了格拉乔夫的空降作战部队。当时他就问过这位将军：假如发生某种恐怖、阴谋、企图逮捕人的情况，我们合法选举的政权在俄罗斯受到威胁——若出现的时候……可以指望军队，可以依靠您吗？他的回答是：“当然可以。”于是叶利钦当即决定给格拉乔夫打电话。

叶利钦提醒将军他们之间有过这样的谈话，现在恐怖事件真的出现了，他是否能兑现自己的诺言。对方沉默不语，叶利钦从话筒里听到了他的呼吸声。“良久，将军说：‘作为一个指挥官，不能违抗命令。’停顿片刻他又说：‘请等一等，鲍里斯•尼古拉耶维奇，我把自己的侦察连(或者是警卫连，我没记清)给您派到阿尔汉格尔斯克别墅。’我谢过他后挂了电话。”（参见叶利钦《总统笔记》）叶利钦放心了，他已经确信格拉乔夫是自己人，不会把枪口对着自己。格拉乔夫正巧被政变者委托在莫斯科布局现有的军事装备。叶利钦的期望没有落空，这位将军很快就公开站到他这一方保卫白宫。军队倒戈严重地影响了政变者的信心，对摧毁政变起到了极为关键的作用。

此刻是19日上午9时。叶利钦决定驱车前往议会大厦（即白宫）。别墅周围气氛紧张，便衣和穿军服的战士很多。哪些是政变者，哪些是保卫自己的人，很难分辨。走出别墅是危险的，有可能会中埋伏，被枪击中，也可能在公路上抓他，还可能有人扔手榴弹，或者用装甲车在路上轧死他们。虽然有防弹汽车开路，但对于真正的安全来说，这没有任何意义。可是待在别墅里是很荒唐的。西拉耶夫的汽车第一个冒险开了出去。他顺利到了白宫，并打来电话。叶利钦的车准备开动了。他穿上了防弹背心，塔尼娅过来为他整理了衣服。走出别墅前，奈娜说：“你去哪儿？那里全是坦克，他们不会让你过去的……”叶利钦说：“我们的汽车上有俄罗斯的国旗，带着它我们就不会被阻止。”（参见叶利钦《总统笔记》）

叶利钦的小车开出别墅时，一小队人马声称奉格拉乔夫之命前来“保护叶利钦总统”。后来得知，这些人是派来逮捕叶利钦的。他们假借格拉乔夫之名潜入阿尔汉格尔斯克别墅，名义是保护俄罗斯总统，实则伺机实施逮捕。但是他们晚了一步。叶利钦的车已经开出了别墅，家里人也当即转移走了，没有遭到阻拦。夜里奈娜还走到街上用电话亭的电话给叶利钦打了电话。没人认出她。

当日（19日）上午10点30分，时任俄罗斯总理的西拉耶夫在白宫宣读了《告俄罗斯公民书》，叶利钦此刻则在会见大厅接见新闻记者和外交官，将情况及时通报给他们。获得国际舆论支持很重要。

此外，他还意识到，走出白宫，走到民众中得到他们的支持至为关键。12点整，叶利钦冒险走出白宫，爬上一辆包围白宫的坦克（塔曼师的一辆坦克，该师后来倒向叶利钦），对周围聚集的民众高声宣读《告俄罗斯公民书》，其中说道：“以所谓的紧急状态委员会名义通过的一切决定在俄罗斯联邦境内被

叶利钦号召大家保卫白宫，发表“坦克宣言”

认为非法和无效。”他高大的身影，激动得变了调的声音，不容置疑的口吻，毫不惊慌的神态，令在场者深受鼓舞。他站在坦克上慷慨陈词，身旁有手持自动步枪的塔曼师的战士，构成一幅危急关头凛然不惧誓死保卫白宫的勇士的画面。叶利钦此刻的表现后来被称为著名的“坦克宣言”，这一瞬间成为千百万俄罗斯人难以忘却的记忆。而俄罗斯总统也受到极大鼓舞，“也许就是在这时。我才清楚地感到：我们不会失败，胜利属于我们。”随后他又和坦克指挥官及士兵们交谈，“从他们的脸上和眼睛看出：他们不会向我们开枪”。（参见叶利钦《总统笔记》）

接下来的几天，叶利钦的一言一行、所作所为，都为自己传奇般的经历再添上了一段真正的传奇。

叶利钦在那几天一直待在白宫，没有回家。“大约早晨10点钟，我彻底明白了：俄罗斯白宫将成为近期事件的主要进攻基地。”“就是说，我应该坐在白宫里，一直坐下去。我在这里坐的时间越长，对他们就越糟；围困的时间越长，对他们不利的政治丑闻就越多；已出现的情况、不明的间歇越是持续下去，他们彻底失败的机会就越多。”（参见叶利钦《总统笔记》）

他要亲自守护白宫，与白宫保卫者同甘共苦，与之同生死共存亡。在中央电视台极为偶然地播出了叶利钦带领民众保卫白宫反抗政变的画面后，成千上万的志愿者潮水般涌向白宫，组成人链，一圈又一圈将白宫围起，筑起一道血肉围城。他们坚信，在有着钢铁般意志的俄罗斯总统叶利钦的领导下，政变者一定会失败，胜利定属于他们。

紧急状态管制只维持了三天，即宣告失败。（详情参看《戈尔巴乔夫的命运》一书相关章节）

8月22日上午，白宫前万众欢腾，人声鼎沸，叶利钦魁伟的身影是万人仰慕的中心，他挥动着俄罗斯的白蓝红三色条形新国旗，宣布政变者失败了。人们的兴奋达到顶峰，千百万人有节奏地高喊着他的名字："叶利钦！叶利钦！"声震四野，响彻天空，传遍首都。叶利钦和集会者一样，激动万分，自豪万分。他们胜利了，击败了这起政变。正是他带领人们不顾一切地反抗才使得这起政变流产。人们的喊声是对他最大的赞扬、支持、崇拜、景仰，是民众为他奏起的一曲凯旋乐章。世上再没有什么比这震耳欲聋的喊声更动听、比这样巨大的支持更令他激动了。

与白宫前的欢腾场面形成巨大反差的，是苏联总统戈尔巴乔夫回来的画面。电视上播出了21日午夜乘飞机回到莫斯科的总统，身穿夹克衫的戈尔巴乔夫神情沮丧，目光疲惫，很无助地走下飞机；他身后的赖莎更是形容憔悴，虚弱的身体几乎站不稳，在小孙女的搀扶下勉强走下飞机舷梯。

戈尔巴乔夫归来的第二日去了克里姆林宫他的办公室。走在克里姆林宫长长的走廊上，苏联总统油然而生一种异样的感觉。离开这里不到20日，一切看上去却似乎那么陌生，仿佛走进了另一个国家。他还没有从政变的狂风巨浪中恢复过来。他怎么也没有想到，都是他一手扶持上来的人，与他那么亲密的人，却在他度假期间上演了这么一出逼宫戏。政变虽然仅持续了三天就败北了，没有成功，但这足以造成最严重的后果，政变者已经打乱了他最主要的计划——签署联盟条约。这是他费尽心血四处周旋最后才得到大部分加盟共和国领导人认可的文件，也是他苦心孤诣保存联盟的最后努力，并即将变为现实——8月20日就要签署了，但万分可惜，全部被突如其来的变故打乱了。签署联盟协议就这样夭折了。他懊悔，不该掉以轻心去度假；他痛心，一切都得从头再来。时间白白流失了，事情会变得更加复杂，保持联盟的过程中会发生什么样的变故，谁都说不准。更令他心烦的还有，社会上居然散布他参与了政变的流言。不时有媒体或记者采访时向他提问：你是否参与了政变？他曾经最信任的雅科夫列夫也指责他："戈尔巴乔夫的过错就在于建立了一支叛徒队伍。"对他的指责和不信任来自四面八方，达到了新的高潮。面对这些指责，他有口难辩。他想走平稳的中间道路，按照自己的计划将苏联过渡到民主社会主义，但是受到左右两方面的挤压打击。这条路他已经很难继续走下去了。

孤家寡人，四面楚歌，政变后戈尔巴乔夫真的落到了这样的境地。

政局发生剧变，他与叶利钦的位置也发生了颠倒。叶利钦是拯救国家、拯救苏联总统、拯救民主改革的英雄，而他只是这出戏的配角，是被叶利钦拯救的对象。一个勇敢刚毅，一个软弱无助，两个截然不同的形象在这场突发危机中，再次给民众留下深深的印象。叶利钦在这场动乱中，获得了巨大成功，其地位、威望和形象前所未有地提高。在人们的心目中，他已经替代了软弱的戈尔巴乔夫。而事实上，现在的苏联总统无论决定什么大事——尤其是干部任免——都不得不听取俄罗斯总统的意见。真正的权力似乎已经在叶利钦的掌握之中。但是，慢着，尽管事实上是这样，可名义上戈尔巴乔夫还是国家合法总统，还坐在克里姆林宫的总统宝座上，他还在叶利钦之上。想到这一点，叶利钦就浑身不舒服。

“8•19”政变的结果表明，叶利钦在和戈尔巴乔夫几年的角逐中彻底占据了上风，后者已成为西下的夕阳，穷途末路，前者扶摇直上，气势逼人。政变失败后的第二日，俄罗斯总统就在召开的最高苏维埃会议上响应会议提出的要求，希望出席会议的戈尔巴乔夫在会上谴责苏共。刚刚被从软禁中解救出来的苏联总统，还没有搞清楚一切事情的来龙去脉，对于突如其来的要求很茫然。叶利钦当面嘲弄了他，并示威性地当着戈尔巴乔夫的面签署了关于暂时中止俄罗斯联邦共产党活动的命令。当晚戈尔巴乔夫无奈宣布辞去苏共中央总书记职务，并宣布苏共自行解散。他原本还打算将苏共改造为多党制中的一个政党。经过这场事变，他的这一计划已然不可能实现。

11月6日十月革命节前夕——选择的又是一个象征性的日子，叶利钦下令解散了苏联共产党在俄罗斯境内的一切组织机构，其全部财产转归国有。10天后，俄罗斯总统再次签发了10项总统令，包括暂停《真理报》《苏维埃俄罗斯报》等共产党报刊的出版，将苏联中央电视台收归俄罗斯所有，并解除了全苏国家广播电视公司、塔斯社和苏联新闻社领导人的职务。查封了苏共中央办公大楼，扯下了挂在大楼顶上的苏共党旗，拆除了十月革命50周年纪念碑等。俄罗斯总统的一系列命令，毫不留情地彻底斩断了苏共生存的基础和一切根须。

这些指令早就是叶利钦想做的，但是真正做起来却绝非易事。苏共的历史、雄厚的基础，包括其财产、绝对的权势、庞大的组织成员，这一切令人望而生畏，无人可以撼动。近几年虽然有大批党员退党，党的威望大大降低，批评之声不绝于耳，但是彻底铲除它，或者使其成为一个普通的议会党，谈何容易！戈尔巴乔夫深知这一点，所以他迟迟不愿辞去总书记职务，他担心这样做不仅于改革无益，自己反而会被这个庞然怪物吞噬。叶利钦同样明白此点，尽管他言辞激烈地抨击，但那是另一回事，在行动上他还是很谨慎。如何扳倒独裁统治的党，这也是他一直极为苦恼的一个问题。但是想不到的是，天赐良机，政变者给他彻底推倒这个庞然大物提供了最好的时机和条件。现在他无须耗费多大力气，就可以轻而易举将这个庞然大物击垮了。共产党的核心机构和主要组织都处在俄罗斯境内，而只要在俄罗斯境内，原则上俄罗斯总统都有权干预。这就是为什么叶利钦可以利用大好时机，一举将其彻底消除。党的"主要人物"都参与了这场政变，逮捕主要参与者，取缔其一切活动，没收其财产，不都是情理之中的事吗？

俄罗斯总统针对苏共的一系列命令，以及戈尔巴乔夫辞去总书记并宣告苏共自行解散，导致社会上掀起一股前所未有的反共浪潮。昔日执掌国家大权无所不能无处不在，控制监督一切的庞然大物，就这样被彻底打垮了。

有人说，叶利钦对苏共如此仇恨，不将其彻底搞垮不罢休，这与他的家庭身世有关。别忘了他的爷爷和父亲都曾经是富农，20世纪30年代都受到过红色苏维埃政权的镇压。他一直伪装进步，钻进党内，拼命向上爬，为的就是有朝一日彻底将党搞垮，以报家仇。这样的解释未免过于简单和肤浅。了解他的人说，他当年确实是真诚地加入了党，拼命为党工作。他的入党申请书写得饱含感情，并不像一些人，为了入党而写得华丽漂亮。他也一直都是党的得力干部，听党的话，执行党的决议。最有说服力的一件事，即在他任斯维尔德洛夫斯克州长期间，党中央命令他秘密炸毁沙皇1918年被枪杀的伊帕季耶夫宅邸，他二话没说，圆满迅速地完成了任务，中央对此很满意。

但若说他曾经是一个坚定的共产主义信仰者，也不准确，他从来没有过坚定的信仰；现在将他看作一个彻底转向信奉西方民主的人，也不尽然。一切不过是从实用出发。这里引用《叶利钦时代》一书中的一段话，这段话一语中的，十分中肯，比较准确地概括了他的特质："叶利钦从来不是一个坚持思想原则和有坚定信念的共产党员，他也没有成为彻底而无私的反共分子，尽管摧毁共产主义制度的使命恰好落在他的头上。……他需要为得到权力而清扫政治地盘。苏联共产党挡了他的道，他的选择不能带有感情，而是必须于己有利。"

那年秋天"老广场"原苏共中央所在地，那栋大厦内杂乱无序，人们都忙着搬出来。叶利钦给出的最后日期是9月底。苏共已不存在，俄罗斯总统趁机要了这栋建筑，戈尔巴乔夫不能不同意。

深秋时分，俄联邦总统官邸和政府都搬进了“老广场”那栋原苏共中央大厦。叶利钦此举具有特殊含义。“老广场”一直象征着国家最高权力和威严，党和国家的一切大事都在这里做出决定，历届政治局会议也在这里召开。叶利钦将俄罗斯总统府搬到这里，寓意着他已经是国家的“老大”，至少其地位和威严与联盟政权是一样的。

叶利钦第一天来到“老广场”办公时，眼前的一切令他心潮澎湃，感慨万千。几年来的往事清晰地浮现在他的脑海中。他来到自己的新办公室，对身边的工作人员说：“这就是从前指责我、起草对我进行政治迫害计划的那间办公室。谢谢你们的支持，但是你们很难理解我此时此刻的心情。”（参见格·萨塔罗夫等《叶利钦时代》）

政变被击破了，苏共不复存在了，戈尔巴乔夫打起精神，在极端困难的情况下依然在为保存联盟存在努力；获得巨大声誉的叶利钦则为彻底打垮共产党不遗余力。但是这一切都改变不了这一现实：国家形势更加严峻，矛盾百出，危机重重；经济恶化到临界点，找不到任何出路；大众则生活在极端贫困之中。这一切都没有丝毫改变。

23 摧毁“巴比伦塔”

在柏林墙上响起第一声锤击时，苏联已经寿终正寝了。

——叶利钦《总统笔记》

年复一年，我越来越相信，这是我们保存俄罗斯的唯一机会，它使俄罗斯走上了民主和市场经济的发展道路。

——叶利钦答记者问，2002年6月12日

“8•19”政变后，苏联总统戈尔巴乔夫处于四面楚歌、人人唾骂的境况；策划和参与政变的人都锒铛入狱；总统班子大换人马，新上任的领导不可能立刻进入角色，正常发挥作用，中央基本处于瘫痪状态。形势骤变，泱泱大国苏联在改革的惊涛骇浪中历经沧桑，变得千疮百孔，像一个病入膏肓的病人。此番又遭到保守派试图对它“挽救”而采取的极端“手术”，奄奄一息的病人哪里经得起这般折腾。它的生命已经屈指可数，走到了尽头。现在任凭什么良方妙药也无法挽救。自8月下旬到12月8日——距俄罗斯、乌克兰和白俄罗斯三个加盟共和国首脑签署宣称联盟解体的《别洛韦日协议》的日子，还剩下不到四个月的时间。这段时间被形象地比喻为苏联的“弥留”时期。

8月24日，政变刚刚平息后，乌克兰最高苏维埃就通过了关于国家独立的法令。接着，白俄罗斯、摩尔达维亚、阿塞拜疆、吉尔吉斯、乌兹别克斯坦、亚美尼亚和土库曼斯坦都匆忙宣布独立。波罗的海三国的独立早走了一步，现在已经得到国际社会正式承认。

各加盟共和国争先恐后宣布独立是八月政变的直接结果。政变期间各加盟共和国领导人大多持观望态度，其中不乏对政变抱有同情者。政变失败后，他们急于与紧急状态委员会拉开距离，摆脱“同情”的罪名，因此纷纷匆忙要求独立，以此洗刷和表明自己与政变者毫无干系。另一个原因是，他们想和叶利钦保持距离，因为现在叶利钦在某种程度上已经取代了戈尔巴乔夫，而很多加盟共和国首脑对这个人既怀有戒心，也并不信任。俄罗斯早就表现出来的大俄罗斯主义和咄咄逼人的气势，使他们不得不为自己国家将来的前途着想。最好的方式就是要求独立，这是他们保护自己的利益和生存空间的最佳选择。

“弥留期”的苏联只剩下了一个空壳。解体在加速。

“8•19”政变后不久，1991年9月2日上午10时，苏联人民代表大会第五届非常会议在克里姆林宫代表大会堂开幕。这是最后一次苏联人民代表大会，人民代表大会在这届会议上被解散了。也“正是这届代表大会‘结束’了苏联作为苏维埃社会主义联邦国家的存在”。（参见格•萨塔罗夫等《叶利钦时代》）

纳扎尔巴耶夫受苏联总统及10个加盟共和国最高领导人的委托，在会上宣读了一份《宣言》。《宣言》建议制订一份主权国家联盟条约，由各加盟共和国自愿签署；立即建立经济同盟，以保证国民经济正常运转；筹建人民代表苏维埃取代苏联最高苏维埃和人民代表大会；成立由苏联总统和各加盟共和国最高领导人组成的国务委员会；成立跨共和国经济委员会；以及为保存统一的武装力量，将缔结集体安全协议。

会议给予各加盟共和国的最高国家权力机关新的权力：有权在各自国家领土上中止由苏联最高苏维埃通过的各项法律效力。而这些法律一直是全联盟执行的法规。这样一来，事实上赋予各加盟共和国独立的权力：不承认苏联最高苏维埃通过的各项法律效力，何谈联盟？

叶利钦在第五届人民代表大会非常会议上发了言。呈现在与会者面前的完全是一个胜利者的姿态，他的目光、表情、语气和举手投足似乎都在提醒大家：是他击垮了八月政变，是他挽救了改革，是他救出了被软禁的总统。刚刚取得捍卫白宫的新胜利使他飘飘然。“他被胜利陶醉了。他宣布，作为俄罗斯总统，他一定会解决这些问题。”（参见雷日科夫《大国悲剧》）口气就像一个真正的主人。但是大部分代表的感觉是，“苏联的存在事实上已经结束。所有的人都非常清楚，它实际上是一个没有生命力的架构，之所以还被人提出来，是因为多少还希望能保存一点统一国家的基础”。参加大会的雷日科夫说：“这次大会在我看来就像‘是在出席一次集体葬礼’。”（参见雷日科夫《大国悲剧》）

戈尔巴乔夫保住了总统职务，但实际上他已经失去了作为总统的权力。俄罗斯总统叶利钦不点头，显而易见，国家任何大事都无法决定。但是苏联总统很快就从政变的沉重打击中恢复过来。一番审时度势之后，他决心在新的形势下为保卫联盟做最后一搏。他知道现在重启新奥加廖沃谈判比以前更加艰难，但是对他而言别无出路。他不想做历史的罪人，在自己发起的改革中葬送联盟，况且他也清楚地知道，联盟的命运就是他个人的命运，没有了联盟他可能什么也不是。这是一个事物的两面。因此也可以说这是在为自己的命运做最后努力。戈尔巴乔夫又像原先一样，精力充沛、全神贯注地投入保存联盟的最后一搏。但是留给他的时间不多了。

新联盟条约的最后协商艰难地开始了。其间一共拿出五个方案，每个方案叶利钦都会找出一堆问题，表示不满意。戈尔巴乔夫不断在新奥加廖沃召集协商会议，他几乎已经“耗尽了自己”（戈氏语）。11月中旬，最后一个方案总算得到7个加盟共和国首脑的支持，打算11月25日草签。联盟条约草案稿的名称已冠之为《主权国家联盟条约》，其中很多条款自相矛盾，根本说不通。即使如此，这份协议最终仍没能签署。叶利钦在会上提出两点意见：应当将草案提交最高苏维埃表决；需要等待乌克兰全民公决的结果，全民公决定在约两周后，即12月1日举行。叶利钦给出的理由很简单：“没有乌克兰叫什么联盟呢？我想象不出来，如果他们把期限定在12月1日，那就让我们等到那天吧。”对此，戈尔巴乔夫一筹莫展。一个又一个方案被否决，按照雷日科夫的说法是，其实每个出席协商的人都清楚，他们根本不想签署什么协议。“他们是在目标明确地为毁掉自己的国家而创造条件。这些只是掩盖他们真正目的的烟幕，而真正的目的就是不惜一切代价让苏联垮台，让自己完全独立。他们实在太希望在自己的共和国中成为握有全权的主宰了。”（参见雷日科夫《大国悲剧》）

两周的时间很快过去，最致命的打击出现了。乌克兰全民公决的结果是，90%以上的乌克兰人投了赞成独立的票。这样的结果连总统克拉夫丘克都感到惊讶。事情几乎已经画上了句号，联盟必垮无疑。没有乌克兰的加入，联盟没有任何意义，叶利钦也决不会在任何文件上签字。

如果说八月政变加速了苏联解体，敲响了苏联的丧钟，那么乌克兰12月1日的全民公决，则是给了苏联最后的致命一击。至此，戈尔巴乔夫完全明白，保存联盟的可能和时机已经永远丧失了，国家解体即将变为现实。他只有仰天长叹。

接下来，事情发展极为迅速。

12月7日17时40分，叶利钦带着他最信任的老乡兼助手布尔布利斯等人，应乌克兰总统和白俄罗斯最高苏维埃主席的邀请飞往明斯克。戈尔巴乔夫对叶利钦此行很疑惑：两天后克拉夫丘克、纳扎尔巴耶夫、舒什凯维奇就要到莫斯科来与他继续协商联盟协议的事，为什么叶利钦连两天都不能等，非要亲自飞往那里呢？

叶利钦要去的准确地点是白俄罗斯别洛韦日森林中一个不知名的小村庄

维斯库里。到达那里天色已黑，华灯初上。“一个绝妙的冬夜。夜空静静地飘着雪花儿，只有微微的寒意。”（参见叶利钦《总统笔记》）乌克兰总统克拉夫丘克已先他抵达，和白俄罗斯共和国最高苏维埃主席舒什凯维奇等一干人去森林里打猎了。叶利钦来到后，三巨头举行了小型宴会，尽兴碰杯，然后在酒精的作用下兴致勃勃再次走进森林。用猎枪瞄准出没的野兽时，三人也已就联盟的未来达成了协议。当他们兴奋地归来后，即刻向身边的文秘们交代了一项紧急任务：要他们在一夜之间“搞出”一个决定苏联命运的政治文件来。

签订《别洛韦日协议》

12月8日，这一天连同小村庄维斯库里将永远载入史册。俄罗斯联邦总统叶利钦、乌克兰总统克拉夫丘克、白俄罗斯共和国最高苏维埃主席舒什凯维奇在严格保密的情况下，紧张的工作后，在维斯库里签署了决定解散苏联，成立独立国家联合体的《别洛韦日协议》。协议中这样说：“制定新联盟条约的谈判陷入死胡同，共和国脱离苏联和建立独立国家的进程已成为现实”，“我们，白俄罗斯共和国、俄罗斯联邦、乌克兰，作为苏联的创始国、1922年联盟条约的签字国，共同确认：苏联作为国际法主体和地缘政治实体已终止存在”。苏联的法律和其他一切准则在这三个共和国境内已不再适用，并宣布建立由斯拉夫三国组成的“独立国家联合体”，新的大家庭对苏联其他共和国及一切赞成它的国家开放。

很多年后，叶利钦回忆起当时的情景，还兴奋不已，他宣称这敲响了“苏维埃帝国的最后一声丧钟”。（参见叶利钦《总统笔记》）

达成协议后的第一时间，他们将这个决定电话告知了美国总统克林顿，然后让舒什凯维奇出面打电话通知了苏联总统戈尔巴乔夫。后者的愤怒可想而知。叶利钦走后，他一直在等待那边的消息，还期待着12月9日与他们以及纳扎尔巴耶夫的会面。但是叶利钦飞往白俄罗斯后音信全无，他本能地感到事情不妙，但是这样的结局却也完全没有料到。作为联盟最主要的三国首脑都背叛了他，竟然私下达成了协议。关系国家命运的如此重大的事，竟不同国家总统商量，将他完全甩在一边，而且居然在通报了美国总统后才告诉他！三个加盟共和国的首脑一拍脑袋，就如此草率地决定了十几个国家和亿万苏联人的命运，将有着近70年历史的国家“枪毙”了，真是毫无道理！

但是大发雷霆也好，抗议不满也罢，或是试图寻求新的妥协——一切都已经于事无补。戈尔巴乔夫只能眼睁睁地看着联盟倒塌、分解。而他自己——联盟的最高领导者，也将随着联盟倒塌的轰隆声坠入深渊，走下历史舞台。

三国首脑签署了《别洛韦日协议》，但是协议的合法性还有待确认。

4天之后，1991年12月12日，苏联宪法监督委员会指出，根据1922年的联盟条约，白俄罗斯、俄罗斯联邦、乌克兰都只是苏联创立国中的成员国。按照苏联宪法，各加盟共和国权力一律平等，因此他们没有任何特殊权力决定涉及所有加盟苏联的共和国的权力和利益的问题，况且他们还是少数。据此《别洛韦日协议》没有法律约束力。委员会的意见是，该文件只能看成是对国内局势的政治评估。

但是联盟解体已是大势所趋，谁也阻止不了解体的步伐。乌克兰、白俄罗斯和俄罗斯相继将文件交付各自国家最高立法机构审议，几天后都获得了通过。

俄罗斯是在1991年12月12日的俄罗斯联邦最高苏维埃会议上通过该协议的。叶利钦在会上做了报告。他声称别洛韦日密林谈判和协议的签署是“近期来不断发展的各种过程的合乎规律的结果”。8月以来，“我们简直是陷入了无休止的谈判和协商、大大小小的讨论、交换意见……所有这一切似乎具有了一种恶劣的规律的性质……苏联的3个创始国制止了自发的、无政府主义的解体过程……找到了一种在新条件下共同生活的唯一可能的形式——独立国家联合体，而不是一个谁在其中也无法独立的国家”。他还反驳了这样的说法，即3个共和国的领导人在别洛韦日密林“消灭了苏联”。“苏联对自己过去的成员已经无法起到任何正面作用了。国际社会都认为他是个破产者……只有独立国家联合体才能保证千百年来形成的，而现在已几乎完全丧失殆尽的政治、法律和经济空间得以保全……达至这个目标的最大障碍——联盟中央——走向了终结，因为它没有能力从过去制度的传统中解脱出来，而其中最主要的一个传统，就是把向人民发号施令的大权抓在手中，就是束缚各加盟共和国的独立性。”（参见雷日科夫《大国悲剧》）

协议得到通过后，叶利钦利用手中的财政金融大权，许诺苏联军队提出的要求，保证向军队提供物资、财政方面的支持，取得了军队的支持。至此，叶利钦走进克宫取代苏联总统戈尔巴乔夫的一切都准备就绪。剩下的只有一件事：戈尔巴乔夫辞职走人，他搬入克里姆林宫，成为那里的主人。

《别洛韦日协议》签署后，苏联其他加盟共和国纷纷要求加入。12月21日，除了波罗的海三个加盟共和国外，其余11个加盟共和国首脑聚集在阿拉木图，发表了《阿拉木图宣言》，一致同意建立独联体，宣告苏联彻底瓦解。

新年将至。已经成为孤家寡人的戈尔巴乔夫开始起草辞职声明。

圣诞节之夜，戈尔巴乔夫最后一次以苏联总统的身份出现在电视里。他神色黯然地宣布辞去苏联总统职务，毫不掩饰自己的失落和痛心。他发起的改革也随之落下帷幕。这场改革除了导致一个大国解体外，没有达到任何他想达到的目的。改革的最后结果与他的初衷完全相悖，不仅造成了国家的悲剧，也使他走到了政治生涯的尽头。他的心情相当沉重。只有一点使他聊以自慰，即自己有勇气在最后关头仍信守其诺言，辞去总统职务，避免国家发生任何武力和流血事件。辞职声明发表后，他回到办公室做最后一件事：把核按钮手提箱交给叶利钦。但是叶利钦拒绝在戈尔巴乔夫的办公室接过这一权力的最高象征，指定了另一个地方举行移交仪式。这要求毫无道理，戈尔巴乔夫对此断然拒绝了，将核按钮箱交给了过去一直跟在国家元首身边的两名苏军上校。

几天之后他彻底离开了克里姆林宫。

苏联总统辞职的当天夜里，苏联国旗徐徐降下，寒风中俄罗斯白蓝红三色条形旗在夜空升起。完成这一特殊“光荣”使命的正是叶利钦的亲信布尔布利斯。苏联成为一段历史，俄罗斯进入了一个新的时期。

超级大国苏联的解体并非一日造成，也不是一个原因使然。应当说，主要原因之一，是叶利钦1990年6月当上俄罗斯最高苏维埃主席后通过的《俄联邦主权宣言》。该宣言对各加盟共和国已经出现的此起彼伏的民族独立要求和层出不穷的民族矛盾起到了极大的加剧和推动作用。叶利钦在与党和体制作对期间的一系列言论和行动，也起着相同的作用。这是有目共睹的。据此可以说，正是苏联最大的加盟共和国，在联盟解体中起到了关键性的分离作用。有人这样说，《俄联邦主权宣言》是叶利钦之流在俄罗斯联邦本土各民族自治州纷纷要求独立和得到更大权力的时刻，为了确保俄罗斯不至于分裂和解体而采取的措施，但是该宣言却加速了联盟的解体。“主权宣言”不仅使各加盟共和国纷纷效仿，要求独立，而且其表现出来的咄咄逼人的大俄罗斯主义还吓倒了所有其他加盟共和国。此后他们要求独立的一个原因便是力求自保。原本没有独立愿望的加盟共和国也加入了这一行列，形成一股无法阻挡的潮流。“8•19”政变正是在这一情况下为阻止国家分裂而发生的。但是政变却进一步削弱了中央的威望和权力，加速了国家解体。在最后关头，乌克兰的态度成为关键，但是非常遗憾，政变后乌克兰人的民族主义情绪变得极为强烈，已经完全改变了自己对联盟的态度。全民公决中绝大部分乌克兰人赞同国家独立。然而仅仅几个月前，他们还坚决赞同保留联盟。苏联解体就这样成为不可逆转的现实。

叶利钦在背着苏联总统签订了《别洛韦日协议》后说，签署这一协议即宣告苏联解体，是“合乎规律的结果”。此后他也多次说过类似的话。2006年接受媒体采访时，他说，苏联的解体“是一个已经被确定了的历史过程，一个无法逃脱的过程”，“我们都知道，亚历山大帝国、罗马帝国和奥斯曼帝国，这些历史上的强大帝国，都无法逃脱自己的历史命运，苏联也是一样，它的解体已经被天定了”，“不必为苏联解体掉眼泪”。这些话也许有几分道理，但在很多人看来，更像是在无耻地为自己辩解和解脱。还有人认为，苏联解体是好斗的叶利钦与国家总统争夺权力、不惜以牺牲联盟为代价的结果，否则联盟至少有可能再延续一个时期。

苏联第一位总统也是最后一位总统戈尔巴乔夫在联盟解体的最后关头，在一些人看来，其表现也不尽如人意。雷日科夫说：“戈氏作为总统没有尽到保存国家完整的职责。在当上苏联总统后对着最高苏维埃的代表们，他信誓旦旦地宣誓，承诺坚决保护国家领土的完整统一。而现在当叶利钦等人背着他解散了联盟，他不过是发出几声抗议、谴责、声明而已，然后软弱地承认既成事实，拱手将一切交给了叶利钦。他其实完全有权采取行动来捍卫自己的国家，采取一切可能的行动，包括动用军队。但是他没有这样做。”戈尔巴乔夫有自己的苦衷。从根本上讲，他的性格不会允许自己采取类似暴力的举动维护自己的权势，他的信念也不允许这样做。改革不就是要消除任何强制和暴力，发扬民主，一切按照大多数人的意愿行事吗？既然大家都不想要联盟，都想独立，只有顺应潮流。而且最重要的是，他不愿意让自己的形象在历史上留下不光彩的一笔。他发起倡导了改革，他许诺任何时候都不用武力，不要流血和暴力，那么他就必须做到。他宁愿放弃权力，也决不愿重蹈强权政治的覆辙。但是人们要问的是，他除了顾虑自己在历史上的形象外，考虑人民了吗？为了苏联民众的最大利益，他应当如何做？

对于联盟的解体，和对于苏共的垮台一样，有很多不同的解读。叶利钦自喻为彻底的改革派，苏共的消亡和联盟的解体，在他看来无异于迅速彻底推倒了有着近70年的独裁专制历史的政治体制，无疑是为俄罗斯打开了通向民主自由的大门，奠定和开辟了走上民主国家的道路，意义重大。当然还有他内心深藏的秘密：他一定要与戈尔巴乔夫一争高下，证明自己正确。他高喊民主改革，大反特权，深入群众，离经叛道。他所做的这一切，虽然不能说公报私仇是唯一目的，但表明自己一贯正确高明的想法始终都伴随着他。“他对戈尔巴乔夫恨之入骨，这种恨很快又演变为对整个苏联中央的仇恨。因为，要想解除他心头之恨，只有扳倒戈尔巴乔夫和整个苏联政权。为此，也就一定要搞垮国家本身。从叶利钦个人的政治品质和人品来讲，无论如何他也不会在这个问题上手软的。”（参见雷日科夫《大国悲剧》）而且，他的报私仇的目的恰好与百姓希望的彻底改革一致，得到百姓拥护。但是不要忘记，他推倒的是正在进行改革的苏共，正在完善社会主义的国家，正在一步一步逐步以渐变方式走上民主社会的戈尔巴乔夫。历史不会重来。但是如果按照戈尔巴乔夫的步骤和设想，实行了总统制，扩大了民主，进行差额选举，开始私有化过程，将苏共逐步改造为多党制中的一党，虽然道路艰难，困难重重，但是实现这样的平稳过渡的可能性并非完全没有。很遗憾，改革中杀出了一个“破坏者”，因此一切都变了样，包括过程和结局。

也有学者认为，苏共的垮台，苏联的解体，有其更深刻的内在原因。简言之就是绝对权力导致的政党的通病：官僚习气，腐败滥权，独断专行，僵化的意识形态，没有朝气，脱离民众，极权主义与滥杀无辜，缺乏法治，导致整个社会处于僵化的状态。苏共领导下的国家机制已经成为一架运转失灵的机器。也就是说，国家的政治体制导致了它必然走向灭亡。但是应当看到，这也正是戈尔巴乔夫发起改革的根本原因。这里有两个问题要搞清楚：不改革没有出路，这是众所周知的；但是改革导致的苏联解体，却不一定是必然结果。叶利钦在其中起了关键的作用。

苏共一直是联盟的核心和领导者。苏共在八月政变后的解散，实际上已经是苏联解体的标志。很多人将苏共消亡之际看作苏联解体的时刻是有道理的。此后瓦解之势犹如雪崩般而至。

与叶利钦的看法截然相反，戈尔巴乔夫对自己发起的改革导致苏联解体一直痛心疾首。很多俄罗斯人和他一样，对苏联解体感到惋惜。当初那么兴高采烈欢呼有了自己的独立宣言的俄罗斯人，还有那些急不可待要求民族独立的人，很快就尝到了国家解体带来的苦果。他们当中很多人的态度也有了转变。废除《别洛韦日协议》的决议在1996年3月15日得到通过，赞成票为252票，占国家杜马代表总人数的56%。但是在1991年12月12日批准《别洛韦日协议》的时候，投赞成票的俄罗斯联邦最高苏维埃代表占了90%以上。

“苏联被消灭后，各共和国无一例外地出现了政治和经济混乱。千百万人民为自己领导人的罪行，为自己政治上的盲从和轻信，付出了而且现在仍在付出骇人听闻的代价。”（参见雷日科夫《大国悲剧》）

历史是无情的，历史没有假设。胜者为王。戈尔巴乔夫和联盟一起坠落，叶利钦现在成了俄罗斯的最高领导者。

24 走进克里姆林宫

他已经达到了政治生涯的顶峰，领导着一个核大国。然而把他看作一位成型的国务活动家还为时过早。叶利钦仍然是为权力而斗争的勇士，而权力本身的轮廓还不太清楚。

——格·萨塔罗夫等《叶利钦时代》

当“第一名”——这或许是我的天性中注定要达到的，不过，也许在涉世的最初年代我并未意识到这一点。

——叶利钦《总统笔记》

叶利钦迫不及待地要占据苏联总统办公室，他要彻底享受一下成为克宫主人的感觉。白宫留给了俄罗斯最高苏维埃（即议会）。议会的主要领导人已经与俄罗斯总统产生了矛盾，这里成为议会自己的活动地盘，也是两年后反对叶利钦的基地。戈尔巴乔夫还没有完全离开克里姆林宫，叶利钦却已经和几个贴身知己坐在昔日苏联总统的办公室里。他们谈笑风生，开怀痛饮。自豪感，成就感，主人感，感受良多。一句话：胜利的感觉。

冬日的阳光洒进宽敞的办公室，窗外是巍峨迤逦的教堂建筑群，圆形金顶在阳光下熠熠闪光。一切都令叶利钦愉悦和兴奋。俄罗斯几代君王都曾经在这里执掌朝政，管理国家。今天他叶利钦也终于跻身于此，走上了国家权力巅峰，执掌国家大权。这始终是他心中久存的夙愿。他从来都是“老大”，需要别人听从他的指挥，围着他的指挥棒转。他有这样的能力。他还是一个少年时就有这样的自信：他什么都行。今天他终于如愿以偿，成为国家第一人。这又一次证明了他无所不能的能力。回想自己一路走来，历经多少艰难曲折，但是他终于成功了。面对巨大的成功，他能不自豪？能不感叹？一个新的时代即将开始——叶利钦时代。

但是他真的做好了准备，开启一个新时代吗？他有能力将仍然是世界“第一”大国，但已经沦为世界贫困国家的俄罗斯重建起来吗？他能否将这艘破败不堪深受创伤的巨轮引出绝境驶向光明？

叶利钦，当年的一名普通建筑师，以自己的吃苦耐劳坚韧果敢，从最底层开始奋斗，逐级攀升，直至担任了一州之长。改革为他提供了新的机遇。在改革大潮中，他以其敏锐的眼光、好斗的性格、不服输的精神，不断打拼，终于沿着一条崭新的道路，杀出了一个新天地，走上了俄罗斯最高权力宝座。他一直在搞破坏，他认为必须这样，将旧的独裁体制和党阀门第彻底打倒，才可以实行西方民主式的国家政体。现在庞然大物被彻底摧毁了，但是家园也变得支离破碎，一片荒芜。面对这片土地，现在，他需要恢复到一个建筑师的身份，需要思考，如何将这样一个荒废了的土地，重新建设好。说实话，搞建筑他不在话下，但是重建一个家园，他还真的不太清楚究竟该如何干。他在跨地区议员团那里学到的东西实在有限。西方民主究竟为何物，他也只是浮光掠影地看到一些，而俄罗斯经济走什么道路才能尽快得到恢复，将民众从几乎是赤贫的生活状态中挽救出来，他完全不知道。

况且叶利钦如此急于解散联盟，以至在商谈协议时有两个重要问题根本未加考虑，或者说他早就做了以此让步的准备。一个是苏联的外债问题，当时的外债大约有700亿美元。“叶利钦竟然没有提出要大家共同承担，要知道当初借来的外债不仅仅帮助了俄罗斯。把这么个沉重的包袱加到了元气大伤的俄罗斯一个国家肩上，后来给俄罗斯的经济和百姓的生活带来了多么深重的灾难——这是有目共睹的！”（参见雷日科夫《大国悲剧》）还有关于克里米亚问题。乌克兰已经做了将其割舍给俄罗斯的准备，但是没想到谈判时叶利钦竟然只字未提，这令乌克兰人高兴不已。谈判时叶利钦的脑子不知是进了水还是他喝多了，或许有其他考虑。而这两点给独立后的俄罗斯带来了巨大的损失和恢复经济的困难，后来完全证明了。

俄罗斯人对于国家的解体处于麻木状态，他们最关心的是眼前的生活：商店里是否有足够的食品。这一点极为可悲，联盟解体看样子不仅是几个人的所为，而且似乎得到了大众的默认，至少没有任何人出来说“不”。而欢欣鼓舞的民主派也很快就发现，国家独立，民主派大获全胜，似乎没有任何实际意义。

俄罗斯人的生活变得更加艰难困苦，国家也更加贫困。整个叶利钦时代都是如此灰暗，就像一场噩梦。而噩梦在叶利钦走进克宫时才刚刚开始。

25 选择盖达尔

盖达尔的科学构想恰好与我想尽快走完这段痛苦路程的决心相吻合。我不能再让人们等待，让主要事件和主要进程年复一年地延长。于是，我即刻下定决心：必须走这条路！

——叶利钦《总统笔记》

您是否准备用休克疗法医治自己的母亲？

——亚·伊·索尔仁尼琴电视讲话时提问

苏联解体时大部分苏联公民冷漠麻木，因为他们实在厌倦了没有带来任何实际成果的戈式改革，厌倦了以前缺乏、现在泛滥的民主自由。他们对明天也不抱很大希望。美好的生活——这曾经是戈尔巴乔夫改革之初的许愿——就像天边闪烁的星星，离他们越来越遥远。

促使苏联最后解体的俄罗斯总统叶利钦，则带领获得了独立的国家一脚迈进了最阴暗的历史时期。

苏联的解体使俄罗斯继承了苏联的大部分财产，这使叶利钦相当满足；但是同时他也接过了苏联的债务，以及改革几年来完全崩溃的经济遗产。红色帝国在最后时刻，经济状况已经不是一般的糟糕。昔日的超级大国沦为真正的国际乞丐，食品基本靠进口，外汇储备几乎消耗殆尽。总之，俄罗斯已成为一个支离破碎、元气大伤、民不聊生的破落大国。挽救这样一个处于生死边缘的大国，在荒芜的废墟上重建家园，困难重重。叶利钦很快就感觉到了。

叶利钦明白，他的当务之急是使经济起死回生，而道路只有一条，即实行改革。俄罗斯的经济改革并非在联盟解体后才开始，而是伴随着联盟的最后解体开始的。八月政变后，整个经济形势像雪崩般变得更加恶化，连基本食品都相当匮乏。很多地方的粮食储备仅够2—3天，食盐和火柴也常常断货，情况相当严重。在1991年10月底俄罗斯第五届人民代表大会上，叶利钦就经济改革做了讲话。他称经济改革形势大好，因为中央这块抱住旧体制不放的绊脚石已经去除，障碍不再存在，现在可以放开手脚去干。他讲到要放开价格，进行私有化、股份化，“3个月内将出售50%的小企业和社会领域内的企业”。为打消代表们的顾虑，还列举了保加利亚的例子：“一下子放开价格，价格上升了10倍，但是没有发生过一次罢工，因为做了广泛的解释”，“我们要向人民讲真话，艰难痛苦是必然的过程，但是很快就会见到曙光——预计在1992年情况会有很大改善”，“我们的行动要快，否则人民受不了”。

当时广受关注的经济改革方案是由亚夫林斯基提出来的著名的“500天计划”。500天计划很明确，就是要在不到两年的时间内，将苏联原有的国家计划经济体制（极权主义模式）过渡到资本主义市场经济。此计划的诱人之处在于不拖延时间。该方案本来是为戈尔巴乔夫准备的，当时社会上有不少人很希望戈尔巴乔夫与叶利钦为了国家根本利益摒弃前嫌，携手共渡难关，使国家平稳地度过过渡期。但是戈氏对此方案犹豫不决，最终并未采纳。接着突发了八月政变。政变后经济全面迅速急剧恶化，整个国家处于风雨飘摇之中。叶利钦即使想在俄罗斯联邦实行这个方案，也已经不可能挽救经济危局。现在是否可以重拾这个方案呢？也不可能。因为叶利钦和亚夫林斯基已经有了极大的矛盾。怎么办？需要新的经济改革方案。

眼下有两条道路可以选择：“在国家控制下进行分步骤改革”，或者“依靠新生的市场机制和激励机制，哪怕它们还相当脆弱”。（参见格·萨塔罗夫等《叶利钦时代》）前者稳健，后者激进。叶利钦最亲密的助手布尔布利斯向他推举盖达尔和他的激进的经济改革方案，即来源于美国经济专家的休克疗法。叶利钦对盖达尔不很了解，也没与他见过面，只是多次听到身边的人对盖达尔啧啧称道。

盖达尔是不久前声名鹊起的年轻一代经济学家。1978年毕业于莫斯科大学经济系，著名经济学家加夫里尔·波波夫时任该系主任。盖达尔可以说是他的高材门生，毕业时成绩优秀，获得“红色毕业证书”。后在苏联科学院和国家科学技术委员会任职，曾任苏共重要理论刊物《共产主义者》杂志的编辑。那时他的任务之一是研究如何挽救奄奄一息的苏联经济，在研究中他却发现，唯有市场经济才是出路。此后他一直是市场经济的坚定支持者。“8·19”事件中，他宣布退出苏联共产党，并投身保卫白宫的斗争。盖达尔的祖父阿尔卡季·盖达尔曾是一位有着传奇色彩的布尔什维克革命英雄，革命胜利后开始创作儿童文学，成为著名的儿童文学作家，风靡一时的作品《铁木尔传》就出自他之手。父亲是海军少将、《真理报》军事记者，多年驻外。盖达尔时下领导着一个经济研究班子，撰写了不少关于市场经济的学术著述，引人注目。

盖达尔

1991年10月，叶利钦与盖达尔第一次见面。很年轻，个头不高，圆脸圆眼，目光柔和，这是叶利钦对他的第一印象。随着交谈的深入，盖达尔发现，俄罗斯总统对经济状况相当了解；而叶利钦发现，35岁的经济学家见解深刻，言语坦率，性格果断。盖达尔言简意赅地讲述了他想引进的休克疗法：此方法是美国哈佛大学教授杰弗里•萨克斯以美国自由市场经济为蓝本创始的，理论基础是新自由主义和现代货币主义。其主张是政府尽量放任经济自由，最大限度减少对经济活动的干预，经济决策由市场供求机制自然完成。在货币、财政政策方面，则通过对货币供应量的调控达到管理的目的，即紧缩财政，以此来治理通货膨胀，达到促进经济增长和实现宏观经济平衡的目的。而后他深刻分析了国家目前的经济状况以及为何唯有休克疗法方能奏效的理由。俄罗斯必须经历一个痛苦的过程，与其长痛不如短痛，休克疗法即是一个减少痛苦时间的方法。但是由于它彻底、残酷，国家和民众必将经历剧烈的痛苦，大众甚至很多民主人士一时恐难以接受。休克疗法不会受到欢迎，要有这样的思想准备，但从长远看一定会取得成效，这也是俄罗斯走上健康的自由经济道路必须付出的代价。此后，大约是两年时间的样子，俄罗斯经济将走上正轨。

盖达尔的深刻见解和坦率言谈很得叶利钦好感，最重要的是他的改革方案完全符合叶利钦的心意。喜欢一步到位、做事向来麻利并极爱冒险的叶利钦，毫不犹豫就选择了盖达尔的方案。他相信盖达尔，认为只要咬紧牙关，向人民说明白一切，度过一段艰难时光，就会迎来曙光。

在改革后才将国门打开的苏联，人们看到了西方和美国的一切，如梦初醒，恍然大悟，原来我们一直反对的资本主义这么美好，生活如此富足，社会开放自由。一时，社会各阶层人士——从上到下对那里的一切崇拜得五体投地。而盖达尔的改革方案正是从美国引进的，因而受到俄罗斯大多数上层精英和不少民众的认可。但是他们对所要经历的艰难却完全准备不足，也没有考虑到，将这样激进的方案直接移植到自己的土地上是否合适。

该方案在俄罗斯第五届人民代表大会上通过了。叶利钦摒弃了比较稳妥和需要时间的经济改革方案，选择了一条捷径。他没有耐心等待，主要是认为那条路不彻底。他选择了盖达尔，走上一条冒险的道路。

选择休克疗法还有更重要的原因，即他要尽快将国有财产化为私有，哪怕是送出去，为的是不让刚刚被打倒的集权垄断统治和国有经济模式有死灰复燃的一点可能。尽快的资本主义化，就是尽快的私有化。叶利钦说："像彼得大帝时期命令种马铃薯那样，强制地、坚定地放开价格，也就是实施市场经济。""在短时间内造成数百万私有者，杜绝社会主义复活的可能。"素有"私有化之父"称号的丘拜斯说得更直白，就是要"以突击的速度建设正常的资本主义"，"无论把财产分给谁，哪怕是分给强盗，只要把财产从国家手里夺过来就好"。至于国家和民众将要经受多大的苦难，是否经得起如此剧烈的震动，以这样的方式得到的财产是否公平，那都是次要问题。

1991年11月6日，叶利钦正式任命盖达尔为副总理兼经济和财政部长，第一副总理是叶利钦的心腹、向他推荐盖达尔的布尔布利斯。总理暂时不选举，由总统直接领导，这是布尔布利斯提出来的，主要是为了避免政局再度紧张。当时叶利钦与议会之间已经出现了矛盾和不和。盖达尔其实就是经济总理，全权负责经济改革。总统叶利钦是他的强大后盾，给予全力支持。

盖达尔就任后，立即开始了快刀斩乱麻的休克疗法。自此，饱经沧桑的俄罗斯人就陷入了更大的劫难，经历了更大的痛苦。叶利钦时代的苦难历程开始了。

第一步是放开物价。1992年新年伊始，叶利钦签署了《放开价格的各项措施令》。规定从1992年1月2日起，"根据供求关系，基本实行生产—技术用途的产品、日用品、劳动和服务向自由市场价格及收费标准转变。国家按照自由市场价格收购农产品。企业和单位，不论何种所有制形式，除了有限的生产—技术用途产品，基本消费品和劳务的平均价格均采用国家调控价（收费标准）"。据测算，放开了90%的消费品价格和85%的生产资料价格。此举在于解决商品匮乏。这招果然很快见效，头三个月效果明显。叶利钦和实施休克疗法的盖达尔满意地看到，商店里的商品增加了，出现了零星的私人交易，市场似乎有了复苏的迹象。但是没过多久，物价扶摇直上。到6月份，工业品批发价格上涨14倍，企业承受不了压力纷纷压缩生产。几个月之后，物价更像断了线的风筝疯涨，黑市也应运而生，倒买倒卖十分嚣张。

随后，盖达尔出台了财政、货币"双紧"政策，这是休克疗法的第二步。财政紧缩主要采取开源节流、增收节支的方法；税收优惠统统取消，所有商品一律缴纳28%的增值税，并且加征进口商品消费税，与此同时控制政府货币发行量。此举试图化解通货膨胀，但措施并没收到效果，企业萎缩，失业严重。

第三步是推行大规模私有化。政府将国有财产总值的1/3约为1.5万亿卢布（约合当时人民币1231.34亿元），无偿赠送给每个俄罗斯公民一份。俄罗斯人口约1.5亿，于是每人得到一张价值1万卢布的私有化债券，人们可以凭证自由购股。但是这项改革最终并没有成功，只造就了少数寡头。1万卢布的私有化债券，人们领到时只够买一双高档皮靴。卢布已经大大贬值了，政府还按照以前的规定给每位公民1万卢布，而有门路有靠山的人，早将私有化债券大量收购— 他们有的是钱，国有资产就这样迅速化为这些暴发户的私有财产，在俄罗斯形成金融寡头。

休克疗法给国家经济带来的后果是毁灭性的，给民众带来的是更加赤贫的生活。“生产严重下降，轻工业的生产在1992年下跌了31%的基础上，再下降了24%；机床制造业下降更快，著名的莫斯科机床制造厂‘红色无产者’1993年3月仅生产6台现代化机床，这个数字是一年前的3%。通货膨胀势头更猛，1992年全年的通胀率高达2510%。1993年前10个月消费品价格指数达到670以上，仅10月的通货膨胀率达到20%。货币发行量骇人听闻，1993年上半年每月发行量约为60%。”（参见格·萨塔罗夫等《叶利钦时代》）老百姓存款贬值所受到的损失超过5000亿卢布。休克疗法使俄罗斯经济倒退20年，GDP几乎减少一半，卢布贬值，物价暴涨。在百姓迅速变得一贫如洗时，一小部分人却乘机大捞国家财富，形成寡头经济。

休克疗法脱离俄罗斯的现实条件，强行推行私有化，结果必然是两极分化。两极分化导致社会秩序被严重破坏，生活日益艰难的老百姓强烈不满。500家国有大型企业（估计总价值超过2000亿美元）仅以实际价格的3%被转归私有，造成国有资产的大量流失。资产流到了少数人手里，他们主要是从前的政府和企业官员们。他们利用权势之便下的各种门路大发横财，绝大多数百姓却变得一贫如洗。私有化进程毫无公平可言，表现出的是最原始的强盗式的掠夺性的资本主义。

盖达尔的休克疗法一开始就遭到各方质疑和反对。卢日科夫和波波夫是最早反对这一方案的人，稍后，议长哈斯布拉托夫和副总统鲁茨科伊也表示反对。鲁茨科伊在1992年4月召开的第六次人代会上，猛烈抨击政府现行改革政策，称叶利钦的改革是“经济的种族屠杀”，主张放弃休克疗法，走渐进、稳妥的改革之路。他称盖达尔们是脱离现实、只懂书本的“穿着玫瑰色裤衩的稚童”。议长哈斯布拉托夫和相当多的议员联合起来，反对总统的休克疗法改革方案，主张建立社会市场经济，所有制多元化和国家积极参与经济调节。曾任俄罗斯政府副总理、“亚博卢”集团的创建者亚夫林斯基，曾是叶利钦基金改革的坚定支持者，当年就是他为叶利钦制订了“500天计划”，现在也转而猛烈批评休克疗法，主张“持久战”。

随着休克疗法日益暴露出的恶果，反对之声越来越大。这也是叶利钦和议会之间矛盾加剧和后来激化的一个重要原因。1992年8月，俄罗斯科学院社会政治研究所提交了一份深入分析社会形势的报告，指出通货膨胀的危险已经导致3000万俄罗斯人艰难度日，建议总统考虑走平和稳妥的改革道路。这份报告流传很广，影响很大。

休克疗法带来如此严峻的后果，而且并非只是短时期的，叶利钦没有料到。“1992年9月我看了一下前9个月的经济指标数字，着实恐慌起来。国家无可挽回地陷入极度通货膨胀，生产处于混乱之中，经济联系濒于中断。”（参见叶利钦《总统笔记》）但是有一点令他欣慰：“经过几个月的努力，商品缺乏的现象被克服了，而且根据各种指标来看，除了最便宜的食品外，各种物品均不紧张。不久食品问题也解决了。因为人们知道，粮食和牛奶今天有，明天有，后天还有。”他决意沿着这条路走下去。可是反对盖达尔改革的呼声接二连三，越来越强烈。叶利钦的政府班子几乎陷于孤立境地。

叶利钦认为他的选择是正确的，他绝不肯轻易认输。面对社会不断增加的普遍不满情绪，议会越来越尖锐的公开反对和批评，他在1992年5月27日接受《共青团真理报》采访时，竭力为盖达尔辩护，“盖达尔人才难得”，“我认为，再过半年，你们会以与今天完全不同的眼光评价他的路线”。他还信誓旦旦地保证说：“经过半年，至多一年生活就会改善。”半年多过去了。年底，俄罗斯经济已经全面恶化，物价完全失控。他再一次安抚民众：“如果物价无法控制，上涨3—4倍，我就去卧轨。”（参见格·萨塔罗夫等《叶利钦时代》）可惜，他一再失言。生活没有改善，物价依然上涨，他也没有去卧轨。总统的形象开始跌落。

叶利钦此刻处于“极为困难的境地：放弃休克疗法已不可能，继续走下去前景也未可知，这是最可怕的”。（参见格·萨塔罗夫等《叶利钦时代》）到了1994年1月，连盖达尔自己也承认，他实行的休克疗法付出的代价远远超出设想。叶利钦在议会的几次否决下，最终被迫解除了盖达尔的副总理职务。

1994年2月，叶利钦承认自己犯了急于求成的错误，在国情咨文中宣布放弃休克疗法。此举是他为了再次竞选总统赢得支持做出的妥协。

休克疗法停止了，但对国家经济造成的恶果一直在延续。此后俄罗斯经济连续7年负增长，GDP累计下降约40%，广大工薪阶层的收入更是剧减。叶利钦的错误直接转嫁到了俄罗斯普通百姓身上。多少年后，民调还显示，赞成当年休克疗法的人只有3%，62%的人认为，他们不反对市场经济，反对的是激进的急于求成的方法。

对叶利钦积极支持、盖达尔一手操作的休克疗法，仁者见仁，智者见智，一向有两种截然不同的看法和评价。支持者认为，反正要经历痛苦的转型过程，长痛不如短痛；反对者指出，休克疗法超越实际，不顾条件，使俄罗斯人付出巨大的本来是可以避免的代价，并带来严重后果。在盖达尔2009年去世时，休克疗法已经是过去了近20年的历史，当年大力支持他的叶利钦也已经去世。20年之后人们对这位经济学家的评价依然不同。很多政治家对他的杰出贡献和勇气评价极高，认为在那个最艰难的时刻，他坚决采取的残酷措施从长远和根本上符合俄罗斯经济发展的利益。痛苦，但是最终却能迅速转变为市场经济。时任俄总统梅德韦杰夫说："他采取了果断的措施，建立了自由市场的基础，使我们的国家走上了全新的发展道路。在那个动荡的时期，他承担了责任，执行了那些不受欢迎但又必须采取的措施。他对信念的执着，甚至让他的对手敬重。"时任俄总理的普京说，盖达尔光荣地完成了自己的使命，在最困难的情况下，没有推卸责任。但是很多人认为，休克疗法完全失败，带给国家和人民的是巨大损失和苦难。

盖达尔去世后，在国家杜马会议上由公正俄罗斯党议员提出的为盖达尔默哀一分钟的决议遭到了否决。而人民对那段阴暗历史也从未忘却：广大民众生活赤贫，一小部分人攫取了国家财产暴富，犯罪猖獗，投机倒把泛滥，社会动荡不安，公民毫无安全感……激进的经济改革给俄罗斯人带来的是一场难以忍受的磨难。

休克疗法作为俄罗斯经济转型时期的一段特殊历史，还会引起史学专家及经济学者长久的探讨和争论；但是那个时期俄罗斯民不聊生的悲惨状况却是有目共睹，无可争辩。难道没有更稳妥的让百姓减少痛苦的办法，完成经济转型和过渡？这是很多人的疑问。

26 午夜思絮

我患有失眠症。夜里2—3点钟起来，在房间里踱步，喝茶，睡不着觉。我不爱吃药，吃了也没用。这时候，很想和谁谈谈话，可是大家都在睡觉。

——叶利钦《总统笔记》

叶利钦长期患有失眠症。这毛病自他还是一名大学生时，就开始伴随着他。

俄罗斯总统的失眠症这一段时间尤其厉害。他治下的国家，虽然就资源和疆土以及科技方面还属一个世界大国，但却是破败不堪的大国。如何管理，怎样重建，现在他明白，这比当初摧毁联盟和苏共要艰难得多。

半夜醒来，家人都在熟睡，没人能和他说话，于是他和自己交谈，或是写书，更多的是回忆往事。一件件往事浮现在脑海，很清晰……

今天是十月革命节。又到了这个节日了。这个节日随着苏联的解体和苏共的倒台已经不复存在。一部分人可能还在怀念，大多数人不过把它当作一个公休日而已，不再庆祝。可是这个节日在他的一生中，一直都曾经是最神圣最隆重的日子。

记得担任斯维尔德洛夫斯克州委书记时，每年十月革命节庆典是州里的头等大事，最重要的工作，也是州委书记最忙碌的时候。这一天要组织上百万居民隆重而有序地庆祝革命节，这可不是一件简单轻松的活儿。有一年的十月革命节印象极深，那个节日他过得可不一般。节日前他去了某个地方视察工作，计划在革命节前夕赶回来，准时参加庆典大会和游行。但是不巧，11月6日晚上，他乘车返回斯维尔德洛夫斯克时，司机迷路了，汽车也陷在泥沟里。天寒地冻，四周一片漆黑，没有一个人影，那时小车里也没有电话，和谁都联系不上。怎么办？查看了地图，得知距最近的村庄还有18公里。时间已经是夜里11时，离第二天的庆典只有10个小时。他必须在这段时间赶回斯维尔德洛夫斯克。州委第一书记若不出现在明天上午9点开幕的十月革命节观礼台上，将是一件引起猜测的惊人消息——或者州委第一书记死了，或者被撤职了。他不敢想象若自己赶不回去的情景。

几个人下了车，费了很大劲想将小车推出泥沟，但是无奈，小车根本弄不出来，时间却在一点点流逝。叶利钦当下决定，步行走到村庄再想办法。他带着司机和另一名随从，迈开大步，踏着没过膝盖的积雪，向村庄的方向走去。三个人一路气喘吁吁，大汗淋漓，不断滑倒。摔倒时真想就那样躺在雪地里睡一大觉。

凌晨3点终于走到了村庄。他们敲开一家农户的大门，想知道哪里有电话，但是那家人醉醺醺的叫不醒；第二家也是如此，第三家、第四家……好像全村的人都喝醉了，没有一个头脑清醒的。原来头一天晚上全村庆祝十月革命节，家家摆酒欢庆，都喝多了。最后好容易找到一个拖拉机，但驾驶员也烂醉如泥，问什么都不明白。叶利钦此时真的急了——已经是清晨6点钟了。他们好不容易找到了村苏维埃，那里有电话。于是迫不及待地拨通了州民警局局长的电话。叶利钦亲自说明情况的紧迫性，要他们紧急派出直升机，挑选一名清醒的飞行员，以最短的航线飞到某地——他们将坐拖拉机到达那里等待。他还请局长预先安排好从机场进城的路线，千万不要遇到堵车，以便州委书记能迅速回到家中。他家离广场步行只需三分钟，只要顺利到家，准时出现在观礼台上就不是问题。而州长登上观礼台的时间最晚不能超过9点40分。

9点，叶利钦一行坐拖拉机到达指定地点，直升机已经盘旋在上空。飞机降落，叶利钦几人迅速登机，飞机即刻起飞。9点半直升机降落在斯维尔德洛夫斯克机场，轿车和交通局的“急救车”驶近舷梯。几分钟后，州委书记已经在家里了。家人也早已做好准备，待叶利钦走进家门，大家一拥而上，匆忙为他换上衬衫、西装，打好领带。10点整，叶利钦精神抖擞地登上了观礼台。很悬，很险，但是赶回来了，结局最后还不错。这就是那一年的十月革命节。

还有，还有奈娜那年生病的事……

奈娜患了肺炎、高烧，住院治疗。妻子住院不要紧，可是苦了小女儿塔纽什卡（塔季扬娜的爱称）。塔纽什卡不满周岁，还在吃奶，怎么办？叶利钦只得将她暂时送到别列兹尼基母亲那里，请母亲照看一段时间。他买好了去别列兹尼基的火车票，用棉被裹好小女儿，上了火车。旅途需要30个小时——极为漫长。一个大男人独自抱着一个小婴儿，让很多旅客投来惊异的目光。叶利钦挺难为情地向大家说明了情况，人们很是同情，尤其是车上的女人们。俄罗斯人还是很有同情心的。

小塔纽什卡睡了一阵，夜里醒了。她要吃奶，没有奶吃就开始哭。爸爸怎么也哄不住她，小女儿哭声越来越大，嗓子沙哑，声嘶力竭，吵得整个车厢不得安宁。人们帮着叶利钦寻找有奶水的女人，但是没有找到。有人拿出一小块面包，用布裹上给塔纽什卡吸吮，只安静了5分钟，她又开始哭；叶利钦将自己的小拇指伸到女儿嘴里，也不管用；用小勺喂她一点水，还不行。这让他头疼极了，不知道如何是好。最担心的是怕小女儿哭出病来，出点什么事，那可就糟透了！最后他想出一招：让女儿含住了自己的乳头。这一招还真管用，女儿再没有哭。就这样他顺利地将塔纽什卡送到了奶奶家。塔尼娅长大后，他把这件事讲给女儿听，女儿从来都不相信。

还有很多往事出现在眼前。他的朋友，他的反对者……他最大的反对者就是戈尔巴乔夫。他与戈尔巴乔夫这几年在政坛上的角逐，也是他常常回忆的往事。

无须隐瞒，他和戈尔巴乔夫其实在很多方面有共同点，这是戈尔巴乔夫当初重用他的基础。但是在很多方面——特别是随着改革的深入——产生了根本分歧，这是事实。两人由于性格、行事方式、看法、策略的不同，也滋生出很多个人恩怨，这一点也应当承认。叶利钦不爱听批评，对整过他的人永远不会忘记。他并非胸襟开阔的人，也没有这样的修养。此外凡事他都要一争高下，而且一争到底。这也是他的性格。叶利钦对戈尔巴乔夫最耿耿于怀的是，当年撤销了他的莫斯科市委第一书记职务，并且说“永远不会再让你从政了”。那是两个人第一次交手，他输了。但戈氏并没有一棍子将他打死，而是保留了他的部长级待遇，安排了副部长的工作。那段时间是叶利钦生命中最艰难的一段时光，他从未受过那样的打击。他永远不会忘记。被“政治流放”时，在依然豪华的办公室里，无声无息，死一般安静，一堵无形的墙将他与政治生活、与国家、与民众严严隔开。他太不适应这样的生活了！心中的烦躁使他有时恨不得将桌上的电话机砸掉……但是他一点点恢复了元气，慢慢站了起来，面对困境，找到了直接依靠民众、重返政坛的出路。他最终成功了。

叶利钦想起了1991年2月电视台采访他的情景。那时他已经当选为俄罗斯最高苏维埃主席。在那次电视采访中，他声音嘶哑、情绪激动地要求戈尔巴乔夫辞去总统职务，很多人不明白他为何这般失态。社会精英们当时表达出这样一种意愿，在当前国家如此危难的时刻，很希望他们两个人联起手来，共渡难关，但是叶利钦却如此言辞激烈。因为全民公决即将举行？还是他迫不及待地想取代苏联总统？或者因为他为了与戈尔巴乔夫一决高下而不惜搞垮国家？

叶利钦对即将在3月举行的全民公决持消极反对态度，他认为“举行全民公决的目的，其一是为了赋予全国范围内的紧急状态以合法性质，其二是为了取得同俄罗斯的独立进行斗争的‘合法权利’”。媒体对此大加渲染，指责他的立场是纯粹破坏性和摧毁性的，说他用国内战争吓唬人。叶利钦感到有必要及时澄清。他希望在电视上阐明自己的看法，但是电视台台长迟迟不肯让他在电视上露面。叶利钦愤慨异常。

终于安排了电视采访的时间。他决定措辞要更为尖刻，在采访中对电视观众说："事情已经非常清楚，戈尔巴乔夫保留'改革'这个词的同时，不愿意进行实质上的改革，他要保存现有体制，保存强硬的中央集权，不给予各加盟共和国特别是俄罗斯以独立自主……我完全不同意总统的立场和政策，我要求他立即辞职……"他终于将一腔怒气发泄出来。

叶利钦的激烈言辞深深刺伤了戈尔巴乔夫，也引起西方媒体很多不同反应。《基督教科学箴言报》说："叶利钦决定公开出击所反映的与其说是他的强大，毋宁说是他的软弱。"《泰晤士报》说："一些外国的外交家都认为，如果不是以进步的观点，而是从防止混乱的角度来看问题的话，那么无论如何，戈尔巴乔夫仍然是最合适的候选人。而叶利钦依然是个不太知名的大人物，并且他可能使国家陷入无政府状态。"国内哈萨克斯坦的领导人纳扎尔巴耶夫也说："在这样的转折关头，正当我们经历一场经济危机之际，叶利钦实际上又组织了一场危机——这是一场政治危机。"

叶利钦要求戈氏辞职，"主要是无法忍耐戈尔巴乔夫在维尔纽斯悲剧事件期间所玩弄的两面派手腕；更不能原谅他如此轻易地埋葬了那些年的我国经济的唯一希望——500天计划"。（参见叶利钦《总统笔记》）还有更深层次的原因，即保守派与民主派分歧日益加深，势如水火，无法相容，一直左右逢源走中间道路的戈氏，在两派之间随机应变的可能越来越小。叶利钦这一招或许可以迫使总统做出自己的最后选择。这是叶利钦的解释。

但是晚了。在那之后仅仅半年就发生了八月政变。八月政变之后一切都变了。他和戈尔巴乔夫的地位也发生了变化，苏联总统已经败在他脚下。年底，苏联解体，戈尔巴乔夫被迫辞职。苏联总统和联盟一起走向了终点。

叶利钦知道，在他与乌克兰总统、白俄总统签订了《别洛韦日协议》之后，背叛的罪名将伴随他终身。但他认为苏联解体不过是自然而然的过程，并非是他为了报私仇不惜断送国家社稷。

一切都过去了……想不到历史发展如此迅猛和无情。一直批评反对他的苏联总统最终被历史抛弃，而他却赢得了民众的拥护和支持，走到了政治舞台的中心……

叶利钦回想起近几个月的情况，感觉他的喜悦没有持续多久，困难和问题就接踵而至。他走进克宫不过几个月的时间，情况就有所变化。艰难的经济改革，休克疗法带来的负效应，人们不满的增加，反对派势力的扩大增强——包括刚刚和自己患难与共抗击了八月政变的战友却反目为仇——这一切都给他执政带来了意想不到的困难。他面临的局面极为艰难。反对者的大合唱中也不乏戈氏的身影。被迫辞职的前苏联总统，依然受到国际青睐，经常受邀出访演讲，受到国家元首般的待遇，这令他极不舒服。最使他不能忍受的是，戈尔巴乔夫居然还公开对俄罗斯总统说三道四，指指点点，批评指责，说他已经完成了历史使命，但是管理一个国家，却没有这样的能力等等。这也太过分了！

戈尔巴乔夫并不甘心退出政治舞台，还在到处散播不满。虽然不能掀起大浪，但却引发了叶利钦不愉快的回想。新仇旧恨，他都不会忘记。他要让人查一查戈尔巴乔夫的基金会，不动声色地治治他，于是有了后来查封戈氏基金会、收回原来拨给他用的那栋大楼、减少其警卫人员人数等一系列做法。其实查出的问题很小，决不至于如此虚张声势严厉制裁，这不过是公报私仇。整人这一套手法一直是前苏联克格勃惯用的伎俩，叶利钦尽管有着民主斗士的身份，但拿过来整治异己也依然轻车熟路，运用自如（后来普京应用得更加得心应手）。看来这个方法还会一直沿用下去。

唉，这些不愉快的往事……

还有他自己遇到的事。他这人呐，很奇怪，从政的道路非常曲折艰难，一路走来风雨不断；生活中也经常出一些事故，比如他就经常出交通事故。大学毕业后在建筑工地当司机时差点出车祸；后来自己不开车了，有了司机，也是事故不断。他乘飞机出访出事，乘直升机也出事，坐小汽车还和人撞。小时候一次坐在马拉的雪橇上，马疾驰飞奔下山，拐弯时把他从雪橇上甩出去老远，差点要了命。大学时逃票坐火车回家，遇上火车翻了，命大没死。火车翻车时他正站在车厢的过道里，一下子被出轨的火车甩到车厢壁上，狠狠碰了一下。然后他眼看着车厢一个接一个掉到很高的路基下。他毫不犹豫，动作敏捷地从已经倾斜的车窗跳了出去，滚到了路基的斜坡下，万幸，没有滚到泥潭里——再向前一点就是一片泥潭。

“我总是遇到危险，每次都与死神擦肩而过。冥冥中……好像总是有人在搭救我，我自己也已经开始相信我总是处于某种神秘的保护之中。”

而现在，种种迹象表明，似乎又要出“车祸”了。这一次不是交通意义上的车祸，而是政治上的“车祸”。走进克里姆林宫仅仅几个月，他已经看到，他的政权出现了前所未有的危机。

27 权力危机

为什么代表们要在第八次代表大会上最后确定自己的选择，决定同哈斯布拉托夫走到底呢？这到底是怎么回事呢？

第八次代表大会之后，我面临着严峻的选择：或者是总统变成一个有名无实的人物，国家的一切政权转交议会；或者必须采取某些措施消灭业已形成的不平衡。

——叶利钦《总统笔记》

叶利钦入主克宫，坐上原苏联总统的宝座后，很快就感到，不仅面前的任务艰巨无比，而且他历尽艰难为之奋斗得来的权力也并不很稳当。一直以来他都在为彻底改革而破坏集权专制主义，向执政党发起攻击；现在旧体制终于被摧毁，他需要重建，需要牢牢守住获得的成果和阵地，守住权力。他的角色从“破坏者”变为“坚守者”，在某种程度上更为艰难。

有着“彻底改革家”头衔的叶利钦，对改革的理解其实很肤浅，他的改革同样不彻底。“如果是彻底改革，在取得反‘8•19’政变胜利后，不仅应当彻底解决有关苏共的问题，还应当及时赋予俄联邦人民代表大会以立法权，以便彻底改变俄罗斯一切权力机制。”（参见格•萨塔罗夫等《叶利钦时代》）他没有这样做。在摧毁了旧体制之后，国家向何处发展？走什么道路？其实他也很茫然。不少人认为，作为一个有公信力和号召力的改革家，叶利钦显然很够格，但是作为一个有能力将国家从灾难中解救和重振的大国领袖，他显然不能胜任。这是在苏联解体后叶利钦政权很快出现危机的主要原因。

1992—1993年，一连串的问题和打击向他袭来。他再次遇到生命中最艰难的时刻，比以往经历过的还艰难。他称这个时期为自己的“黑暗时期”。

原苏联总统戈尔巴乔夫尽管心有不甘，不时公开指责他，也透露出有意参加竞选，东山再起，争取成为俄罗斯合法总统的意向。但毕竟他已经是个过气人物，早就没有了群众基础，不足为患。现在他的心腹大患是刚刚与他同甘苦共患难击败“8•19”政变的战友——最高苏维埃主席哈斯布拉托夫，副总统鲁茨科伊，原来的铁杆支持者、苹果党创始人亚夫林斯基以及大批人民代表（即议会议员）。这是一个强大的反对派阵营，他们身后是人民代表大会、最高苏维埃和足够多的人民代表。这是全国最高权力机关，也是最高立法机关，这股势力足以威胁到叶利钦的权力和地位。

矛盾在叶利钦第一次竞选总统时就埋下了。上面已经讲到，当时他没有让立下汗马功劳的哈斯布拉托夫做他的竞选助手，即后来的副总统，由此引起哈斯布拉托夫极大不满。哈斯布拉托夫后来当选了俄罗斯最高苏维埃主席（议会主席）。在他领导下的最高苏维埃，已经不那么顺从总统，而是处处表现出独立性，凡事有自己的看法主张。矛盾的加深和表面化是在叶利钦任用盖达尔并选择休克疗法之后。议长哈斯布拉托夫和副总统鲁茨科伊因为反对休克疗法走到一起，联手共同反对总统的经济改革。“1993年3月，据有关分析表明，约60%的最高苏维埃代表组成了强有力的反对派，他们准备要求总统和政府辞职。只有不到20%的代表支持叶利钦的激进改革路线。”（参见格·萨塔罗夫等《叶利钦时代》）局势对叶利钦很不利，他的亲密战友们现出惊慌。总统法律顾问沙赫赖在《文学报》上发表谈话，说国家政权甚至不是悬在半空中，而是无依无靠的满地打滚。

除了议会和总统之间越来越严重的矛盾，休克疗法导致社会不满也日益甚嚣尘上。叶利钦的社会威望急剧下降，怀疑之声四起。百姓最初还在忍耐和等待，但是生活每况愈下，卢布几乎贬值为废纸，他们从不满转为怀疑：这个靠着他们选上来的总统，有没有能力治理国家？

俄罗斯总统与议会的矛盾，其突出表现之一是关于修宪问题。1991年下半年，叶利钦获得了总统特别执法权，即总统享有特别权力。这一具有法律效力的条文是在八月政变后，为了顺利执行改革措施通过修宪获得批准的，有效期至1992年终止。眼下为了克服阻力，强力推行休克疗法，顺利实行私有化，叶利钦要求议会恢复他的特别执法权。唯有议会有权变更或修改宪法，但是俄罗斯人民代表大会和最高苏维埃代表拒绝通过增加总统法定权力的新宪法，双方矛盾进一步加剧。

总统与人民代表大会争斗不断，互不相让。从第六次人民代表大会矛盾第一次激化和公开，到第九次代表大会明确提请弹劾总统，矛盾不断升级，完全无望协调和解。发展至最后，双方剑拔弩张，势不两立。叶利钦最终动用武力，将白宫一举攻破，最后保住了自己的权力。当然他也为此付出了巨大的代价。此后他的威望一落再落，降至谷底。

1992年4月召开了第六次人民代表大会，叶利钦在大会上第一次发现，他的境况发生了巨大变化，他已经不是那个受到万人景仰信任毫无保留支持的领袖，而是成为了批评指责的靶子。很多代表发言反对他的经济改革举措，对政府极为不满，这情况前所未有，令他忧虑不安。新的国家最高领导人还远没有适应，也没有经验在批评声中工作。也是在这次代表大会上，第一次响起了要求政府辞职的声音。一片反对和批评声使叶利钦不知所措，也极为窝火。他第一次考虑：是否需要人代会这样的政权机构呢？人民代表大会，这个机构最早是卢基扬诺夫提议创建的，后来一直为执政党所用，成为执政党的工具。苏联解体后，俄罗斯仍然延续着这样的政治机构。当然，叶利钦东山再起之初也最充分地利用了人代会。他正是从竞选人民代表起，走出困境，重返政坛的。他是这个机构的最大受益者。但是现在，这个机构似乎成了反对他的大本营、阻碍他执政和改革的绊脚石。

叶利钦虽然对人民代表大会和最高苏维埃极为反感，但是他也不得不顾及他们的意见。他现在不占据优势，在代表会上表现出某种妥协和模棱两可，这样又使得他一手扶植起来的盖达尔政府产生了不满。年轻的经济学家和他的精英班子觉得，总统邀请他们来工作，休克疗法既有风险又有阻力，还要背负骂名，不仅如此，总统也没有全力支持他们。于是盖达尔和他的伙伴提出全体辞职。这一招使矛盾更加激化，最高权力机构中出现了两极分化。在这次代表大会上，政府（盖达尔班子）最后暂时保留下来了，但此后却陷入了更大的孤立境地。叶利钦也在这次大会上清楚地看出，大多数代表对盖达尔的休克改革持反对立场，虽然激进的经济改革完全符合他的心意，但是年轻的改革家们在社会上基础脆弱，缺乏强有力的支柱，单纯依靠他们是危险的。起用盖达尔已经让他和很多老朋友有了很深的隔阂。他需要在一定程度上做出妥协和退让。

如果说第六次人民代表大会第一次显露出高层的矛盾，而这一年年底的第七次人代会则是一场激战。最终盖达尔下台，叶利钦失利。

叶利钦在会前就预感到，第七次人代会将比上次大会斗争更加激烈，会有一场政治风暴。11月，会议召开前夕，他在克宫会见电台、电视台领导人时就说："代表大会将是打架之地。它将一事无成，毫无用处。我确信不需要这个代表大会。如果有必要，我将显示总统的力量。"言外之意很清楚。

1992年12月，莫斯科雪花飘飘，银装素裹，寒风瑟瑟。

12月1日俄罗斯第七次人民代表大会召开。这是叶利钦走进克宫将近一年的日子，也是实行休克疗法一年的时间。

议长哈斯布拉托夫宣布开会。他的开场白话中有话，矛头暗指政府。接下来

哈斯布拉托夫

仅仅为了会议日程，支持和反对政府的两班人马轮番上台，怒喊叫骂，争吵了足足两个小时，会场秩序大乱。大会主席一再呼吁各方冷静，遵守纪律，会议才得以勉强继续下去。

叶利钦强压下不满情绪，走上讲台。他已经听出了哈斯布拉托夫的话外之音，但他告诫自己，要忍耐和妥协。他说："我要特别指出，在代表大会的整个工作期间，它从未做出任何一项对国内公民大众造成威胁的决议。我希望诸位代表今后在任何情况下都不会超越这一界限。"总统不指名地批评了某些人用各种方式获取廉价的政治影响，全然不顾公民利益，只想将自己的意志强加于人的做法。他希望双方都做出妥协，指出改革的最大障碍是"不善于和不愿意寻求妥协"。国家需要稳定，喘一口气，哪怕一年至一年半。因此他建议通过一项实行"稳定时期"的决议。接下来他说出了最担心的问题："今天有人要求政府辞职，要求解散人民代表大会，要求把最高苏维埃抖落干净等。我的立场是，用破坏最高政权机构中的任何一个来开始稳定时期——那简直是荒谬的做法。这样做将使局势更加恶化，将会加剧对抗。今天需要的不是破坏而是巩固业已确定的权力平衡。在这一时期应当暂停一切不利于国家各种机关稳定的行动。"（参见叶利钦《总统笔记》）

总统讲话期间大部分代表面目阴沉，会场气氛沉闷，只有两次稀落的掌声。一些代表表现出对总统的轻慢，不时从某个角落传来喧哗声。叶利钦感觉很不舒服，这里弥漫着一股不友好的气氛。与此对比强烈的是，在议长哈斯布拉托夫讲话时气氛热烈。

议长的发言在很多方面与总统针锋相对，特别是在保留还是选择新政府的问题上。哈斯布拉托夫首先强调，大会的任务是"就国内局势问题提出具有决定意义的意见，对经济改革的进程做出客观公正的评价"。接下来他猛烈抨击了政府的经济改革：经济政策全面彻底破产，经济越来越失去控制，其发展进程已呈现崩溃的特征。结论是需要一个新的政府，"与其选择宏观上的稳定，不如选择改善人们的劳动和生活条件"，"选择调整价格政策"。议长的讲话不断被热烈的掌声打断，精彩之处有代表高呼“乌拉！”，群情沸腾。叶利钦在自己的位置上如坐针毡，表情沉重，茫然无措。他原本打算与议会找到和解方式、共同语言，但是他很失望。他知道，他无法与这些人共事，这些人也不打算与他和解。

代总理盖达尔在会上做了发言。叶利钦本指望盖达尔清晰而富有说服力的讲话起到缓和矛盾的作用，或许还能保留住政府。但是没有，盖达尔学究式的发言反倒加深了代表们的不满。看样子保留政府很难。

这次会议还进行了修宪辩论。按照大会的意见，修宪将使最高苏维埃有权组织和解散政府（交由代表表决）。有代表发言指出，政府的（即叶利钦的）政策“不符合大多数公民的利益”。大多数代表的发言都对叶利钦不利。在这种情况下叶利钦做了妥协，他表示“不反对最高苏维埃任命某些关键部长的职位”。

12月9日，叶利钦仍然提名盖达尔为总理，遭到最高苏维埃反对，并且要求总统修改经济改革措施，表示要央行继续向企业贷款以避免它们倒闭——央行在最高苏维埃掌控下。关于全民公决和授予总统补充全权的表决（即决议的第2条和第7条），绝大多数代表投票“反对”。叶利钦惊讶地看到，在这些重要问题上，代表们表现出“几乎一致的团结”。总统按捺不住，愤然退出会场。

他拖着异常沉重的脚步回到家中，进门没和家人说一句话，径直冲进浴室，将自己反锁在里面。情况如此糟糕！他沮丧至极。良久，出来后，女儿无意中说了一句话：“应当问问人们——是要你，还是要他们，人民是非常清楚的……”女儿的话使他豁然开朗。“是啊，人民想和总统还是和代表大会继续生活？那天晚上，上帝给我最亲爱的人们出了个主意。”（参见叶利钦《总统笔记》）可以举行一次全民公决，用这种方式解决国家政权危机。

第二日，会议的第十天。来到会场的叶利钦已经不是昨天的样子，他开始反击。他愤怒地指责最高苏维埃是“保守与反动力量的堡垒”，底气十足地在大会上宣读了《告全国公民书》：“俄罗斯公民们！人民代表们！第七次人民代表大会上的事态发展使我不得不直接面向人民”，“我自责，因为我为了达成政治上的一致而不止一次地做出不适当的让步……同这样的代表大会一起共事已变得不再可能”，“我认为必须直接诉诸俄罗斯公民，诉诸全体选民。我认为摆脱极为严重的权力危机的出路只有一个——举行全民公决。我不是号召解散人民代表大会，而是请求俄罗斯公民做出选择：您同谁站在一起？”

最高苏维埃的回应是投票并获得最高苏维埃对军队的领导权。总统最后建议支持他的代表离开会议大厅，到旁边的多棱宫去。令叶利钦难堪的是，大多数代表留下了。就是说，大多数代表不支持总统。会议继续进行。

还有一件令总统不快的事。他一直得到普通工人的拥戴，他相信工人现在依然支持他。在这样的关键时刻，他满怀希望地去了列宁共青团汽车厂寻求支持。但此行令他极为失望。过去打天下时，他多少次走到群众中，每次都得到了包括工人在内的民众的巨大无私的支持。现在完全变了。工人对总统来访很冷淡，没有悬挂欢迎的大幅标语，也没有发自内心的笑容，气氛冷淡，掌声稀落。“我相信会得到你们的支持”，总统这句结束语没有引起热烈反应。社会底层的工人和大部分俄罗斯人一样，正在经受休克疗法带来的巨大灾难，过着不堪忍受的贫困生活。叶利钦在他们心目中的光彩早就暗淡了：“在需要我们的支持时，就接近我们，向我们承诺；一旦地位变了，一切许诺都化为泡影。他不过是个政客，在利用我们而已。”

一直受到百姓疯狂追捧的叶利钦，对此情此景感受颇为沉重。那段日子叶利钦心绪很不好。

第七次人代会上双方激战了几个回合，矛盾不断加剧，但最后出现了转机。宪法法院院长佐尔金起了调停人的作用。12月12日，几经周旋，双方都做出了重大让步，达成以下几点协议：大会通过了《关于稳定俄罗斯联邦宪法制度的决议》，其中第一项规定4月11日将《新宪法主要条文草案》提交全民公决，在此之前暂时保留叶利钦的紧急状态权力；最高苏维埃有权提名和选举总理；最高苏维埃有权否决总统提名的国防、外交、内政和安全部长。总统则不再坚持一定提名盖达尔为总理，转而同意将总理人选交由代表大会表决任命。两天后，最高苏维埃通过切尔诺梅尔金当选总理，盖达尔被解职。叶利钦对此深感遗憾，但也万般无奈。盖达尔的落选对他是一个沉重打击，西方据此担心俄罗斯改革将停顿。但是后来证明，经济改革没有停滞，切尔诺梅尔金将它继续了下去。

虽然这次大会最后以和解结束，但是根本问题并未彻底解决。在叶利钦心头，最高苏维埃已经是他稳掌大权和推进改革的第一大障碍。他真想以总统的身份直接解散议会，将反对派一锅端掉，将这个机构彻底铲除。但是他还要考虑，这样做是否合法，会带来什么后果。这是一个需要非常慎重的问题，至少现在还为时过早。但是每天听到不绝于耳的批评责难，被议会捆绑住自己的手脚，着实不愉快。他不想这样当总统。他历来都是一人说了算，受制于人，这是他最不习惯的，尽管也许这样的机制正是他一贯声称追求的民主机制的主要特点。

新年刚过，1993年初，议会和总统的矛盾再次爆发，在一系列问题上双方争论不休，主要分歧点仍然是有关总统的特别权力的授予问题及全民公决。议长哈斯布拉托夫坚持认为不授予总统特别权力为好，多数代表也投票否决。叶利钦愤怒之极。而关于全民公决，议会力主取消，认为这样会造成社会分裂，有弊而无利。

叶利钦之所以主张全民公决，原因之一是他很想知道公民现在是否还信任他这个总统。但其实他对全民公决也没有十足的把握。据统计，支持全民公决的人只有30%左右，其余人或反对或不置可否。又是一次冒险。公决的实质是让全民表决国家实行总统制还是议会制，可是所有人——包括总统和议会——可能都不十分清楚，究竟何谓总统制，何谓议会制，两者的区别和利弊在哪里。

陷入困境之中的叶利钦却意外得到了索尔仁尼琴的“支持”。当时还居住在美国佛蒙特州的索尔仁尼琴有一封致俄罗斯驻美大使卢金的信，3月10日刊发在《共青团真理报》上，其中有这样的话：“鉴于俄罗斯联邦幅员之辽阔和国家的多样性，它不可能在没有一个强有力的总统制政权的情况下存在下去，这个政权无论如何不能弱于美国式的总统制政权。西方议会制国家的经验是经过若干个世纪才积累起来的，今天我们国家对这种经验根本就不熟悉。”索尔仁尼琴的这一观点得到广泛流传，在社会上产生了不小的影响。对叶利钦而言，无疑增强了他坚持总统制的决心。

第八次人民代表大会于1993年3月10—13日举行。大会之前，双方一直较劲，矛盾不断升级，耗尽了叶利钦的心智和精力，他身心极为疲惫。弹劾总统这样的词也不时出现，而媒体此刻却尖锐批评议会，舆论变得对总统有利。媒体的表现引发了议会和代表们的极大不满，认为这是克里姆林宫挑唆的结果。

如何解决宪政矛盾？叶利钦一方面暗中做了用强力解决冲突的方案，一方面释放出希望和解的愿望。在妇女节前夕接见妇女代表团时，他仍然呼吁“应当和解，不应当诉诸极端手段”。也在这一天，他将全民公决的四个问题提交给最高苏维埃：（1）您是否同意俄罗斯成为总统制的共和国？（2）您是否同意俄联邦最高立法机关分为两院制议会？（3）您是否同意俄联邦的新宪法应在代表俄罗斯联邦各族人民的立宪会议上通过？（4）您是否同意俄联邦的每一位公民都有权以所有者的身份拥有、使用和支配土地？

但是全民公决是否能够举行还是个未知数。

果然，第八次人民代表大会否决了举行全民公决。最高苏维埃副主席里亚博夫在报告中称："举行全民公决缺乏法律基础。"哈斯布拉托夫的理由是"此举有加剧各联邦共和国内分离主义倾向的危险"。还有代表认为，目前不适宜举行这样大规模的投票，钱应当用来为军人建造住房。讨论另一项重要议题即关于授予总统补充全权时，叶利钦全力争取，发言中带出威胁的意味："如果我提出的建议不被采纳，那么总统将不得不寻求某些补充措施以求确保稳定……"此言引起会场一片哗然。但最后表决还是没有通过。当叶利钦看到电子屏幕显示出表决结果时，他面色阴沉地从座位上站起身走出会议大厅。驱车离开克里姆林宫时，他抛下一句话："请转告代表们，我再也不来出席这次代表大会了。"

会议之后，有媒体评论说，叶利钦执政一年半来"急剧地衰弱了"。民主派感到严重不安，很多人打来电报，请求总统不要再让步了，"您应当向人民寻求支持！"而叶利钦则保持沉默。他在寻找出路，暂时的安静也预示着风暴的来临。或许也在反思自己：如何学会在新形势下与老战友密切合作集体领导？后来证明他不可能改变自己。

会议一周后，叶利钦最终决定发表《告人民书》，直接向人民寻求援助。3月20日晚8点半，民众在电视中听到了总统的《告人民书》："国家再也不能生活在持续不断的危机状态之中了……反宪法的政变之轮已经启动……将实行特殊管理体制……总统宣布签署《特别行政办法》，扩大总统权力，并同时限制议会的职权范围。"还宣布4月25日就俄联邦总统和副总统的信任举行全民公决。（参见叶利钦《总统笔记》）

在叶利钦焦头烂额忙于应对议会的时候，他的母亲去世了。在3月20日早上，他还几次匆匆忙忙经过母亲的房间，完全没想到母亲已经平静地停止了呼吸……他的对手哈斯布拉托夫和鲁茨科伊参加了葬礼，叶利钦无法拒绝，但心里很反感。

《特别行政办法》和《告人民书》是在联邦宪法法院没有接到总统签署的行政命令的情况下发布的，议会认为此举违反了宪法，由此引发了要求叶利钦下台的呼声。鲁茨科伊、佐尔金、斯捷潘科夫和沃罗宁当晚在电视上出现，纷纷谴责总统。第二天最高苏维埃通过一项决议，指责叶利钦破坏国家体制的宪法基础，要求诉诸宪法法院，提请总检察长追究《告人民书》起草者的责任。

同时还决定在3月26日召开第九次非常人民代表大会，弹劾总统。

24日双方曾在克宫会面，叶利钦竭力要求不要召开这次会议，以求避免强力解散议会。但议会方面已经决定。25日叶利钦发布了总统令。矛盾继续恶化，已没有回旋余地。

面对如此严峻的局面，叶利钦不无担忧地想："我害怕弹劾吗？我不怕弹劾，怕的是一个简单的俄语动词——解职，推翻，或者某种更犀利的动词。""……如果真的被解除权力，那我该怎么办？我不怕，对此我已做好准备。一旦议会通过这个决定，我认为只有一条途径，那就是发表告人民书。人民不会让我陷入尴尬处境的，我深信这一点。"（参见叶利钦《总统笔记》）"请不要忘记，如果代表大会（第九次）做出历史性错误决议，他们将使人民陷入对立冲突的深渊。"（参见格·萨塔罗夫等《叶利钦时代》）

第九次非常人民代表大会专门举行了特别会议，讨论维护宪法、弹劾总统等紧急问题。无奈之下，叶利钦承认自己有错，做出让步，以期争取得到支持，不被弹劾。最终，在3月28日的弹劾案投票中，赞成的票数为617票，比通过所需的三分之二多数即689票仅少70余票，叶利钦幸运躲过此劫。

看到投票结果后，筋疲力尽的叶利钦走向夜晚的红场，会见聚集在圣瓦西里大教堂前的支持者。这是他今天第二次会见自己的支持者。教堂前的斜坡上灯光闪烁，欢声四起，人们庆祝他的"胜利"。叶利钦对支持者保证："共产主义的政变没有成功。我向你们发誓我将竭尽全力不负你们的信任，因为我是为此在为人民服务。取得胜利的是人民，是改革，是民主制度，是将不断前进的年轻的俄罗斯。"但是，他能称得上"胜利"吗？不，他只是在此番较量中招架住了，没被赶下台而已。而且首都也有大批民众举行反对总统的集会，口号尖刻极端："打倒叶利钦的强权政府！""人民代表，请杀了那个畜生！"（参见格·萨塔罗夫等《叶利钦时代》）

第九次非常人民代表大会结束了，这是俄罗斯最后一届人民代表大会。

弹劾总统流产后，1993年4月俄罗斯举行了就是否信任总统等4个重要问题的公民公决。（1）您信任俄联邦总统鲍•尼•叶利钦吗？（2）您赞成俄联邦总统和政府1992年以来实行的社会政策吗？（3）您是否认为有必要提前选举俄罗斯联邦总统？（4）您是否认为有必要提前选举俄罗斯联邦人民代表？投票结果分别是（赞成票）：58.7%，53%，31.7%和43.1%。叶利钦获胜。他认为这是时隔一年后的又一次总统选举，表明民众依然支持他。

叶利钦对全民公决的结果自然很满意。他在结果公布后（5月6日）又发布了《告人民书》：“由于俄罗斯人民的爱国精神，由于他们充分理解提交全民公决的那些问题，全民公决得以顺利举行。最高苏维埃领导人以人们厌倦政治为借口不让全体人民自由表达意愿的企图没有得逞。”这个结果也给叶利钦的支持者打了一针强心剂。他的智囊指出：总统已经获得通过法律途径从一种社会制度过渡到另一种社会制度的罕见的机会……全民公决具有立宪的意义，因此总统有代表新俄罗斯说话的权力，这种权力是最高苏维埃所不具备的。叶利钦也不无自豪地说：“全民公决表达的意愿，不仅总统，而且苏维埃和代表大会以及所有国家机关都必须尊重。……代表们必须服从人民的意愿。我对人民的职责是捍卫这一方针。”

议会则竭力贬低全面公决的结果，声称很多自治共和国的投票情况表明，叶利钦在那里没有得到支持。这也是事实。各加盟共和国投赞成票的比率很低。鲁茨科伊在西伯利亚的一次讲话中抨击公决结果，他说投票结果是行贿得到的。“你们都看到了，谁投了总统的赞成票，人们是如何被蒙蔽的。参加投票的都是些什么人呢？投机分子，骗子，无赖，小偷。现在，那些狗女人、有鸡奸癖的人……那些牛鬼蛇神也要去投票……”

无论反对派如何不满，结果摆在那里。无论叶利钦及其支持者多么高兴，结果也不过就是个数字。最重要的是现实，而现实仍然是漆黑一团，看不到曙光。不仅两个政权的局面没有改观，很快，社会大众对总统的不满再次升温。全民公决似乎就是总统的目的。他达到目的了，于是蜗居起来。走上街头深入群众全都成为过去的故事，去各地访问会见民众也很鲜见。总统还经常突然取消预定的会见，让人莫名其妙。总统的许诺根本没有兑现，而百姓的生活也没有任何好转。总统身患重病，无法正常工作的流言到处可闻，还有他经常酗酒影响工作的传闻也不胫而走。一家媒体这样写道：总统太累了。问题甚至不在于他的年龄。一个身体健康的人，60岁不算什么，但总统却已经承受不了肩负的重担……有调查说，社会普遍存在对叶利钦的失望情绪。全民公决如果晚100天进行，结果将完全是另一种。

人们可能还记得，仅仅一年多前，戈尔巴乔夫为保存联盟，进行了全民公决。叶利钦那时持反对立场，如今轮到他坚持要搞全民公决了。真是此一时，彼一时，一切根据自己的需要而定。还有，当年戈氏反对激进，走求稳的中间路线，却遭到叶利钦大肆抨击；如今他却为自己辩解：“人们对政治家的期望远远高于政治家所能给予的，他们期望立即改善自己的个人生活！不然的话——我为什么要给他投票？然而，变化是逐渐的而不是一下子发生的。”（参见叶利钦《总统笔记》）一些人的疑问是，当初他对戈尔巴乔夫为什么不能这样理解呢？他不仅从没有这么宽厚过，反而利用了民众急于见到改革成果的心理，将戈氏逼入死胡同。他这么快就忘记了？历史很有意思，叶利钦的脚步现在很多都踩在被他激烈批评的戈氏的足迹上，他如今在很多方面多像他所抨击的戈尔巴乔夫啊。当一个人的地位发生变化后，他的感觉和看法也相应变了。

再来看眼下。俄罗斯总统躲过了弹劾，赢得了全民公决的胜利，但与议会的矛盾和斗争远没有结束。5月，发生了一起流血事件，拥护议会的民众在卡卢什斯广场集会，与维持秩序的内务部特种警察部队发生冲突。这是10月“炮打白宫”前，宪政双方一次最激烈的冲突。

宪政矛盾的最后解决，是几个月后总统用大炮画上句号的，后来被称为“炮打白宫”事件。那时俄联邦最高苏维埃正在白宫召开最后一届即第十届人民代表大会，代表大会没有开完，白宫就被一举攻下。

28 炮打白宫

两次保卫白宫的细节有着惊人的相似之处。

为了我们的孩子，为了老人，为了所有我们的亲人，为了不再让血流成河，为了制止丧失理智的政变，有必要去这样做。……我这样评价了自己在10月3日至4日可怕之夜的行动，希望大多数同胞也这样去评价它们。

——叶利钦《总统笔记》

将坦克的炮口对准白宫轰击，如果他们不投降就彻底消灭他们。

——叶利钦

历史常常有着惊人的巧合。1991年8月，叶利钦和他的战友们在粉碎政变、保卫白宫的战斗中团结一致，坚如磐石。然而两年多后，1993年9—10月，在白宫又上演了同样的“保卫战”，但是这次叶利钦已经不是白宫的保卫者，而是成为攻打白宫的指挥者；白宫的保卫者是他原来的铁杆战友哈斯布拉托夫、鲁茨科伊等人。总统与议会、克里姆林宫和白宫产生了不可调和的矛盾，总统用铁腕即大炮攻下了白宫，铲除了异己。他昔日的战友被冠以“苏维埃残余”成为他的阶下囚。历史这一幕极具戏剧性。

最严峻的日子自9月开始。

1993年9月1日，叶利钦宣布解除鲁茨科伊的副总统职务。总统的决定没有法律基础，属越权行为。3日，联邦最高苏维埃向宪法法院提交公函，请求裁决解除鲁茨科伊副总统职务的合法性。议会认为，叶利钦此举侵犯了国家政权中的立法机构和司法机构的权益，并决定在宪法法院做出裁决之前，暂停执行总统的行政命令。

矛盾再次升级。

9月12日，一个美好的周日，叶利钦在自己位于莫斯科近郊的老奥加廖沃别墅。

窗外秋光绚丽，层林尽染，但是叶利钦无心欣赏秋季的美景。他已经整整三天独居别墅，闭门谢客，苦思冥想如何实施解散议会的计划。现在他在焦急地等待客人。他约了国防部长格拉乔夫、内务部长叶林、代理安全部长戈卢什科和外交部长科济列夫四人，中午12点在这里见面。今天招来他的亲信，不是商讨越来越严峻的俄罗斯政局，而是通知他们自己已经做出的决定——解散人代会和最高苏维埃。这是解决几个月来"双重权力"危机的唯一出路。他已经独自在别墅准备了三天。

时针接近12点，客人也陆续到来。落座，问好。大家脸上都呈现出若隐若现的忧虑和紧张。总统和议会的矛盾日益加深，紧张到剑拔弩张，每个人都看得清清楚楚。如何解决这一棘手的问题，谁也拿不出好办法。他们知道今天总统召集他们来，就是商讨这件事。

叶利钦坐在主人的座位上，审视着每一个人。这些人都是他最亲密的战友，也是他的整个精英班子——除了正在美国访问的维克托•切尔诺梅尔金。他们会对他的决定说什么？这可是非同一般的决定，这些人支持他的决定吗？做出这样的决定很艰难，要冒险。风险在于，此举在很多人看来是违背宪法、违背民主的。"但是总统表面上违反宪法，采取反民主措施，解散议会，是为了使民主和法制在国家得以确立。议会看上去是捍卫宪法，却是为了推翻合法选举的总统，建立完全的苏维埃政权。当然我们就陷入这些矛盾之中！"（参见叶利钦《总统笔记》）叶利钦这段话很拗口，也自相矛盾。按照他的逻辑，解散议会是必然之举，关系到俄罗斯的民主道路是否能走下去，也关系到他叶利钦是做傀儡总统，任人摆布，还是做一个有决定权的总统。他已经打定主意，即使在座的四位部长中有谁不同意，也不会改变他的决定。只能这么做，没有退路。

难堪的沉默。片刻，叶利钦开始说："先生们，我把你们召集来，是为了通知你们，我已经决定解散最高苏维埃，因为它的活动正构成对俄罗斯安全的威胁。"然后他展开一张纸，开始宣读已经起草好的解散议会的命令（即后来的1400号命令）。这份文件早在7月底他就亲自起草好了，他那时就感到早晚会有这一天。此后他将文件一直保存在他的保险柜里，等待必要的时候拿出来。现在是时候了。

总统尽量读得缓慢从容，仿佛在读一个很一般的决定，也为了给在座者思考的时间。10分钟后读完了这个命令。在座者没有犹豫，全部表示完全赞同总统将采取的举措，并在命令上签下了自己的名字。这令叶利钦备感欣慰。

命令规定在9月19日即一周后晚8时从电视台向全国转播总统发表《告人民书》，宣布解散议会（即最高苏维埃），12月11—12日选举新的立法机构——

联邦会议，并出其不意实施控制议会大厦的行动。在此之前，捷尔任斯基师所属各部队应进驻莫斯科，做好相应准备。19日是周日，白宫应当没什么人，占据白宫应该没有太大阻力。只要拿下白宫，对议会而言就是釜底抽薪，打掉了他们的立足之地，哈斯布拉托夫之流将没有地方聚会。“没有白宫，他们将变成一小撮夸夸其谈的演说家，而在整个莫斯科，600人算什么，谁也听不到他们说什么。”（参见叶利钦《总统笔记》）

设想容易，但是计划一定要严密周全。叶利钦现在只有短短6天的时间做最后的准备。他还需要和很多人谈话，做说服工作；需要考虑采取行动的一切细节，并考虑由此产生的后果和处理措施。这毕竟不是一次普通的行动，他要解散的是由民众选举出来的最高苏维埃！民众会怎么看？曾经保卫白宫的英雄，这一次却成了攻打白宫的人！

第二日（13日）上午，叶利钦在克里姆林宫会见了刚刚从美国回来的总理切尔诺梅尔金，向他通报了昨日在别墅的情况。总理二话没说，在命令上签下自己的名字。接着叶利钦又约见了方方面面的相关人员，包括科学院院士奥西波夫、对外情报局局长普里马科夫和最高苏维埃副主席阿卜杜拉季波夫，他要争取他们的支持。

叶利钦计算着时间，安排好每一天的日程。每一天对他来说都很重要。如果总统令受到抵制，未能执行怎么办？特别是一些地方苏维埃以及宪法法院的否认决定是很可能的，一定要事先考虑周全。这一天他还收到议长哈斯布拉托夫转来的关于预算问题的一封信，请总统签字，口气带有命令的意味，总统勃然生怒。

周二（14日），叶利钦即签发了著名的1400号总统令，但是没有马上下发。下午，他召开了总统委员会会议。委员们对解散议会的决定持何种态度至关重要。会议安排在这一天召开也颇费了一番心思——他不想过早地让总统委员会成员知道他的决定，但也不能太晚。毕竟还有几天就要向全国宣布中止这届议会活动。在总统委员会会议上，叶利钦没有直接向他们宣布已做出的决定，只是婉转地建议其成员考虑一下解散议会的方案，谈谈看法，并设想一下此后的国内局势。委员们对解散议会的态度不是很积极，叶利钦有些失望，但是会上提出的问题却促使他对某些细节问题做更仔细的考虑。

周三（15日），又举行了一次协商性会议。“会议是内部的，我甚至要求不要做速记记录。所有第一次得知我的建议的安全委员会成员都支持这一决定。已启动的机器加快了运转。”（参见叶利钦《总统笔记》）一切似乎都已经考虑周密，也安排妥当。19日行动，还有三天。表面上一切平静如常，但暗波涌动。

周五（17日）是叶利钦限时召开最后一次会议的日子，会议要审定行动的最后细节，周日一切将按计划实行。但是突然，他的助手和亲信们一个接一个建议他将行动推迟。理由是莫斯科9月24日将召开独联体国家首脑会议，若此前采取这样的行动，必将影响会议召开，进而影响俄罗斯总统的威望。还有一个很巧合的原因，使大家都觉得这个日子选择得十分不吉利，9月19日和两年前的“8•19”政变日期完全一样，很容易引起人们的某种联想，会给总统带来负面影响。此外，解散议会的消息已经走漏，议长哈斯布拉托夫和副总统鲁茨科伊已经得知，他们也做了相应准备，因此19日的实施计划恐很难奏效。他们建议推迟一周。叶利钦考虑后同意推迟，但不是一周，而是两天！21日20时开始宣读《告人民书》，绝不再延迟。

接下来的日子分外紧张和沉重。

9月18日，周六，哈斯布拉托夫在白宫会见了各级苏维埃代表。他在讲台上讲话，要大家全力以赴做好一切相应的准备。他说：“我们的总统不过是一个俄罗斯大老粗，任何蠢事都干得出来。”他号召大家聚集到白宫来，保卫白宫，保卫苏维埃。

9月19日，周日。克里姆林宫原本要在这一天采取行动。但哈斯布拉托夫看到，白宫周围像往日一样，没有任何异常。行动显然推迟了。按照他的提议，各级苏维埃的许多会议都转移到了这里，所以这个周日白宫热闹异常，大厦里全是人。周一，还有人络绎不绝来到白宫。整栋大楼人声鼎沸。这些人要保卫白宫，保卫议会，反对克里姆林宫解散议会占领白宫的计划。他们认为叶利钦已经走向了民主的反面，他的休克疗法带给俄罗斯巨大的灾难，他已经无力履行总统职责，只有他们才能真正捍卫俄罗斯的民主自由和安定。叶利钦得知这一情况，心情异常烦躁，“我一直想竭力避免的事情终于发生了，白宫变成了对抗总统令的有组织的司令部。”（参见叶利钦《总统笔记》）

发布总统令近在眼前。叶利钦情绪极为紧张。20日，为了放松一下紧绷的神经，他带着格拉乔夫、巴尔苏科夫、科尔扎科夫一起去了市郊的“罗斯”官邸，想在秋天的郊外森林里放松一下。晚饭后在林中散步时，不想格拉乔夫和巴尔苏科夫两位将军发生了激烈的争论。后者说军队根本没有为实施即将发布的总统令做好准备，大家希望一切都和平解决，用不着采取强硬措施。巴尔苏科夫激动地问：“如果不顺利呢？”格拉乔夫则指责巴尔苏科夫对胜利缺乏信心，“所有的人都对总统走这一步做好了充分的准备，而军队早就等着这一天了。……胜利一定是我们的”。两人都相当激动，大声喊叫，紧张不安的情绪激怒了叶利钦，他大声质问巴尔苏科夫：为什么现在——在距发布总统令还有一天的时候他还说这种话?！大家不欢而散。

9月21日。早晨，叶利钦同切尔诺梅尔金、戈卢什科、格拉乔夫和叶林通了电话。他只想知道一个问题：是否还有可能把盘踞在白宫里的苏维埃代表从那里“撵走”？回答是基本没有这样的可能。那怎么办？叶利钦语气沉重地说：“在莫斯科中心地区留下这样一个具有爆炸性危险的策源地，是一个极大的错误。”“或许由特种部队来一次闪电式的休克突击？”但是大家的意见使他感到格外沉重，占据白宫并非那么容易和简单。12时，他召集紧急会议。决定20时零1分，即电视一开始转播叶利钦的《告人民书》，就立即切断白宫内的所有电话线。叶利钦深知通信对于白宫的至关重要性。

早已签署的1400号总统令也于当天发布。这份名为《关于逐步推进俄罗斯联邦宪法改革》的法令，宣布解散俄联邦人民代表大会及其常设机构联邦最高苏维埃，议会改为两院制，上院为联邦委员会，下院为国家杜马。俄罗斯联邦会议代替联邦人民代表大会，并重复了今年3月《特别行政办法》（未通过）的内容：扩大总统权力——不仅扩大总统权限，而且是大幅扩大；12月举行议会大选，然后审议俄罗斯新宪法；此前所有行政、立法、司法机构的工作统一由总统和政府相关行政命令做指导。叶利钦意在改变国家政体，将俄罗斯议会制共和国转变成总统制共和国，最高苏维埃任命代表大会制度在他看来，是前苏联遗留下来的唯一的“残余”。

而白宫方面这一天下午举行了最高苏维埃紧急会议，讨论有关当夜可能发生的非常事件。总参谋长和总检察长也出席了会议。

白宫举行会议的时候，克里姆林宫第4室正在录制叶利钦的讲话。晚8时莫斯科电视台中断了正常节目，插入叶利钦总统演讲实况。叶利钦神色严肃地宣告：最近几个月来，俄罗斯经历了深刻的国家宪法危机。4月公决之后总统做出了许多努力，想制止事态的危险发展，寻求和解与合作，但都遭到议会方面的拒绝。几个月来，议会不仅不取消同公决结果相矛盾的决定，而且准备和通过了10多个新的反人民的决定，蓄意恶化国家的形势。国家需要重新建立一个全俄最高权力机构。任何反对选举议会的行动都是非法的，任何从事这种非法活动的人都将被送上法庭，“根据全民公决法，全俄全民公决通过的表决具有最高法律效力，不需要任何批准，适用于俄罗斯联邦全境……”因此必须中止俄罗斯人民代表大会和这一届最高苏维埃政权。

电视台播出的总统令，使很多人感到相当突然，莫斯科市内空气骤然变得紧张。从这一刻开始，总统令准时生效。白宫与外界的通信被切断。

此后叶利钦焦灼地等待着从那里传来的消息。负面消息接踵而至，白宫被牢牢控制在议会手里，情况很不妙。俄罗斯联邦最高苏维埃主席哈斯布拉托夫在总统令发布的当夜即刻举行了紧急会议，毫不相让地指出，叶利钦解散议会的命令违背了俄罗斯现行宪法，是“政变行为”。他宣布停止叶利钦的俄罗斯联邦总统职务，提议由副总统鲁茨科伊代理总统职务。

次日，叶利钦宣布1994年6月将举行总统选举。同一天，俄罗斯人民代表大会宣布将于1994年3月进行人民代表选举及总统选举。叶利钦在第二天切断了议会大厦的电路和热水供给等。

为了更清晰地展现整个事件的发展过程，下面将按照时间顺序列出叶利钦攻打白宫的进展及最后结果：

9月22日，命令发布第二天。凌晨，鲁茨科伊宣誓就任俄罗斯代总统。他随即签署命令，任命巴兰尼科夫、杜纳耶夫和阿恰洛夫为俄安全、内务和国防部长，要求他们全力维护社会治安。同时宣布叶利钦21日的命令无效。

9月23日，白宫已被禁止出入。在这一最紧张的时刻，俄罗斯人民代表大会第十次会议在白宫召开。法定人数为689人，出席者有638人，代表大会在宪法法院裁决的基础上宣布解除叶利钦的总统职务，任命副总统亚•弗•鲁茨科伊为总统。随后鲁茨科伊宣誓就任，并签署了一号命令，即声称他接管了全部权力，废除叶利钦刚刚发布的1400号命令。

这一天各方纷纷表态：

总理切尔诺梅尔金支持总统的决定，声称因为它有利于改革、有利于经济、有利于结束不稳定状况。

国防部新闻局长宣布俄武装力量只遵循俄宪法和国家法律，严守政治中立立场。

安全部高级代表向新闻界宣布安全部将按照国家利益、全体俄罗斯人的利益行动，不为某些政治集团服务，但将采取补充措施维持秩序。

俄罗斯宪法法院院长佐尔金召开会议并通过决议，认为叶利钦的命令和《告全国公民书》“违反宪法”。与会的14名法官中有10人投了赞成票。

俄罗斯总检察长斯捷潘科夫表示支持议会关于停止总统权力和由鲁茨科伊任代总统的决定。

部分联邦主体谴责叶利钦的行动。

只有国防部长格拉乔夫宣布，“国防部领导不服从已解散了的最高苏维

埃”。（来自相关资料）

由此看出，叶利钦所处境况十分不乐观，特别是军界的表态令他不安。虽然俄罗斯国防部长格拉乔夫宣布“不服从已解散了的最高苏维埃”，但不等于军队就服从总统的调遣和指挥。东正教大牧首阿列克西二世也多次劝诫，部队不应当介入冲突，俄罗斯军队是俄罗斯人民的，不属于任何政治派别。而强力部门的态度是叶利钦成败的关键。面对严峻势态，叶利钦做着最后努力。

9月23日13时30分，叶利钦在接见大厅召集了各实力部门领导人。他重申，尽量使白宫处于孤立状况，不要理睬对方的挑衅，内务部要管理好莫斯科秩序。“一旦形势需要，便采取更为强硬的行动。军队应时刻做好进入首都的准备。”之后他驱车回克宫。汽车行驶到繁华的特维尔大街时，他走下汽车，同行人交谈。总统近来很少这样直接走到群众中了，但是现在他非常需要这样做。莫斯科居民发现了总统，立刻将他团团围住。总统开门见山地问：“喂，怎么样，你们支持（我）吗？”“周围响起了令人鼓舞的高呼声，人们的脸上现出同情和理解的微笑，耳闻目睹这一切极为重要，就好像吸入了一口氧气一样。”（参见叶利钦《总统笔记》）

令俄罗斯总统受到鼓舞的还有，西方大国、东欧、亚洲、美洲国家的领导人和政府，以及第三世界各国领袖都相继表示赞成他9月21日命令中所提出的摆脱政治危机的途径。但是局势仍然万分紧急。

这天晚上莫斯科发生了流血事件，死亡2人。克里姆林宫方面指责流血事件是鲁茨科伊任命的国防部长一手策划的，并说如果再发生类似事件，军队将还击。哈斯布拉托夫反驳这一指责。以此为由，叶利钦遂在9月24日下令内务部接管议会警卫局，收缴某些人手中非法持有的武器。

9月24日，周五。按原计划，这一天在莫斯科召开了独联体国家首脑会议，各国首脑如期到达。这在叶利钦看来是对哈斯布拉托夫之流的沉重打击。白宫的电源和供暖已被切断，并被特警部队严密包围，只准出，不准进，包围圈内有保卫白宫的人群。

9月25日，叶利钦签署命令，宣布将严厉处置与总统令相对抗的人。同时还签署一项命令，将最高苏维埃的公职人员和服务人员分别安排到联邦会议、总统办公厅、政府等机构中，议会中来自军队的人员被分别安置到国防部、安全部和内务部。

9月26日，周日。发布总统解散议会命令整一周，双方仍在对峙之中。这一天夜里红场上响起美妙的交响乐。叶利钦的好朋友、大提琴师姆斯季斯拉夫•罗斯特罗波维奇同美国国家交响乐团一起在露天为莫斯科人举办了一场音乐会。像1991年8月事件一样，姆斯季斯拉夫•罗斯特罗波维奇在这次危机事件中又及时赶来为叶利钦助阵。他用音乐支持总统，叶利钦心中阵阵感动。

9月27日，18时，俄罗斯电视新闻播发了叶利钦的简短讲话。他拒绝同时选举总统和议会的意见，强调国家不能处于权力真空状态，并重申他的决定：12月12日举行新的两院制议会选举，半年后即明年6月12日举行总统选举。

这一天，叶利钦签署了《分阶段实行宪法改革期间联邦执行权力机构职能法》，规定凡属联邦政府管辖、政府和议会共同委任以及联邦主体的行政机构都纳入联邦政府系统，由政府管理；在新议会工作前，地方行政首脑没有总统令不得解除、不得改选或罢免行政长官。

9月28日，俄联邦宪法法院要求立即停止执行叶利钦总统9月21日的命令及总理随后做出的决定；立即停止执行俄第十次非常人代会、最高苏维埃9月21日20时以后通过的有关法令，其中包括鲁茨科伊为代总统及政府部长等任命。

俄罗斯议会大厦白宫周围气氛十分紧张。那里布满了铁丝网、大卡车和油罐车，共有 5 层封锁圈，还有马队来回巡逻。警察人数比前几天也有所增加，此外还有穿迷彩服的全副武装的军人，白宫内没有灯光，一片漆黑。那里已断水、断电、断气若干天。

白宫右边的沿河大街也在今天被警察封死。

对白宫来说，这是最为艰难的一夜。坚守在白宫内的议长和副总统把所有的人都召集到民族院大厅。身穿防弹背心的哈斯布拉托夫对大家说，克里姆林宫就要发动强攻了，大家一定要做好准备，但他还是蛮有信心地表示白宫完全可以守住。大厦里的代表们彻夜坐在大厅里，直至第二天凌晨4时。此时克里姆林宫也已给出最后期限：限议会10月4日之前交出所有武器，否则将采取更为严厉的措施。

9月30日，周四。俄罗斯东正教教会介入，试图缓和局势，寻求和平解决。叶利钦在克里姆林宫会见了阿列克西二世。大牧首竭力不涉及政治，他关心的是从中找出一条和平的出路。阿列克西二世请求叶利钦接受教会的帮助，不要导致更大悲剧。双方最终达成了协议：在大牧首的调解下，总统和政府的代表将同白宫的全权使者在圣丹尼尔修道院进行会晤。谈判前，白宫方面提出首先恢复供电。叶利钦认为他们无权提什么谈判条件，但他被说服了。白宫恢复了光明，里面的人一片欢腾。他们认为这是一个胜利。但是圣丹尼尔修道院的谈判很快宣告破裂，双方巨大的鸿沟无法找到和解出路。

叶利钦面临最后选择：要么用武力打下白宫，要么将权力拱手交出。

10月2日，周六。叶利钦10时在克里姆林宫召开了内阁成员会议。后天即是最后期限，怎么办？很多人仍寄希望于在教会和大牧首本人的调解下和平解决。会后叶利钦回到家中，接到巴尔苏科夫打来的电话：白宫情况恶化，警戒线已被突破，他们正在攻打市政府大楼，封锁白宫的包围圈已不复存在，所有武装人员已被编成几个大队，他们威胁要对全市发起猛攻。“我仔细听完了他所讲的一切，心在咚咚直跳，我暗自思忖：天啊，难道开始了吗……他们发起了战争”。（参见叶利钦《总统笔记》）其实试图冲进白宫的人几乎都是支持议会的手无寸铁的莫斯科居民，他们冲进去的目的是想给被围困在那里的代表们送食品和水。

总统立即与相关人员联系，要他们马上起草关于在莫斯科实行紧急状态的命令。18时命令已经签署好，实力部门被授权制止市内的暴乱和流血事件。

此刻传来令他更加不安的消息：议会已经组织人开始冲击国家电视中心“奥斯坦基诺”了，那里枪声不断，电视节目随时都可能中断。这样严峻的时刻他不能待在家里，必须立即赶到克里姆林宫。汽车已经太慢，况且也许路上会遇到麻烦。叶利钦果断决定，坐直升机飞去克宫。

傍晚6点20分，载着总统的直升机已经降落在克里姆林宫的伊凡诺夫广场。他匆忙和先于他到达那里的相关人员碰面，了解详情。情况万分紧急，刻不容缓。叶利钦亲自坐镇指挥。他不断给格拉乔夫和叶林打电话，督促部队迅速行动。此间电视台的某几个频道已经中断了。白宫的人已占领了大楼第一层，并向机房发起冲击，打算从那里进入播音室。与此同时哈斯布拉托夫在白宫宣布，电视中心已被攻克，不久将拿下克里姆林宫。守卫在白宫的人民代表和民众得知这一消息极为振奋。

另一部分支持白宫的人冲进了俄通社-塔斯社大楼。他们宣称支持新总统鲁茨科伊，要求塔斯社向全世界发布俄罗斯政权更迭的消息。

莫斯科此时人心惶惶，市中心不断传来枪声。人们在家里守在电视前，电视很多频道闪着白点，没有图像。电视中心正在上演真正的枪战，死伤多人。

此刻的叶利钦焦急万分。情况万分紧急，千钧一发，“到这时，我心里已明白，攻打白宫已无法避免”。（参见叶利钦《总统笔记》）而部队主力还没有进入莫斯科。况且军界早已表态，他们不是任何政权机构的工具，他们的职责是保护人民。军队在关键时刻是否能听从他的调遣确实是个很大的问号。叶利钦再次给叶林、格拉乔夫和巴尔苏科夫打电话，请他们做好强攻的准备。

鲁茨科伊

10月3日凌晨3时，叶利钦来到国防部与将军们商讨攻打白宫计划，最后方案确定下来。清晨，在驱车前往克里姆林宫的路上，他有生以来第一次不那么自信：攻打白宫的决定对吗？“是否还有别的方案，能否换一种做法，我是否用尽了一切可能？”

这一天事态进一步激化。近万名支持俄罗斯议会的莫斯科人与包围白宫的特种部队发生大规模流血冲突。特种部队向人群施放了催泪瓦斯并开枪，有人员伤亡。但支持白宫的示威者冲破警察和特种部队设置的包围圈，在大厦前举行了集会。副总统鲁茨科伊在白宫的阳台上大声呼吁军队倒戈，要求人们攻占莫斯科市政府和俄国家电视台。

莫斯科市政府被支持议会的人占据了。鲁茨科伊和哈斯布拉托夫发表了《告人民书》：“亲爱的朋友们！我们还未取得彻底胜利，他们还会派遣由卖身投靠的指挥官领导的军队来对付我们。他们得到叶利钦走狗们的支持。大家要提高警惕，站稳立场。我们呼吁所有集体和我国全体公民：不要执行叶利钦分子罪恶的命令和指示。团结在合法选举出的政权机构——人民代表苏维埃周围。我们呼吁俄罗斯军人们：发扬公民的勇敢精神，保持军人忠于宪法的名誉，用实际行动捍卫人民政权和法律。俄罗斯将感激你们并对真正的爱国者给予高度的评价。”

叶利钦当晚再次发布总统令，宣布莫斯科进入紧急状态。

10月4日。叶利钦决定这一天动用武力强攻白宫。

清晨5时，保卫总局局长米哈伊尔•巴尔苏科夫和他的第一副手、总统卫队长亚历山大•科尔扎科夫来找总统，请他会见攻打白宫的特别行动小组“阿尔法”和“三角旗”的军官。这些年轻人是第二次被派往白宫。此刻他们已经在三楼等待总统。叶利钦去见他们的路上，“一种焦躁不安的情绪和某种绝望的忧郁一直萦绕在脑际”。总统走进大厅，立刻感到了一种不协调的气氛，几乎所有的指挥官都不正视他，而是看着地面。他的担心没有错，军官们不想用枪口对准自己的同胞。时间不容拖延，叶利钦直截了当地问道：“你们能执行总统的命令吗？”没人回答。他又说：“沉默在我看来就是表示同意。”仍没有回答。叶利钦大声说：“那么我换一种方式问你们，你们拒绝执行总统的命令吗？”仍然是一片寂静。叶利钦审视了一下所有的人，对巴尔苏科夫和“阿尔法”行动小组指挥员扎伊采夫扔下一句话：“必须执行命令。”然后直接走出大厅。他后来得知，两支行动小组都拒绝参加这次行动。没有他们的参加，攻下白宫绝对无可能。叶利钦处境危险，但是一个意外又帮助叶利钦度过了危机。这一次是真正意义上的生死危机。

巴尔苏科夫颇费工夫说服了“阿尔法”行动小组的几个志愿者乘坐步兵战斗车开到大厦前，这时发生了一个悲剧。一位少尉看到他的车下躺着一位伤员，他下车跑到伤员跟前想施救，却不想一颗子弹击中他的背部，穿透了防弹背心，年轻的少尉当场就牺牲了。少尉的牺牲立时激起了“阿尔法”官兵的愤怒，他们不用任何人劝说，自愿投入战斗。巴尔苏科夫和内务部长叶林也不失时机紧急调来几部装甲车。在火力的掩护下，“阿尔法”的战士冲入大楼。

激战持续了约8个小时，最终，在16时左右哈斯布拉托夫、鲁茨科伊、巴兰尼科夫、杜达耶夫、阿恰耶夫和马卡绍夫等议会主要人物都停止抵抗，交出武器，他们立刻被押送到列佛尔托沃监狱（“8·19”政变的发起者一直被看押在那里）。亲自在克宫指挥战斗的叶利钦得知了这一切后，长长地舒了一口气。旷日持久的宪政危机终于以端掉议会画上句号。

攻打白宫中共计123人丧生，568人受伤，没有一人是议员。但这一数字历来存有争议，据说实际数字大大超过这个数。

枪炮声止息了，莫斯科恢复了平静。在10月的冷风中，高高矗立在红普列斯尼亚沿岸街的白宫大厦遍体鳞伤，中间几层房屋玻璃大部分破损，外墙被炮火熏得黝黑，一些房间仍然冒着黑烟，空气中弥漫着硝烟的气味。

叶利钦说：“为了我们的孩子，为了老人，为了所有我们的亲人，为了不再让血流成河，为了制止丧失理智的政变，有必要去这样做。”“我这样评价了自己在10月3日至4日可怕之夜的行动，希望大多数同胞也这样去评价它们。”（参见叶利钦《总统笔记》）但是人们未必都这样认为。

戈尔巴乔夫说：“无论怎样也没有必要炮轰议会。这是俄罗斯千年历史上第一次通过自由选举产生的议会，而它在那个晴朗的早上遭受炮轰也同样是头

一回。”（参见戈尔巴乔夫《尚未结束的历史》）

雷日科夫认为，在叶利钦当选为俄联邦总统的时刻（1991年7月），他把手放在宪法上宣誓，要遵守俄罗斯宪法和其他法律，可是后来又当着全国和全世界的面，对宪法和法律横加践踏，在1993年他炮轰议会，把按他的意志量身定做的宪法强加给社会。（参见雷日科夫《大国悲剧》）

叶利钦的支持者认为，“这是历史的岔道口，俄罗斯可能回到苏联时期，但是暴动被镇压以后，俄罗斯的历史进入了一个新的时期——后苏联时期。苏维埃政权已经被消灭，但是真正的民主制度尚未建立”。（参见格·萨塔罗夫等《叶利钦时代》）问题在于叶利钦是消灭苏维埃残余，还是在消灭异己？

无论持何种评价，十月事件后，俄罗斯确实彻底埋葬了苏维埃政权的国家体制，原有的立法机关被解散，宪法法院的工作也被暂停。总统令代替了国家宪法和法令，俄罗斯进入了总统独裁时期。

叶利钦用大炮取得胜利后，大权在握，此后几个月，在新宪法通过之前，一切都是总统一人说了算。用久加诺夫的话来说，“叶利钦的权力比埃及法老、俄罗斯沙皇和沙特酋长加在一起的权力还要大”。前苏联的最后“残余”

攻打白宫

被清除了，但是俄罗斯并没有建立起真正的民主体制。这清晰地表明，叶利钦从来都不是真正意义上的改革民主派，需要的时候他大声呼吁民主，不需要的时候他可以用武力解决问题。对他而言，权力才是一切，夺取和保住权力，这是他最本能的出发点。其余都是手段。

这一年12月12日对新宪法举行了全民投票，随即通过。俄罗斯最终成为总统制共和国，建立了有上下两院的议会机关。带着新宪法，俄罗斯跨入了1994年。

29 灰暗画面

莫斯科街头一幕幕灰暗画面，足以遮挡住最明朗的阳光。俄罗斯首都给人的感觉永远是阴沉沉的，即使阳光亮丽。

——笔者

首都莫斯科街头的景象如一面镜子，最直接反映俄罗斯国家的整个状况。那景象是如此阴暗，总统知道吗？

那段时间，莫斯科街头的景象确实让人心寒和恐惧。我想将我看到的“画面”在这里描绘一下（整个叶利钦掌权的9年时间，我都生活在莫斯科）。

集会示威，这是经常在市中心广场看到的一幕。红场入口处、马涅什广场、普希金广场、大剧院前面的广场经常聚集着很多人。他们举着红旗，散发自己印刷的小报，有人拿着扩音器大声演讲，很多人围观，大部分集会是支持最高苏维埃的，或者按照总统的说法，是最高苏维埃组织的反总统集会。其中有很多老人，也有年轻人的身影。左派共产党组织的集会，参加者大多是老人，人数不多，举着印有斯大林头像和镰刀斧头的红旗。首都司空见惯的集会是俄罗斯上层激烈争斗、社会动荡不安的直接反映。

商店的柜台则是经济状况的一面镜子。食品店里空空荡荡，摆着可数的几样食品：牛奶、面包、盐、砂糖。可以见到发黑变质的几样菜蔬——土豆、胡萝卜、圆白菜和葱头，这还不是经常有。百货商场很多日用品匮乏，柜台上一旦出现经常断货的商品，比如巧克力、糕点、糖果或者洗衣粉、吸尘器等，马上排起长长的购物大队，让人望而却步。后来有段时间，商店里的商品确实多起来，奶酪、香肠、新鲜蔬菜、各种水果，还有皮衣及其他服装等，但是价格昂贵，普通人只能过过眼瘾，根本买不起。

7、8月的时候，街头出现了另一道景观：多家银行前挤满了人。政府决定卢布以旧换新，规定每人只能换取一定数额，期限只有十天。老百姓担心一辈子的积蓄变成废纸，于是蜂拥而至，去银行换钱。银行呢，说没有那么多钱可换，而旧卢布眼看就要过期作废。这简直就是明抢！百姓的储蓄顷刻间化为乌有。有一天我坐车路过一家银行，亲眼看到银行前拥挤的人群，他们高声喊叫，大声怒骂，但是毫无用处，银行不放他们进去。记得那天离换取新卢布还有最后三天。

几乎每个地铁入口处都可以看到乞丐的身影，这些老妇或上了年纪的男人破衣烂衫，蓬头垢面，面无表情，席地而坐，伸出枯瘦的手向行人乞讨。地铁里也经常碰到截了下肢的残疾人，坐在一块带轮子的小木板上，吃力地用手撑着向前挪动，挨个进车厢行乞。一些人身穿旧军服，据说是从阿富汗战场回来的残疾军人。这些景象格外令人心酸。

在车站附近还经常可以看到一伙半大孩子，破旧的衣衫，长长的头发，肮脏的面孔，有的还抽着烟卷。他们捡起行人扔下的啤酒瓶对着嘴喝，或者在那里嬉戏玩耍，有时也会向行人索要。这些孩子都是无家可归的流浪儿。据说，俄罗斯无家可归的流浪儿急剧增加，大概有几百万。这么多的流浪儿，国家收容院无力收养他们。

在街头还经常看到一群群的吉卜赛人，大都是几个抱着婴儿、穿着廉价艳丽裙子的年轻女人，有的还背着小儿。她们向每个路人索要，缠着你不放，要不到钱不会离去。在僻静之地，这些吉卜赛人则常常追着行人半抢劫式索取，此时她们会一拥而上，半大小子上来抱住你的腿，女人会目露凶光，抢夺你的背包，极为恐怖。

街头的骗子也很猖獗，方式各种各样，换汇是常见到的一种。他们以比银行高的汇率引诱行人和他们换钱，然后将一沓卢布（或美元）交到你手中，你数过，没错，但转眼间他们就调包了。你拿着被他们掉包的钱，还站在那里发呆时，这些人立刻就消失不见了，当你发觉受骗后已经毫无办法，只好自认倒霉。有一次，我的一个熟人在街头就这样受了骗。他明明要换1万美元，拿到的一沓钱只有最上面和最后一张是100美元，中间夹着的都是1美元的面值。那时1万美元是一笔不小的钱，他损失极大。像这样受骗的人很多，包括俄罗斯人。

除了光天化日之下被诈骗和抢劫，还经常会遭遇披着警察外衣的合法抢劫。这些警察早就忘记了他们维护治安的职责，一心只想着如何利用自己的职务之便捞取油水。最方便的方法是从行人或开车司机身上搜刮“罚款”。比如查外国人的护照，只要护照交到警察手上，有没有问题你都得用钱赎回；比如说你的车超速了，你若想私了，也只有塞钱。莫斯科人说，现在的警察就是土匪，比土匪还坏。警匪在这里真的是一家。

与这些阴暗悲惨和恐怖情景形成鲜明对照的是，一个接一个的豪华赌场开业，如雨后春笋。街头那些闪烁不定、色彩鲜艳的霓虹灯在夜里分外耀眼。豪华小车载着穿着讲究的男男女女出出进进，他们在这里一掷千金，彻夜豪赌。很难想象仅仅几年时间，一个社会主义国家的首都就会有比资本主义国家还多的赌场。夜总会也应运而生，美女佳肴，脱衣舞性服务，那里应有尽有，成为暴发户们尽情享受的人间天堂。

莫斯科开了几家大市场，这也是新鲜事。包括市中心举办过奥运会的卢什尼基体育场，都变成了硕大的商业场所。那里是另一番景象：人群熙攘，摩肩接踵，一大片场地上一个接一个的地摊，商品很多，大都是外来货，包括很多中国商品，还有很多中国人在市场练摊。大部分商品都是服装，价格贵贱不一，可以讨价还价。最抢手的是来自中国的皮夹克，几百上千件皮衣，片刻就被抢购一空。很多人整包整包地买，然后再倒卖掉，挣差价。皮衣在莫斯科商店有售，但都是西方进口的，非常昂贵，市场上来自中国的皮衣相对便宜很多。莫斯科大市场的繁荣和国营商店的冷清形成鲜明对照。但这只是虚假的市场繁荣，因为大市场上几乎就没有俄罗斯自己的商品，绝大部分都是外来货。

还经常耳闻目睹的是暴徒入室抢劫。很多俄罗斯人、中国人以及其他外来人都曾被入室抢劫，不仅抢走钱财，还被惨打，非常恐怖。那段时间莫斯科社会秩序相当混乱，人身安全财产安全无从谈起。

而街头的行人，乘坐地铁的百姓，他们脸上的表情构成一幅最生动地反映俄罗斯当今社会状况的画面。上年纪的人脚步沉重，目光中带着难以掩饰的忧郁；中年人大多严肃，沉闷；在年轻人脸上也根本看不到活泼热情。此外，还随处可见表情木讷者、沮丧者、失落者……不一而足。生活的艰难贫困，社会的动荡不安，看不到希望的前景，这一切都是他们身上的巨大压力，怎么能从他们脸上看到欢乐？

…………

这是在莫斯科街头看得到的一幕幕灰色画面。这些画面足以遮挡住最明朗的阳光。俄罗斯首都给人的感觉永远是阴沉沉的，即使阳光亮丽。

而在这些画面的背后，还

1994年在莫斯科开张的赌场俱乐部

有人们看不到的一幕幕画面。很多俄罗斯人后来得知，正是在俄罗斯民众经受最艰难的这一时期，那些有人脉关系资本的旧官员，那些头脑灵活的投机者，那些丧失伦理道德、敲诈欺骗什么事都干得出来的冒险家，却在巧取豪夺，大发横财。官员腐败，行贿受贿，权钱交易，不一而足。公正地说，腐败不是叶利钦时期特有的现象，早在苏联时期就泛滥成灾。现在不过更加明目张胆和严重，形式也有所变化，腐败的机会也大大增加。他们利用叶利钦的失误，利用经济转型时期的各种困难，利用政策的不完善，将国家财产变为私有，一夜之间成为暴发户。他们第一桶金的积累都沾染着肮脏，没有一个人是干净清白的。七大金融寡头就是在这一期间，在叶利钦大力推行私有化中，凭借其精明能干、胆大妄为和以对叶利钦竞选总统的支持为代价，攫取了大量国家财富。

俄罗斯社会贫富差距迅速形成。大多数人生活在贫困线下，极少数人过着极为豪华奢侈的生活。

10月，攻打白宫使灰暗的莫斯科更增添了浓浓的火药味。寒冷的秋风中，孤零零矗立在沿岸街的白宫布满枪炮弹痕，上面几层被熏得发黑。白宫变身为“黑宫”，在阳光下看上去很刺眼。在攻打白宫中死亡者的鲜血，还给黯淡无光的莫斯科增加了另一种色彩：带有血腥味的暗红色。

30 总统与寡头

俄国建立的不是自由市场经济体制，而是“半犯罪特性的寡头统治”，这种体制在原苏联时期就已基本形成。在苏共垮台后，它只不过改换了门庭，就像蛇蜕皮一样。

——亚夫林斯基

少数几个被钦点的人接管俄罗斯的国营油田，未花一分钱，像一场庞大的骗术，政府的一只手付款给另一只手。

——《莫斯科时报》记者毕文斯和波恩斯坦

叶利钦一举攻下白宫，一锅端掉反对派，将前苏联遗留在俄罗斯的苏维埃制度连根拔掉。联邦议会解散几天后，10月9日总统即下达了《关于苏维埃联邦代表权力机关和地方自治机关的改革》的命令，其中规定，基层人民代表苏维埃停止活动，其职能由相应的地方行政机关行使。苏维埃制度在俄罗斯彻底终结了。

年底选举产生了新议会（下院）。但是选举结果并不令他乐观，准确地说对他十分不利。由盖达尔领导的“俄罗斯选择”占15.4%，俄罗斯共产党占12.4%，“俄罗斯妇女”占8.1%，农业党7.9%，“亚博卢”7.8%，统一和谐党占6.8%，俄罗斯民主党占5.5%。新杜马成员中反对派比重甚至高于旧议会。但这是无奈的事，一切都是按照他的设想进行的。

新议会不会完全俯首听命于他，新的矛盾还会不断产生。原本希望过上安定日子，与新议会建立良好的关系，摆脱明争暗斗，但叶利钦的指望落空了，这让他心生厌烦。使他宽慰的是，上议院暂时由不久前才成立的联邦委员会担当。这个机构是在人民代表大会解散前不久成立的，大部分成员是总统直接任命的。他们还算总统的人，这多少缓和了叶利钦面临的不利局面。

俄罗斯通过了宪法修正案，这次他很满意。新宪法相关条例赋予总统极大的权力。此后俄罗斯完成了从议会制共和国向总统制共和国的转变，迎来了总统集权制时期。

叶利钦用大炮没有换来令他高枕无忧的安定局面，国家各方面状况也没有丝毫好转。议会常常不买他的账，总统的很多政令难以通过。但是新宪法赋予他的超级权力，使游戏有了新的规则。与之前相比，议会权力大大缩小，他们有自由表达意见的权利，但最后的决定权却在总统。很多人将这样的情况称为“有自由没民主”。总而言之，总统制下的议会，翻不起多大的浪。叶利钦虽然经常和新议会意见相左，也不断受到议员批评，也只是不很舒服而已，他的地位不会受到威胁。况且议员任期只有两年，议会的情况也会变化，他可以等待。

令他不安的是另一件事，即他的威望一降再降。“1993年11月在叶利钦执政900天的时候，社会舆论研究所统计的数据显示，对叶利钦执政满意的仅占2%，基本满意的占21%，不满意的占到了70%以上。”（参见格·萨塔罗夫等《叶利钦时代》）

新议会产生后有两件议案对叶利钦来说极为尴尬：一是提议政治大赦；二是重新审议两年前叶利钦和白俄罗斯、乌克兰总统签署的解体苏联的《别洛韦日协议》，研究其是否可以撤销。

大赦政治犯的问题在1994年1月11日下议院第一次召开会议时，由议会下院当选主席雷布金提出。大赦对象包括参与1991年八月政变和1993年反对叶利钦、坚守白宫的俄罗斯议会主要人员。但议案未通过。这么快就释放这些人，引起不少人的疑惑，担心放出他们会引起新的社会动乱，叶利钦也不无担忧。但是令议员们感到惊讶的是，总统很快就主动提议，为纪念新宪法的诞生，大赦那些对社会不构成危害的人。总统此番姿态表明，大概在他心底，一直对攻打白宫的合法性并不自信，毕竟是他动用了武力，跨越了宪法。他的主动姿态也许更大程度上不过是为了洗刷掉自己这不光彩的一页。议员们对总统的提议并不买账，相反，他们觉得总统此举有侵犯议会权力之嫌。

议会第二次会议再次讨论了政治大赦的问题。雷布金的话很得议员们认同，他说：“直截了当地说句心里话，无论是1991年还是1993年事件的参与者，除了那些犯了纯粹刑事罪者外，为了我们俄罗斯国内的和睦与和平，都要予以大赦。”他的话引起议员们的热烈掌声。

政治大赦不仅代表了相当部分议员的情绪，还在很大程度上广泛反映了社会情绪。很多人一直同情被武力镇压的前议会，认为叶利钦炮打白宫不合法。2月23日俄罗斯男人节（原苏联建军节）那天，议会终于通过了大赦决议。大赦没有导致社会动荡。

从监狱走出来的那些人——无论是“8•19”政变的策划者，还是十月事件中与叶利钦作对的前议长和副总统，应该说他们后来都活得不错。十月事件的主要参与者还返回了政坛，当然这完全是另一个层面，他们的从政活动已经对叶利钦构不成任何威胁。哈斯布拉托夫出狱后，利用自己是车臣族的便利，从1995年起多次回到自己故乡，试图斡旋当局与车臣的武装冲突，但未有成果。2003年普京时代，他曾打算参加车臣共和国总统大选，无果。鲁茨科伊被释放后，从1995年4月至1996年12月曾担任“大国”爱国主义运动领导人，1996年10月当选为库尔斯克州州长，联邦委员会（议会上院）成员。2000年再次参加州长竞选，2001年、2003年两度试图参加国家杜马选举，均遭失败。马卡绍夫在大赦出狱后，1995年当选为国家杜马议员。“8•19”政变的参与者有的闭门著书，有的走上了经商的道路。这一点与前苏联历次政治斗争中失利人物的命运完全不同。俄罗斯确实已经走上了不同于以前的一条路，有着民主自由的色彩，尽管还很脆弱。但这样的进步客观地讲，也应当归功于发起改革的戈尔巴乔夫。

另一项是关于取消《别洛韦日协议》的动议，是左翼代表提议的。他们提出国家杜马应与白俄和乌克兰召开联席会议，研究1991年12月8日叶利钦与白俄和乌克兰签订的解散苏联协议引发的后果，以及是否能够废除的议题。大会表决由于赞同票数远远不够而没有通过。但这是一个信号，表明虽然苏联解体已经是既成事实，但是部分议员仍然对叶利钦参与签订的《别洛韦日协议》不赞同。该提议虽然没有被通过，但问题却没有结束。几年后，在叶利钦已经几乎无法履行总统职责，耗尽心血寻找能够使自己安度晚年不受弹劾的接班人时，即他提前辞去总统职务前夕，议会再次提出弹劾他，第一项罪就是解体苏联、分裂国家。

总统与议会、社会各派政治力量的矛盾还在延续。除了这些问题，车臣也起战事，车臣战火引起总统极大不安。

1994年4月底，总统召集各方人士在克宫格奥尔吉耶夫大厅签署了《社会和睦条约》。叶利钦希望借此条约能够减少政治对立，缓和矛盾，加强团结，稳妥推进改革，这样也就巩固了自己的权力。但是久加诺夫和亚夫林斯基没在条约上签字。而民主派则抱怨说，总统是以让步换取稳定。该条约虽然顺利签署，但是很多方面都没有落实。一些党派即使签了字，也不相信叶利钦真有诚意。

总统权力超级强大，并有宪法为保障。总统享有任免权，有权解散政府，有权组织政府会议，废除政府通过的决议，暂停执行有关部门的决定等。强力部门也置于他的领导之下。检察院固然存在，这是很重要的制约权力的部门，但同样置于总统之下，这个机构也就始终没有成为保护法律制度的工具，也从来没有发挥出自己最主要的功能——刑事追诉机关的作用。俄罗斯还没有独立的司法。一些学者将叶利钦的总统制称为“新权威主义”。叶利钦曾大声呼喊“民主”，这也是他打天下的本钱和利器。但是在成为俄罗斯总统后，在民主条件下工作的他，在频频碰壁后，他开始倒退了。这恰恰表明了叶利钦的虚弱。他已经不像从前，身后有自发的强大的民众支持，现在他只有借助立法来维持总统的权威和尊严。但即使如此，总统的权威还在不断受到挑战，受制于各方利益集团的掣肘。

平息了国内政治危机后，叶利钦现在可以毫无阻力地大刀阔斧去实行其经济休克疗法，首要的便是迅速进行私有化。收复白宫三天后，休克疗法始作俑者萨克斯说，俄罗斯始终“还没接受过任何休克治疗”，因为计划“才刚实施，既不协调也前后不连贯。这正是做一些事的好机会”。（参见娜奥米•克莱恩《休克主义：灾难资本主义的兴起》）这一结论不奇怪，休克疗法一直处于议会的激烈反对之中，难以有效推行。现在障碍已经铲除，要抓住时机，大力推进。1994—1996年间，随着私有化进程的快速进行，俄罗斯大地上也很快滋生出两个奇异的恶果，一是腐败，二是金融寡头。

私有化进程为一些人——主要是新旧权贵们（很多是前苏联官员，摇身一变就成了银行老板、私企经理等）——贪腐和投机提供了一个绝好的时机。国有资产就要全部变为私人所有，如何转变？一切都是模糊不清的，可钻的空子太多，谁不想在这场混乱的没有监督制约的瓜分中多捞一把呢？那些有关系的人，头脑灵活的人，善于投机取巧的人，和上层关系密切的人，把持着国企的前苏联官员们，看着国家巨大的财富和丰富的自然资源，垂涎三尺，跃跃欲试。千载难逢的好时机，他们岂能错过？自然，也包括总统家族的人。

在前苏联时期就已经严重存在的腐败，现在则更为明目张胆和泛滥成灾。大至政府官员们，例如各部门的高官、警察局分管落地签证的局长，小至街头警察、税务部门的普通工作人员、机场安检员，甚至售货员、售票员等等，只要有那么一丁点权力可以使用，都不放过，利用一切机会索取敲诈甚至赤裸裸地抢劫。无数俄罗斯人和外国人，包括闯荡俄罗斯的华商，都有过被敲诈抢劫的经历。世界上很少有哪个国家可以和这里的腐败相比。俄罗斯的腐败像癌症一样扩散，无药可医。

权力过大的总统制是产生金融寡头的温床。仔细看一下这一过程是如何进行的，很有意思，也耐人寻味。正是这一时期，形成了俄罗斯金融寡头，也正是这一时期，俄罗斯的没有公平可言的野蛮资本主义特点暴露无遗。私有化和休克疗法并非产生腐败和寡头的根源，不少学者至今认为休克疗法在当时是不得已的选择，但是在实行休克疗法和私有化的过程中，只是具备了另一个条件——集权式总统制时，才会产生寡头。金融寡头是俄罗斯独有的现象和产物。东欧一些国家走过同样的休克疗法和私有化的经济改革道路，但都比较平稳，效果良好。唯有俄罗斯颇多曲折，效果惨痛。一些学者认为，究其原因正是叶利钦的“新权威主义”造成的。

当年我在莫斯科听到俄罗斯朋友讲过这样一则轶闻：你知道他们是怎样瓜分国家资产的吗？那些权贵坐在一起，叶利钦大手一指，你去管石油，你分管有色金属，你去搞木材，而你——他指着自己的飞行员女婿说，达马捷达瓦机场给你吧。这个机场位于莫斯科南城，他的主人正是叶利钦的女婿。私有化过程当然并非这么简单，但这个说法却非常形象地揭示出了其不公正和虚伪。令人震惊的俄罗斯私有化过程，被加拿大学者娜奥米•克莱恩称为是“一个在现代民主政治体制中犯下的重大罪恶”。她在自己的著作《休克主义：灾难资本主义的兴起》中这样描述：

> 变化如此迅速，俄罗斯根本不可能赶得上。劳工往往在还没搞清楚前，他们的工厂和矿场已经被变卖——当然也不知道如何卖或卖给谁（和十年后我在伊拉克国营工厂所见的茫然与混乱如出一辙）。理论上，这些转手买卖和交易应该能创造经济繁荣，使俄罗斯摆脱绝境；在实务中，这个原本信仰共产主义的国家只是换了一个政商财团主义：经济繁荣的受益者仅限于一小撮俄罗斯人，其中有许多（原）共产党高官，以及少数几个西方共同基金经理人，靠投资刚私有化的俄罗斯公司赚取暴利。一个由新暴发的亿万富豪组成的集团，其中有许多人后来以他们拥有的帝王般的财富和权力，变成世人所知的“寡头”（Oligarch）。他们与叶利钦的芝加哥男孩（指盖达尔——作者）联手，剥削几乎一切有价值的资产，以每个月20亿美元的速度把庞大的获利移到海外。在休克治疗前，俄罗斯没有百万富翁；据《福布斯》（*Forbes*）杂志的名单，到2003年，俄罗斯的亿万富豪已增加到17人。

一家规模与法国道达尔（ToTal）相当的石油公司，以8800万美元卖出40%股权（道达尔2006年出售的价格高达1930亿美元）。生产全球五分之一镍的诺里斯克镍矿公司(Norilsk Nickel)，以1.7亿美元出售——虽然光是它的年获利很快就超过15亿美元。石油巨人尤科斯（Yukos）掌控的石油超过科威特，售价为3.09亿美元；现在它一年获利超过30亿美元。另一石油巨人西丹科（Sidanko）51％股权售价1.3亿美元；短短两年后，这些股权在国际市场价值已飙到28亿美元。一座庞大的武器工厂以3000万美元卖出，相当于亚斯本（Aspen）一栋度假豪宅的价格。

这是个丑闻不只因为俄罗斯的公共资产被以贱价变卖，也因为它出自典型的政商财团主义手法——购买这些公共资产的钱是公帑。就像《莫斯科时报》记者毕文斯（Matt Bivens）和波恩斯坦（JonaS Bernstein）描述的："少数几个被钦点的人接管俄罗斯的国营油田，未花一分钱，像一场庞大的骗术，政府的一只手付款给另一只手。"在这场政治人物出售国营公司，以及企业人士收购它们的大胆合作中，叶利钦的部长把原本应该存到国营银行或财政部的巨额公款，转存到金融寡头匆忙设立的私人银行，然后国家授予这些银行执行油田和矿场私有化标售的契约。这些银行主持标售，但同时也自己进场投标——而且不出所料，寡头拥有的银行决定让自己成为这些国家资产骄傲的新主人。他们用来收购这些国营公司的钱，很可能就是叶利钦的部长先前存进银行的公帑。换句话说，俄罗斯人为了劫掠自己的国家而提前将公帑存到银行。

金融寡头牢牢掌控俄罗斯的重要资产后，他们再开放新公司供西方跨国企业投资，收购大部分股权。在1997年，皇家荷兰壳牌（Royal Dutch／Shell Group of Companies）和英国石油，与两大俄罗斯石油巨人俄罗斯天然气（Gazprom）和西丹科（Sindanko）设立合资事业。这是高获利的投资，但在俄罗斯的大部分财富由俄方控制，不操在外国合伙人手中。IMF和美国财政部后来在玻利维亚和阿根廷的私有化拍卖中，便成功修正了这项疏失。而在入侵伊拉克后，美国还更进一步，企图把地方精英完全排除在油水可观的私有化交易之外。

赌场式的资本主义。休克治疗已把俄罗斯敲开，让热钱流入——短期的投机性投资和外汇交易，只为赚取高额获利。

这段文字极为生动深刻地揭示了俄罗斯的私有化过程。对千百万百姓而言，叶利钦的私有化过程就是一场大骗局，一个大玩笑。正如文中所引述的俄罗斯记者的话："少数几个被钦点的人接管俄罗斯的国营油田，未花一分钱，像一场庞大的骗术，政府的一只手付款给另一只手。"这和我听到的那则轶闻十分相像。

叶利钦和别列佐夫斯基

《华盛顿邮报》莫斯科记者站前任主任戴维•霍夫曼在《寡头》一书中，也详细生动地讲述了在俄罗斯私有化进程中，最著名的6个寡头是如何诞生的。有着"小白桦"别称的别列佐夫斯基，怀抱踏入政坛野心的大胆的冒险家、被称为"鹅掌柜"的媒体大亨古辛斯基，精明过人头脑清晰的石油大王霍多尔科夫斯基，实业银行家斯摩凌斯基，私有化最坚定的信徒丘拜斯和莫斯科掌门人、非常实干的卢日科夫，这是一些大胆的、头脑灵活的、熟悉旧体制、向往新生活和财富的俄罗斯人，他们在那段时间使用了包括欺诈、贿赂、投机、逃税等野蛮手段，在苏联解体后的废墟上借助休克疗法和私有化，踏出了一条生财之路，改变了自己的命运。他们各自经历不同，手法各异，但都怀着一颗贪婪的心，在最短的时间内攫取了国家巨额财富，进而涉足政界，在俄罗斯政坛上呼风唤雨、左右经济、操纵选举，成为名副其实的寡头。"他们买断了大众媒体，特别是电视，他们不但夺取了工厂而且整个国家本身，包括预算、执法体系和克里姆林宫的领导。在支配俄罗斯早期资本主义的过程中，他们赤裸裸、充满欺诈，有时是无情的暴力。"（参见戴维•霍夫曼《寡头》）那些日子俄罗斯大众在经受前所未有的浩劫和苦难，很多人失去了一生的积蓄，变为赤贫，但对于寡头们来说，那是真正令他们兴奋不已的狂欢节，充满希望、欢乐和满足。

知道了俄罗斯私有化的内幕，就会感到这确实像一场大骗术。先用"不进行私有化就会回到前苏联兵营式的社会主义"恐吓大众，再进行貌似合法的国家资产瓜分——每人分到一张私有化债券。私有化债券由于估值不足也给百姓带来了伤害，但是造就不了寡头。寡头主要产生于货币瓜分。总统规定，肥水不流外人田，外国企业一律不许购买国家企业，即要将好处留给自己人。但俄罗斯普通民众根本买不起，他们哪有资本积累？于是只有那些有背景的人——大都是以前的官员——以违法的手段可笑的低价购买，国家资产一夜间就变为他们个人所有。没有丝毫公平！而即使这样，大部分购买的钱还是从银行贷出来的，他们完全是空手套白狼。

叶利钦实行的私有化造就了一批寡头，寡头们也在1995年叶利钦再次竞选中投桃报李，鼎力相助。当然，寡头们支持叶利钦主要是为了自己的利益。叶利钦已经疾病缠身，暮气沉沉，难理国是，这他们很清楚。但是寡头们更惧怕俄共执政，那样他们可能会失去得到的一切。寡头成为叶利钦的主要支柱，叶利钦想再次成为总统也唯有依靠寡头。总统与寡头，两相需要，互为一体。

此刻的叶利钦已经渐渐疏离了民主自由，更多地代表着新生的俄罗斯富人即寡头的利益。他治理下的俄罗斯或许有了一个貌似西方民主自由的框架，但其实质却与真正意义上的现代文明民主的公民社会相去甚远。

31 拯救叶利钦

> 我面临的生活受到各种风暴的袭击，我还站着，却几乎已经被风暴刮倒，强壮的身体垮了；最亲近的朋友都开始离去，找到了新主子；一直与我站在一起，是最后防线的民族精神领袖也离开了我；而人民，他们不能原谅休克疗法，也不能原谅在布琼诺夫斯克和格罗兹尼的耻辱。我似乎已经输得精光，步入绝境。……但在心底我依然坚信，如果竞选我会胜利。
>
> ——叶利钦《午夜日记》

1995年对于叶利钦来说是一个艰难的时刻。他经常感到体力不支，情绪沮丧。年底第一次犯了心肌梗死，很严重，住院治疗。眼看总统大选在即，这使他更加心烦意乱，一谈起大选就激动不已，负担格外沉重。他不知道自己是否还有体力参加这样沉重的竞选，也许应该退出政治舞台了。退出还是参加？这个问题让他坐卧不安。如果参加，他依然坚信，最后的胜利一定是他的。他完全不理会什么预测和民意支持率，也不害怕政治孤立。人民不愿意回到过去，这就足矣。但是他的支持率确实相当低，社会民意调查表明只有2%左右。以这样的数字想赢得大选，很多人认为完全没有可能。妻子和女儿也都劝他放弃吧，他的身体已经不适合这样激烈的竞争，况且他已经工作得够久了。

叶利钦的烦恼还不止这一个。还在病痛中的他，又听到了更坏的消息。国家杜马进行了选举，选举结果对他来说无异雪上加霜。俄罗斯共产党在这次选举中获得重大胜利，成为议会第一大党。杜马选举被看作是总统大选的预选。叶利钦感到，这预示着他的前景不妙。俄共领导人久加诺夫气势夺人，宣布参加下一年的总统竞选，他的民意支持率也远高于叶利钦。这个身材不高但很结实、有着宽大额头和无穷精力以及丰富经验的俄共领导人，已经是公认的最有希望的下届总统候选人。情况很糟糕。但就在这一艰难时刻（1995年12月），叶利钦决定了：参加下届总统竞选。

1996年的新年是在焦躁不安中度过的。新年过后，叶利钦解除了丘拜斯的职务，将杜马选举不利的责任归咎于丘拜斯。2月他去了自己的家乡斯维尔德

久加诺夫

丘拜斯

洛夫斯克。在那里他正式宣布将参加下届总统竞选，会场中有人落下了眼泪。斯维尔德洛夫斯克老乡看着神情不振疲惫不堪的总统，他们相信这是叶利钦最后一次以总统身份回来会见他们。总统这样的身心状态，可怜的支持率，落选无疑。他们替他难过。

叶利钦宣布参加竞选总统的时候，他最大的竞争者久加诺夫正在瑞士雪城达沃斯参加第26届世界经济论坛。世界经济学家和各国大财团精英聚集一堂，久加诺夫是这次论坛中最引人注目的人物之一。会议休息间隙，他经常被各国记者、经济学家、商业巨头团团围住，他们向他提出各种问题，并认真听他所说的每一句话。久加诺夫表现很绅士，说话不紧不慢，字斟句酌。他知道自己现在的分量。他宣称自己将尊重民主权利和个人财产私有，还声称他将不会尝试大规模的异化。“我们知道如果将工厂放在次要发展地位，从摩尔曼斯克到海参崴将会发生大规模的暴动。”（参见戴维·霍夫曼《寡头》）将他团团围住的那些人都在私下里说，俄罗斯下届总统看样子非他莫属。

俄罗斯寡头们暂时还在观望。如果顺其自然，总统大选很可能是俄共领导人久加诺夫胜出；但是如果他们出手参与，结局将完全是另一个样子。他们有这样的自信。

古辛斯基、别列佐夫斯基、丘拜斯、霍多尔科夫斯基、维诺格拉多夫和卢日科夫也都在达沃斯小城。看着久加诺夫如此引人注目，听着久加诺夫侃侃而谈——他谈的那些冠冕堂皇的话引起他们很大疑虑。他们不相信此人会抛弃共产主义那一套。他说的是一套，掌权后则会完全做出另一套。他若掌权俄罗斯将倒退，就如金融大鳄索罗斯私下告诫别列佐夫斯基那样：“如果共产党选举成功，你们这些企业家将被挂在街灯柱上示众，所以你应该逃离这个国家以自救了，久加诺夫才是赢家。”（参见戴维·霍夫曼《寡头》）这正是寡头们最为担心的。他们比任何人都不想回到过去，绝不想失去这些年得到的利益。就在这次会议期间，别列佐夫斯基先和古辛斯基交流看法，达成一致，然后联手其他寡头，达成协议：出手救叶利钦。“我相信如果不是在此时遇见别列佐夫斯基，叶利钦将不会成为俄罗斯的总统，历史也会就此改变。”古辛斯基告诉《寡头》一书作者。

丘拜斯在会议结束那天召开记者招待会，公开抨击久加诺夫。他引用共产党人的圣经《共产党宣言》中的话：“‘能源国有化，银行国有化，撤销私有化’，就是说，一旦久加诺夫执政，他肯定会立即禁止言论自由，然后再将所有政敌投入监狱，以警示众人，这种专制政策势必使俄罗斯再次经历血雨腥风。久加诺夫是一个‘典型的共产党骗子’和一个典型的两面派，在国内和国际上，他的言行举止完全不一，他只是假装友善于西方社会。”（参见戴维•霍夫曼《寡头》）

拯救叶利钦的寡头同盟就此建立。他们联手搭救叶利钦，归根到底是为了保全自己。寡头们既有资金，又有舆论工具，可以为叶利钦竞选提供绝对的优势条件。当然接下来最重要的还要看叶利钦自己。他是否下定决心，从暮气沉沉中走出来，恢复活力，义无反顾投入竞选？他是否对寡头的相助有所回报？

叶利钦正处于困境之中，看不到自己胜选的任何希望。他的脑海中经常会出现一幅恐怖图景：俄共执掌了国家大权，一切回归原样，他为之奋斗的一切都白费了。焦虑使他的身体更加糟糕。他私下对身边的官员说：“我不管你们怎么做，我需要支持，我需要媒体、媒体老板们都跟着我，我需要一大批朋友。”而寡头的相助对他来说真是一场及时雨。叶利钦在克里姆林宫第一次会见了大金融财团和媒体的代表们，古辛斯基、霍多尔科夫斯基、波塔宁、别列佐夫斯基、弗里德曼都在其中。

一边怕失去权力，一边怕失去利益，一拍即合。寡头与总统很快达成默契，寡头大力支持他竞选，在信息、财力、人力等各方面给予全面援助，总统则默许寡头们提出的“贷款购买股权计划”。被称为“出卖灵魂的权钱交易”就这样达成。这是一项肮脏的交易，寡头们正是以这种方式，在叶利钦庇护下，以最野蛮和不合理的方式将国家资产瓜分，而牺牲的是千万俄罗斯百姓的利益。

使叶利钦最后下定决心拼死一搏的，是丘拜斯的一句话：“你必须成为那个为俄罗斯创造了民主的人。”抱着必胜的信念，叶利钦很快振作精神，进入角色，投入艰难的竞选旅程。如果竞选失败，还不如去死。这是他的话。而冠冕堂皇的理由是，俄罗斯的民主化进程不能倒退，他正是这一进程的开创者和领袖，因此他的命运就是俄罗斯的命运，若俄共上台必定将俄罗斯引上民主倒退的道路。这里暂且不论在总统制下俄罗斯百姓还享有多少民主，他们的财产在休克疗法中失去了多少，俄罗斯是否真正建立了民主自由，看看现实就一目了然，叶利钦执政几年来俄罗斯百姓过的是什么样的生活。俄罗斯人的生活比起前苏联来都不知降低了多少！因而大多数人对叶利钦确实极为失望和不满，但是他们更害怕回到从前。用前苏联兵营式的集权制恐吓社会，还是挺奏效的。

叶利钦第一任期的四年实在令所有的人失望。经济一塌糊涂，政局动荡不稳，社会混乱无序，犯罪层出不穷，百姓生活状况日益下降，民不聊生绝非危言耸听。叶利钦神话早就破灭，昔日民众眼里的英雄，光泽丧失殆尽，上台伊始所做的承诺，没有一条得到实现。而关于总统酗酒和重病缠身的消息不胫而走，人人皆知。人们相信那是真的，他们亲眼在电视中看到了总统如何在国外访问时因醉酒而丢人现眼。国家脸面真是让他丢尽了，当初怎么会选这样的人做总统？而总统已经不能正常工作的信息，老百姓也很相信，媒体有过不止一次报道，而亲眼在电视里看到的总统，他的状态、精神、眼神、步态、言谈，也已经完全不是一个健康人。

除了毫无政绩可言，叶利钦的身体状况也确实是他第二次竞选总统的最大障碍。这他自己最清楚。因此改变形象是当务之急——这是寡头和总统的共识。有一天，叶利钦看到了仅仅几年前自己第一次竞选俄罗斯总统时的照片他惊呆了：上帝，那是我吗？那时的叶利钦精力多么充沛，浑身充满朝气和活力，目光炯炯有神，高大的身躯似蕴藏着无穷的力量。照片上他微笑着和一位女选民握手，神情自信。那个叶利钦是自己吗？旁边是他现在的一张照片，他在一群官员中间站着，面无表情，目光呆板，萎靡不振，毫无活力，离他们很远则站着表情沉重不安的群众，现在的叶利钦与当初的叶利钦相去甚远，判若两人，这一幕让他分外难过，“几乎失声痛哭”。（参见叶利钦《午夜日记》）我怎么变成了现在这个样子？！这个样子如何能竞选获胜？这样不行！这一刻他下决心重新振作，恢复当年的一切。另一个叶利钦醒了。他确定了竞选路线，在竞选中他不是总统，是一名竞选人，和其他竞选人一样。要一切从头来，一切积极参与，赢得人心。在竞选中要采取灵活的使人愉快的办法，如音乐会、演讲、会见，广告标语口号，而不是高压恐吓强迫。（参见叶利钦《午夜日记》）

对总统竞选班子的工作，他很不满意。那些人不能说不卖力，但是效率低，反馈信息模糊不清，根本谈不上准确可信，采取的对策更谈不上积极有效。他从那里得不到任何真实的不带偏见的信息和明确的努力目标，人人都想利用他在竞选中为自己的派系得到好处，这样下去他一定会输掉这场选举。举目望去，他可以信赖谁？依靠谁？

塔季扬娜和尤马舍夫

有一次他向总统办公厅主任瓦连京•尤马舍夫（后来成为塔季扬娜第三任丈夫、叶利钦的女婿，也是帮助他写传记的作者）坦率谈了自己的忧虑。后者的建议令他惊讶，也使他心动。“您没有考虑让塔季扬娜进入竞选班子吗？”让他的小女儿塔尼娅进入竞选班子——这个建议很大胆，不妨一试，却怕招来非议。略加考虑后，他采纳了这一建议。3月建立新的总统竞选班子，会议上出现了一个相貌姣好不谙世事的年轻女人。她就是总统的小女儿塔尼娅。她单纯，没有任何利益牵扯，头脑清晰，最重要的是她会不带偏见地如实向父亲反映一切。“她总是说真话，有时言辞激烈。她无所畏惧。只要她在身旁，叶利钦就感到安宁，感到重大的压力、四处奔波演讲的辛苦，都减轻了许多。女儿精神上给予了他难以想象的支持，才使他没有崩溃和倒下。”（参见叶利钦《午夜日记》）这个决定尽管招来一些非议，但是无碍大局，而塔尼娅以清晰的头脑帮助父亲掌握最真实的竞选进程，对父亲最后赢得大选起到了非同小可的作用。

共产党在竞选中很强势，提出取消1991年的《别洛韦日协议》，还要追究当事人叶利钦的责任，进行法律制裁，甚至坐监。脾气暴躁的叶利钦面对这样的进攻，很沉不住气。他再次意气用事，提出解散议会，禁止共产党活动，推迟总统大选等激烈举措。3月23日清晨总统召开秘密会议，讨论他的想法，没想到遭受反对，大家一致认为这样做超越和违背了宪法。现在已经不是1993年，更不是过去，这样做只会适得其反，结果会很糟。但他的幕僚认为或许可以考虑推迟选举。丘拜斯和塔季扬娜则竭力反对选举推迟，丘拜斯甚至与叶利钦就此激烈争吵。叶利钦尽管极为气愤，但冷静下来后，最后还是打消了这一念头。他没有重蹈覆辙。他后来极为感谢丘拜斯和自己女儿的竭力阻拦，才使他不至于犯下愚蠢的错误。

他开始全力以赴积极备选。此后的几个月，叶利钦像上满了发条的机器，不顾一切，全力以赴向目标冲刺。他积极出访，与各方接触，下达命令，迅速解决了老百姓最不满意的拖欠工资和养老金问题。他经常以健康的形象出现在公众场合和电视中。人们看到的是一个谈笑风生、毫无病态、步履矫健、头脑清晰的人。总统重病缠身的流言不攻自破。只有叶利钦自己和他周围的人知道，当他在公众场合大步健走时忍着多大的疼痛。

4月，他的支持率已经明显上升，但依然不理想。而且不幸的是，总统能够保持旺盛精力的时间很短暂。在繁重的竞选活动中，他越来越感到体力不支，他绝对不可能像上次那样投入巨大的热情进行各种活动。1996年4月15日在出席尼•尼•谢苗诺夫（苏联诺贝尔化学奖获得者）诞辰100周年纪念大会上，人们看到，总统又完全呈现出精神不振、神态萎靡的状况，富有激情的健康形象荡然无存。“在竞选马拉松接近终点的时候，叶利钦已经精疲力竭到了极点。当时很少有谁知道，他为了进行这一场斗争而带着一颗已完全衰老的心脏付出了何等艰难的努力。”（参见格•萨塔罗夫等《叶利钦时代》）但是他不能半途而废，他必须坚持到底。

叶利钦安排了大量出访，跑遍了全国三十多个地区。每次出访前都做足了功课，不厌其烦反复仔细阅读为他准备的资料，讲话稿更要反复推敲，既要有新意，又要真挚诚恳，讲到要害。除了访问工厂和乡村，有时很随意，逛逛大街，和人们随便聊聊。他很久没有这样做了，其实他很喜欢这样的即兴访问。漫步街头时感觉自己似乎也回到了过去，精力充沛，不知疲劳。

叶利钦还大打亲民牌，开始了久违的各地出访。从前这一直都是他为自己赢得民心的拿手好戏，现在要比当年“演得”更好。其间最成功的一次民访是在距莫斯科80公里外的阿捷普采沃新村。时间是在大选前一个月——1996年5月7日。日子选得很好，胜利节的前夕。

但是叶利钦现在已经不可能像任莫斯科市委书记时那样，可以随兴所至，即兴表演，现在需要准备和预演。观众不可能知道，为使总统这次亲民访问顺利进行，事先的准备工作有多繁重。首先要找到具备总统访问条件的小村子。这颇费工夫，极为不易，最终还是找到了。其次是选择总统的访问对象。要选择一个工人家庭，总统要在他家里稍坐片刻，说上几句话。竞选团队找到了当地一个男士，将意图告知他，尽管不知他对现任总统是否很有好感，但他将在自己家里接待总统，这使他激动得几乎晕倒，连话都说不连贯，只得由他妻子当“翻译”；又在邻村（当地没有任何人近期结婚）找了一对即将结婚的新婚夫妇（多么幸运的一对！）进行指导；还找了一位叶利钦去看小菜园时“顺路”碰上的老战士（一般人不行），这个人当然也痛快地答应了，只提出一个要求，即他“碰上”总统时要与总统喝上一杯，一口干掉。这个要求是最不合时宜的，一来总统去年复发了几次心脏病，医生要他禁酒；二来早就流传着总统酗酒的传闻，喝上一杯绝对不行。这个要求被坚决拒绝了。一切准备就绪，并且事先都进行了排练。现在只等主角登场了。

不久俄罗斯人在电视上看到了这个专题节目。

那一天气候温暖，微风和煦，阳光普照。电视里出现了阿捷普采沃新村，有不太奢华的木屋别墅，菜园里长着马铃薯和其他青菜，村里有个小池塘，老人在那里垂钓，还有几栋不高的居民楼，楼旁有几个小商店，店门前站着几位闲聊的老大妈。新村还有几家似乎是新建的规模不大的工厂。然后，总统出现在屏幕上，他面色红润，神采奕奕，精神焕发，坐在驶往新村的一辆小轿车里。

总统一行很快便到达了“演出场”——阿捷普采沃新村。一切按照预定程序。叶利钦先走进小商店看了看，然后去探访了那位工人家，独自与他们夫妇二人喝茶。新婚夫妇兴奋不已来得太早，又被总统先遣人员打发沿原路跑了一个来回。从工人家出来，精神饱满没有一丝倦意的总统走向小菜园。小路很窄，那位早就做好准备的老战士“演员”迎面走来，心里激动万分，腼腆地微笑着，胸前挂满的勋章在阳光下闪闪发光，手里也有东西在闪光，那是——突然总统随从发现，老战士手里握着两个高脚杯，里面斟满了伏特加。正是两杯酒在阳光下闪光。天哪！这还了得！竟然没有听从事前的劝告。老战士脸上的表情是，这才是真正的男子汉庆祝胜利日的样子！他把总统带到马铃薯地边，聊了很长时间。总统很爱种马铃薯，他们聊到了一起。

这次亲民访问电视报道非常成功。叶利钦以精神焕发、步态矫健、举止得体、声音洪亮的形象出现在人们面前。人们很奇怪：谁说总统有病？谁说他是酒鬼？看哪，他还是原来的叶利钦，值得我们信赖的那个人。人们似乎对他恢复了信心，他的支持率也在不断上升。

叶利钦这段时间确实回到了从前，他周围的人明显感觉到这一点。而他自己在访问阿捷普采沃新村时，信心大增，一扫沮丧。原来的叶利钦仿佛真的又回到了他的身体里。他预感自己一定会再次赢得大选。

大选投票日益临近。人们又在电视上看到，总统在一次竞选集会上冲上舞

为选举造势而大跳劲舞

带着严重心脏病参加第二轮投票

台，在摇滚乐的伴奏下，与身穿迷你裙的金发女郎跳起劲舞。他神采焕发，活力四射，挥动双臂，随着铿锵震耳的音乐扭着健壮的身躯，有点笨拙，但显得可爱。这哪里是个病夫？看上去相当健康。

6月16日举行了投票。叶利钦在投票前自负地认为第一轮投票就会决定胜负，他会胜出。“不会有第二轮。”他武断地反复说。但是第一轮投票结果显示，虽然叶利钦位居第一，但是不够法定的半数，没有当选；久加诺夫紧随其后，仅比他少三个百分点。7月3日将举行第二轮投票。

就在即将举行第二轮投票的前一周，叶利钦的心脏病犯了，很严重，医生嘱他必须卧床休养。寡头们可以拯救叶利钦的政治命运，却救不了他的心脏。他不得不躺在床上。在这样一个关键时刻，病倒了意味着什么，况且还是严重的心脏病，这再清楚不过了。他们采取的第一措施是严守秘密，不得泄露他犯病的任何消息。但是计划中的竞选活动必须取消，因此对外声称总统患了咽喉炎失声，不能讲话，寡头操纵下的媒体在电视上播出了犯病前为他拍摄的画面。但是叶利钦还是冒着生命危险，在家里会见了列别德将军。这个会面无论如何不可取消，它关系到第二轮投票的结果。

叶利钦就这样瞒天过海，度过了竞选中最危机的一刻。在最后的投票中，他如愿胜出，久加诺夫最终落选。

寡头们为拯救叶利钦耗费了约一亿美元。这是个天文数字，但其实这巨额资金并非来自他们个人腰包，归根结底，这些钱财都是通过总统对他们的优惠和照顾，以不正当手段攫取的国家财富。寡头利用他们控制的电视台，大力为叶利钦造势，猛烈抨击他的对手久加诺夫。据有关统计，竞选期间媒体对叶利钦的报道比对手多出800倍。这其实是一场不公正的选举，带有欺骗的选举。连叶利钦的竞选班子负责人马拉申科都说，为了掩盖叶利钦的病情，竞选班子请“视频专家对录像带进行了令人惊异的改造”，这样欺骗选民，“我的心里充满了罪恶感”。

1996年，选举胜利的叶利钦

叶利钦胜利了，他的胜利更像是寡头们的胜利。金融寡头为叶利钦立下汗马功劳，从此更加有恃无恐，左右政局。

尘埃落定后，叶利钦的精力也全部耗尽。由于极度疲劳，大选十余天后，他不得不休假两周。8月底他再次宣布休假，这一次他休息了两个月。到了9月，一则消息说，总统将做心脏搭桥手术。

叶利钦的第二任期是躺在医院里开始的。

32 心脏搭桥术

上帝，为什么我竟然如此不走运！已经是第二轮了，剩下的日子屈指可数。

我和我的助手们走在刀刃上……

——叶利钦《午夜日记》

1996年11月5日，周二。天气阴沉，飘着雨丝。莫斯科的冬季并非想象中那么寒冷，冬天气候温和的日子有时会下雨。

原本这是一个很平常的冬日，但由于俄罗斯总统叶利钦要在今天做心脏病搭桥手术，这一天变得不一般。总统的手术牵动了全俄罗斯人的神经，全世界媒体也都在关注着俄罗斯总统叶利钦的手术情况。

清晨6点40分，总统就坐小轿车来到了莫斯科全俄中央临床医院——俄罗斯心脏病治疗中心。他独自一人来到医院，家人都留在家里等候消息。他不想让家人在医院经受紧张场面的磨难。8点钟，正当莫斯科人脚步匆匆，乘地铁去上班时，总统已经躺在手术台上，准备接受手术。手术前总统神态非常平和，轻松地和医护人员开着玩笑，随后被推进手术室。以著名心脏病外科主任、教授雷纳特•阿克丘林为首的总统手术小组全体人员——共12名心脏外科医生和麻醉师以及护士各就各位，开始紧张的手术。雷纳特•阿克丘林教授是顶尖级心脏病外科专家，他将亲自为叶利钦主刀。此外为了以防万一，还邀请了美国和德国的心外科权威专家到手术现场观察。

莫斯科市内离克里姆林宫不远的救世主大教堂回响着悠长深远的钟声，一声声飘散在莫斯科上空。穹顶高耸华美无比的大教堂里，身穿白色绣花长袍的东正教大牧首阿列克西二世正在为总统祈祷，祝愿他手术成功。很多俄罗斯人也在这一刻祝愿他们的总统能渡过这一难关。

叶利钦经过力不从心的艰难竞选后，健康急剧恶化，再次当选上总统的他，基本不能正常工作。其实他在等待第二轮投票的最后结果时，就一直躺在病床上。他的心脏病突然发作是在6月26日，选举最关键的时刻。第一轮投票结束后，决定最后胜负的第二轮投票马上将要举行。如果这时候倒下，意味着什么不言而喻。而这一次心肌梗死发作非常严重。心脏病发作后他一直对奈娜说："上帝，为什么我竟然如此不走运！已经是第二轮了，剩下的日子屈指可数。"（参见叶利钦《午夜日记》）

列别德将军

两天后即6月28日，叶利钦有一个非常重要的会见，万万不可取消。他要会见另一位总统候选人、在第一轮投票中得票率位居第三的列别德将军。叶利钦的目的是将列别德将军招安到自己麾下。他曾直截了当地对将军说"为了俄罗斯"，他需要列别德的支持。第一轮投票后他已经任命将军为安全委员会秘书，主要负责处理车臣问题。将军的回报是退出竞选。不言而喻，他的退选将使选票分流，大量选票将流向叶利钦。叶利钦此次会见，需要再和将军最后敲定，要将军不要等大选结束，应当马上就去履行他的新职责。

列别德将军与叶利钦在巴尔维哈总统宅邸见了面，临时病床搬走了，布置成办公室的样子。将军被告知叶利钦患了感冒，因此将军没有拖延逗留时间。短暂的会见取得了预期的结果。一切都很好，将军很满意，叶利钦也满意，只是体力几乎耗尽。

接下来的问题是叶利钦在哪里投票。距第二轮投票只剩一周时间，以他现在的体力出门都困难，绝对不可能走出巴尔维哈小镇。但是这会否引起猜测和怀疑，总统怎么了？与家人反复商量后，决定就地投票。好在巴尔维哈投票站离总统别墅不远，叶利钦可以走到那里。

7月3日在奈娜陪同下，叶利钦以巨大的毅力坚持走到巴尔维哈投票站。新闻记者早就聚集在那里，他们看到叶利钦面带微笑，并无异样。只有他和他的家人知道，他为此付出的几乎是性命。

投票很顺利，事先的担心是多余的。没有任何人想到和发现叶利钦又犯了心脏病，他周围的人密不透风，媒体也将以前拍摄的总统参加竞选的风光镜头展示给社会。一切正常，没有漏出半点破绽。

选举终于结束了，叶利钦坚持到了最后，并赢得了胜利。这真是一个"难以置信的惊人的胜利"（参见叶利钦《午夜日记》）。年初还没有任何人相信他能胜利，但是他最终胜出了，而且他是拖着一颗有病的心脏赢得了大选，太不易了。选票统计结果出来后，他躺在病床上看着天花板，兴奋地真想“跳起来跳舞”。

高兴很快被身体的严重不适取代。为了竞选成功他豁出了老命，代价巨大。7月上旬赢得大选后，他立刻休息了两周。8月9日就职典礼前，胜利者几乎没有出现在公众面前。就职典礼是无论如何不能缺席的，为此典礼时间大大缩减，总共没有超过16分钟，而总统宣誓也缩短到仅45秒。即便如此，叶利钦虚弱的心脏依然不堪承受。他出场前打了止疼针，但是站在被鲜花装点得绚烂多彩的会场，还是感到头晕目眩，似乎空气不够用，眼睛生疼。他身边的那些人看到总统如何冒着虚汗站在那里，如何艰难行走，如何吃力地宣誓，他们真担心他随时会晕倒在典礼台上。很多人心里明白，第二次宣誓就职的当选总统是一个重病人，一些人甚至认为，他已经生命不保，来日不多了。

美国专家来到莫斯科，与俄罗斯顶级心脏病教授一起为叶利钦会诊。冠状动脉造影显示，俄罗斯总统的心脏病比他们预想的还严重，多处堵塞，心脏手术必做不可。叶利钦问过医生，不动手术会怎么样。医生说：“您的状况会慢慢恶化，经常需要就医，工作能力将不断下降。究竟还能活多长时间——一年两年三年，也许更短一些，我们无法准确判断。”叶利钦权衡和考虑后，决心动手术。这是他唯一的出路——不仅是挽救生命，而且包括政治生命。否则用不着反对派，疾病就会让他自动离开权力，他为之奋斗的一切将化为乌有。但是医生说，手术的成功率是50%。

叶利钦的病情一直对外严守秘密。他认为，“人民对国家首脑的病情了解得越少，他们就会越安心”。（参见叶利钦《午夜日记》）为此在大选中，他和其支持者不惜弄虚作假。在真正民主的国家如果这样做，就是触犯了法律，会立刻失去候选人资格。但是俄罗斯，这个刚刚开始摆脱集权统治，民主制度并不健全，尚处于起步阶段的国家，叶利钦的弄虚作假没有受到任何质疑，更别说法律制裁了。这是另一个问题。现在的问题是，他的病况再也隐瞒不下去了。流言蜚语已经满天飞，搞得人心惶惶。反对派要求他辞职，拥护他的选民感到受了欺骗，非常失望。况且俄罗斯已经不是前苏联，民主意识虽然不能说很高，毕竟已经浸润过人心，公开透明是大势所趋。而总统的疾病不是个人私事，关系国家，考虑再三，他决定公开自己的病情，“公开地，绝对坦诚地与人民交谈”。（参见叶利钦《午夜日记》）这样也可以止住流言，稳定社会。

几个月来总统的疾病惊动各方，成为国家第一件大事。要求他辞职的强烈呼声此起彼伏。反对派要求他自动下台，指出国家总统应当健康和有活力。

戈尔巴乔夫说，叶利钦不是偶然患病，他将长期有病。近一年来他常常病休不能工作，这对俄罗斯简直就是灾难。久加诺夫建议杜马讨论总统的病情，认为“他自己应当请辞”。农业党领导人认为，叶利钦应当因病辞职。

在一片呼吁总统辞职的情况下，9月5日叶利钦在电视上接受采访，他坦言自己患有严重的心脏病，表示已经同意接受手术治疗。他说以他现在的状况确实无法管理国家。9月25日总统医疗小组对叶利钦的病情进行了全面检查后宣布，心脏搭桥手术将在6到10周内进行。叶利钦于10月3日——手术前一个月——再次在电视上露面，他感谢众多俄罗斯公民对他的关心、支持和良好祝愿。10月9日还出现了一场虚惊，一度流传着叶利钦已经去世的消息。起因是那天凌晨2点，叶利钦别墅周围的居民听见和看见急救车驶来，很快又开走了。于是早上总统已经去世的消息不胫而走，急救车半夜已经拉走了他的尸体。还有更离奇的传闻，说叶利钦的病其实已经确诊不治，那些不能因他死了就把国家权力交由俄共的人，开始找叶利钦的替身，后来出现的叶利钦并非他本人，一直都是这个替身在顶替他。

手术最后时刻，总统最关心的是他的大权是否暂时移交、移交给谁。要他请辞的呼声如此高涨，他不得不小心翼翼考虑周全。付出几乎性命代价再次得来的总统大权如此不易，他无论如何不能丢掉。权衡再三，参照了美国总统的先例，在手术前夜，他终于签署了将总统权力暂时移交给总理切尔诺梅尔金履行的命令书。另一份收回权力的命令书也同时签好了字，只等手术后填上生效时间即可。他怀着一颗忐忑不安的心上了手术台。这是万般无奈，那颗放不下权力的心现在都要交由大夫做手术，何谈其他！

手术室里很安静，钟表嘀嗒，医师间的低语声，手术器械的响声，清晰可闻。早上8点开始，午后14点左右手术终于结束了。医生在无影灯下共进行了6个多小时手术，为叶利钦的心脏搭建了“五条生命之桥”。其间心脏停止跳动的时间长达67分钟，完全依赖体外循环维持心肺功能。15点10分全俄心脏病治疗中心向媒体通报了叶利钦心脏搭桥手术的情况。雷纳特•阿克丘林宣布，手术十分顺利。18点40分叶利钦已经从麻醉状态醒来，22点接见了总理切尔诺梅尔金、丘拜斯和妻子、女儿。主刀

手术后的叶利钦和他的主刀医生

医生雷纳特•阿克丘林说，总统康复将比预期要快，他很快就可以站起来，扶着床走动，会见亲属，十天左右就可以履行自己的大部分职责。近几个月是逐渐恢复期，以后总统尽可以去从事自己喜爱的体育活动，诸如钓鱼、滑雪、篮球甚至网球。

11日6日清晨，感觉良好的叶利钦醒来后，马上做出手势，他要签署立即恢复总统权力的命令。6日早晨6点，总统恢复了自己的全部权力。权力离开他只有23个小时，还不到一昼夜。他对此解释说："大政治，这首先是刚毅强者的使命。没有掌握权力的意愿，就没有国家的领导人。但是，只有从旁观的角度，权力才似乎是甜美的东西。"（参见叶利钦《总统笔记》）

叶利钦最早感到体力不支是在1994年访问柏林期间。他去出席俄军撤离德国的仪式。"当全欧洲都在庆祝我们的撤离时，（我）突然感觉自己再也负担不起了。"他很沮丧。在典礼后举行的宴会上，他喝了几杯酒，然后全世界都看到了他失态的举动。他醉眼蒙眬地站到军乐队前面，当了一把乐队指挥。这一镜头传遍世界。

俄罗斯总统嗜酒举世皆知。他的保镖说，叶利钦经常酒杯不离手。在克宫总统办公室，每到上午11时就手握酒杯，开始不停地喝。找不到伏特加时他就打电话给工作人员，要他们马上送来。身边人怕他喝多了出事，有时就拿给他兑了水的伏特加。他还抽烟。酒精加尼古丁，这对他的心脏损害很大。这名豪饮不辍的总统因贪杯误过不少事，都是国家大事，被世界当作笑柄，也给俄罗斯人丢脸。20世纪90年代初，喝多了的总统还开车撞死过人。幸亏被撞死的那位摩托车手没有任何亲人，无人追究，死在医院，也就不了了之了。

叶利钦的心脏病可以追溯到大学时代。那时他经常熬夜，拼命打球，心脏已经受损。但仗着年轻，并无大碍。几十年来他从不注意自己的身体。他喜爱运动，高大健壮，一向自认为身体很好，有着用不完的精力，做什么都不遗余力。他为了达到目标，凡事都将自己的体能消耗到最大限度，搭上性命也在所不惜，心脏承受着超负荷的压力。此外他暴躁敏感好强和毫无耐心的脾气，也使他的心脏备受磨损。当然，毋庸置疑，长期酗酒也严重损坏了他的心脏。自1995年底第一次心肌梗死发作，此后心脏病频发，他也越来越感到力不从心。现在心脏搭桥手术顺利进行，他希望自己能迅速恢复健康，回到克宫履行总统职务。

叶利钦手术后身体恢复惊人。长期缺乏供血的心脏现在健康欢快地跳动着，他感到从未有过的轻松，呼吸自如，没有任何疼痛感。一切都那么美好，无穷的精力似乎又回到了身上。一直想压垮他的病魔被战胜了。

11月22日他离开中央临床医院，回到郊外的巴尔维哈疗养院进行康复治疗。12月初回到家里，家人感觉他变成了另一个人。圣诞节前一天叶利钦返回克里姆林宫开始工作。新年过后，他接连会见了到访的中国总理李鹏、德国总理科尔等外国领导人。毕竟才刚做完手术两个多月，而且是这么大的心脏手术，叶利钦很快又病倒了。1997年1月8日，叶利钦患肺炎，再次被送进中央临床医院治疗，直至月底才基本康复。

33 黄昏

叶利钦的个人权力资源与政治资本已经耗尽，他已不再拥有能控制克里姆林宫之外事态发展所需的施政班子、执政纲领、精英与民众的信任以及过去的精力与健康。

——历史学家罗伊·麦德韦杰夫

1997年1月底，叶利钦肺部感染痊愈后返回克里姆林宫。自1996年第二次当选总统后，几乎半年过去，由于心脏手术及其他疾病，他没有也不能好好处理政务。现在他希望自己可以正常工作，半年时间国家积攒下的很多问题需要尽快处理。

寡头们帮助他赢得了总统大选，他们在等待总统的回报。叶利钦当然要回报，还在他重病时期，那些寡头就得到了想要的东西。

小女儿塔季扬娜在父亲竞选中头脑清晰，才智出众，表现出色，为父亲当选起到了关键的并且是无人可以替代的作用：身为叶利钦的女儿，最紧张艰难的时刻在父亲身边，本身就是对他心理上的巨大支持。胜选后，叶利钦舍不得女儿离开他，但是以何种身份可以让女儿继续呆在身边呢？“我很苦闷。我非常不愿意失去她那不被人察觉的，但却极其需要的支持。”（参见叶利钦《午夜日记》）他想起了法国总统的女儿克劳德•希拉克，她在父亲竞选总统时也曾给予父亲极大的帮助。叶利钦给克劳德•希拉克打了一个电话，于是塔季扬娜专程去巴黎拜访了她，受到很大启发。克劳德•希拉克对她说，不要介意舆论的批评，他们总是很挑剔，但是人们一定会习惯的。塔季扬娜回来说一切都可以顺理成章，不必烦恼不安。于是叶利钦一切如愿。7月，他在任命塔季扬娜为总统参赞的命令上签了字。女儿的身份是总统形象顾问，但是“她的作用既广泛又不受限制”（参见格•萨塔罗夫等《叶利钦时代》）。自此，默默无闻的女儿3月参加父亲的总统竞选团，继而成为俄罗斯最高权力核心机构中的正式一员，可谓一步登天。此后她被很多人看作是俄罗斯最有权势的第二号人物，尤其自1998年总统父亲患病，或住院或休养，人们想见到总统非常困难，必须经过塔季扬娜准许，而身为女儿的她把关很严。尤马舍夫是总统参赞之一，在共同为叶利钦竞选获胜的奋斗中，塔季扬娜和离过两次婚的尤马舍夫短短几个月内建立了亲密的关系。尤马舍夫已经成为叶利钦家族事实上的成员、未来的女婿，只是暂时没有正式名分，他和塔季扬娜只是同居。难怪叶利钦说，他对尤马舍夫怀有父亲一样的感情。塔季扬娜和尤马舍夫后来于2002年秘密登记结婚，他们当时已经有了一个小女儿。那时叶利钦已经离职。

民众对再次当选的总统极为失望，他身患重病，不能正常工作，叶利钦的名字被称呼为“叶利钦-心脏病”。总统是个病人，这只是人们不满的原因之一。最令百姓不满的是总统任人唯亲。看看现在的克里姆林宫，是名副其实的“家族统治”，很多人直接将克里姆林宫称作“家族”。总统参赞是他的女儿和未来的女婿，他们是总统的左膀右臂。而聚集在总统周围的人也都是他的亲信，是一群在激烈竞争的选举中为他出钱出力立下汗马功劳的金融寡头。他们是叶利钦家里的座上客，经常出入总统宽敞豪华富丽堂皇的别墅，商谈要事，聚餐豪饮。他们从叶利钦那里捞取到了巨大的好处。总统大笔一挥，在某个文件上签了字，他们就可以得到国家从预算中的直接拨款，或者享受税收优惠，或者得到某项私有化方案的批准等。没有任何付出，不费吹灰之力，巨额财富就轻易到手。而且对社会的直接掠夺，最后都转嫁到了俄罗斯普通百姓身上，百姓们为此失去了自己一辈子的储蓄、有尊严的生活、应该享有的社会保障等。

普通百姓对叶利钦家族政权越来越不满。20世纪90年代支持叶利钦的民众感到，他们当初支持和理解的民主斗士、改革领袖，与他们渐行渐远，变得如此陌生，不可辨认。现在的总统不过是金融寡头的代表，家族式政权为寡头们营私舞弊攫取财富创造了条件，总统和寡头互相利用、包庇、保护，这就是俄罗斯的新权贵利益集团。当初对百姓的美妙动听的承诺全都化为泡影。

对叶利钦的失望是俄罗斯人经历的第二次巨大的失望。第一次是对改革之父戈尔巴乔夫，他的改革导致国家解体，经济崩溃；他们摒弃了戈尔巴乔夫，选择了叶利钦，将一切希望寄托在他身上。然而最终，他们却品尝到了更为严重的苦果。此刻他们才明白，他们选错了人。

叶利钦家族不仅大权在握，而且在冠冕堂皇的私有化过程中也捞取了大量好处。社会上已经传闻四起，说叶利钦家族在海外有大量存款，在国内购买属于国家的豪宅，而叶利钦本人早已忘记他是靠反特权起家的，如今他享受的特权，他生活的豪华比任何一个沙皇都大。有人说他全家住的别墅耗费国家巨资装修，看上去叹为观止，令人眼晕。不知他是否还记得，当初他是多么慷慨激昂义愤填膺地大反苏共的特权。而今他则为自己这样辩解道：

“我当最高苏维埃代表的时候，拒绝配给代表汽车、别墅，拒绝接受专门的治疗，而是到区门诊部挂号治疗。

“但是，我突然觉察到，在这里应该做的不是拒绝，而是搞到这一切！因为俄罗斯领导人当时所需要的不是‘特权’，而是正常的工作条件，可是这些条件当时完全没有。

“这一偶然发现令我非常吃惊，我认真地加以思考：人们会理解我吗？这么多年我都抨击特权，可是突然……后来，我做出判断：人们不会比我还笨。他们早已懂得应该同不受监督的、无所不包的党的权力做斗争，同党的意识形态和政策做斗争，而不是同党的特权做斗争。”（参见叶利钦《总统笔记》）

很有意思的是，经常出入叶利钦家族的寡头中，好几位都是犹太人，这也引起不少流言。叶利钦为什么这么青睐犹太人？因为他的妻子奈娜就是犹太人，所以总统和犹太人寡头很多地方脾性相投，而大众对此非常反感。

叶利钦在第二任期经常生病，俄罗斯政局则像一个杂乱无章令人目不暇接的大舞台，内阁被任性且有病的总统不断更换。1998年3月至1999年8月，短短一年半，叶利钦走马灯般连续更换了五个总理，令世人不知所以，瞠目结舌。

1998年3月23日，叶利钦解除了切尔诺梅尔金的总理职务。这是在叶利钦治下干得时间最长的一届政府总理，从1992年12月被任命为政府总理，至今已有5年。他在俄罗斯经济开始回升、形势好转时被免职，令人不解。总统提名时年35岁的燃料能源部部长谢尔盖•基里延科担任总理，俄罗斯国家杜马经过三次投票表决，才通过总统提名。然而基里延科在政府工作不到半年（当年8月23日）就被总统突然解职，叶利钦再次推出切尔诺梅尔金，这次遭到国家杜马两次否决。无奈之下，9月10日叶利钦改提外交部长叶夫根尼•普里马科夫担任总理。国家杜马经过三次表决，以317票赞成、63票反对的绝对多数通过。普里马科夫走马上任，担任总理。此刻正处于金融风暴之中，经验丰富又有威望的普里马科夫克服了金融危机，稳定了经济，取得了初步成效。但据说由于他提出反腐败，触动了寡头利益，并牵涉叶利钦家族，虽然政绩不错，口碑很好，也仅仅过了8个月就被免职。这一次叶利钦选中的是47岁的谢尔盖•斯捷帕申为代总理。1999年5月19日得到国家杜马批准，斯捷帕申出任总理。他任职最短，只有80天。8月9日，叶利钦再次莫名其妙地解除了斯捷帕申的总理职务。最后一次换上了普京。

叶利钦在任最后两年，重病使得他的脾气更加怪异，令人捉摸不透。他喜怒无常，朝令夕改，没有章法，毫无依据地频繁更换总理。每个新上任的总理都准备好了随时被“下课”，哪里可能有长远的规划？国家经济恢复无从谈起。不断更换内阁也丝毫没有改变俄罗斯令人绝望的经济状况。俄罗斯变幻无常的政府成为叶利钦辞职前最后那段时光的主要特点，也成为世界和俄罗斯百姓的笑柄。俄罗斯总统已经失去理智，没有能力再管理国家。民众盼着他早日下台——看着他苍老僵硬没有生气的面孔，很多人在心里这样想。

曾经在一片昏暗中出现了一线曙光。1997年俄罗斯经济有了好转的迹象，那是连续7年经济下滑后第一次有了复苏的迹象。头10个月生产总值增长了0.3%，全年通货膨胀率也降为11%，比上一年降低一半，卢布汇率出现了少有的基本稳定态势。农业获得丰收，粮食产量达到9000多万吨。投资额比上一年几乎增加一倍，百姓的实际收入也增长了2.5%，失业人口减少5.7%。政局相对稳定，经济停止下滑。叶利钦执政以来出现了唯一的亮点，真是令人高兴。

但是这个微弱的火光很快就被猛烈袭来的金融危机熄灭了。1998年，俄罗斯史无前例的金融危机几乎将这个国家抛进地狱。黑色8月，莫斯科街头人心惶惶，金融界哀鸿遍野，人们普遍绝望，任何一个经历过当时情景的人都不会忘记。金融风暴突然袭来，这么措手不及，整个国家都在风暴中摇晃、坍塌。

经历了金融风暴的俄罗斯还未缓过来一口气，紧接着车臣战火就烧到了莫斯科。1999年夏秋之交，俄罗斯首都几天之内连续三栋居民大楼发生爆炸，高楼片刻间化为瓦砾，巨大的爆炸声震动了莫斯科大地，几百名无辜百姓在睡梦中死伤。战争已经打到了俄罗斯首都，这是看不见战线的一场战斗。莫斯科的恐怖事件比刚刚发生的金融危机还要令人恐惧。首都所有的人都感到最基本的生活安全已经丧失，没有保障，他们的生命随时可能被车臣恐怖分子的炸弹夺去。

人们对总统和政府的不满加剧，作为一个国家的首脑，你是否还有能力保护自己公民的生命安全？很多人认为，那个强悍坚决果断的叶利钦已经不存在了。现在的总统是个病夫，坚持正常上班都做不到，在他的统治下，国家不会有前途和希望，人民也不会有安定幸福的生活。

车臣局势确实使人忧心，总统叶利钦尤其感到不堪重负。俄罗斯军队在第一次车臣战争（1994—1996年）中失败了，损失惨重，就连当年在阿富汗战场上也没有牺牲那么多俄罗斯战士。车臣将是一个长久的无法解决的毒瘤。继续打下去——他很想这样，可打仗就是烧钱，靠的就是装备，到哪里找钱呢？俄罗斯穷到这般地步，甚至没有钱来维护国家领土完整和尊严。为此他那做过搭桥术的心脏，不得不承受着超负荷的压力。他绞尽脑汁也想不出良策，而身体则每况愈下。

1998年至1999年年底提前辞职，近两年的时间里，叶利钦的主要活动范围在三点之间：克里姆林宫—国家总统宅邸—医院。他经常患病，总统办公室鲜见他的人影，家里也没有他，他在医院。看看他在1997—1999年的病历档案就可以知道，总统怎么可能哪怕是稍微正常地来治理国家？下面是有关媒体披露的叶利钦那段时间的一份很长的“病历”：

1997年1月9日患双侧肺炎，住院治疗；1月底恢复日常工作。

1997年12月10日病毒感染，住院检查。

1998年3月13日呼吸道感染，被迫取消国事活动。

1998年3月17日因身体不适延长休假，为此独联体首脑会议延至3月19日举行。

1998年9月3日出席新闻发布会上（克林顿在场），竟然回忆不起协议事宜，回答前总理丘诺米丁的问题时表情发呆，令人感到震惊。

1998年10月8—9日在与巴勒斯坦解放组织领导人阿拉法特(Yasser Arafat)会晤时，面色苍白，说话谈吐不清，走路僵硬。

1998年10月11日在访问乌兹别克斯坦的欢迎仪式中突然绊倒，后由乌兹别克斯坦总统卡里莫夫（Islam Karimov）搀扶。据称，叶利钦仅患了伤风感冒。次日签署协议时，叶利钦咳嗽不止。

1998年10月27日因血压升高突然取消对维也纳的国事访问。稍后官方解释为“总统将集中精力修改宪法，确保继任者交接工作顺利进行”。

1998年11月18日取消了对印度的国事访问。

1998年11月23日肺部感染，引发高烧，住院检查。与中国国家主席江泽民的会晤地点转移到莫斯科中央临床医院。

1998年12月7日回到克里姆林宫，不久再次住院。

1999年1月17日因急性胃溃疡被送往医院治疗。

1999年2月8日出席约旦国王侯赛因葬礼，当地媒体透露俄罗斯总统需要医疗监护。

1999年2月27日检查结果显示，需要长期接受胃溃疡治疗（此结果三周后才公布）。

1999年5月18日因支气管炎取消了与西班牙首相的会晤。

1999年10月9日再次入院治疗，据说是因流行性感冒和高烧不退。

这是叶利钦人生的黄昏。无论是他的身体，还是他的政治生命，都走向了衰落。在病夫治理下，国家始终没有从危机中走出。这不仅由于他年老体衰疾病不断，而且也是总统集权（也称作政治上的“新权威主义”）和经济上依赖寡头造成的。

窗外正是一个瑰丽美好的夕阳西下的黄昏。太阳将余晖洒在克里姆林宫教堂建筑群的数十个洋葱式金顶上，放眼望去，金碧辉煌，极为壮观。从总统办公室看不到夕阳西下的远景，想必灿烂的玫瑰色晚霞铺满西天，树林后的阳光似一个大火球，慢慢坠入地平线。黄昏的景象也可以摄人魂魄般美丽。莫斯科也经常呈现另一种黄昏，乱云飘浮，黑压压一片遮住了西天坠落的太阳，令人压抑和不安。叶利钦的黄昏没有前者那样的绚烂，而是如后者一样压抑阴暗。

叶利钦盯着窗外的黄昏看了一阵，深深地叹了口气。他感到自己确实不行了，心有余力不足。一个接一个的灾难向他袭来，矛盾越积越多。车臣战乱不能了断；大规模矿工罢工愈演愈烈，那些罢工者已经在白宫前面安营扎寨，每日引起路人围观；政府换了一个又一个，但依然软弱无能；还有昔日的老友也一个个离他而去，令他伤心不已。国家始终走不出危机，而他的力气已经耗尽。他感到深深的孤独和不安，还有某种恐惧。因为除了这些难题，他自己也面临再次被杜马弹劾的危机。

杜马在1998年6月19日以300票对3票的压倒多数通过成立总统弹劾委员会的决定。由15人组成的委员会对总统提出五项指控：1991年签署《别洛韦日协议》解散苏联，犯有叛国罪；1993年10月炮轰最高苏维埃，犯有政变罪；1994—1996年发动车臣战争，犯有滥用职权造成重大人员伤亡罪（最初委员会据此指控总统故意杀人罪）；滥用职权破坏俄军事力量和军工企业罪；加剧经济危机，致使民不聊生的“种族灭绝”罪。每一件事都是他亲手所为，现在他们要对叶利钦算总账。

弹劾指控按照俄罗斯宪法，必须获得杜马2/3议员即300名议员支持才有效。杜马左翼领袖久加诺夫声称，已收集到250人的签名，支持弹劾总统。1999年5月15日对弹劾动议进行了表决，五项指控获得的票数都超过一半，但不足规定数额。叶利钦虽然幸免弹劾，但是很险，就差一点。之前就有人认为，俄共反总统早就见怪不怪，弹劾未必能得到通过进入实施程序，但造成的负面影响却不能视而不见。

总统家族参与洗钱丑闻在叶利钦执政的最后一年搞得沸沸扬扬，在社会上掀起极大不满。不仅俄罗斯媒体，国际舆论也极为关注。最先曝光的是西方媒体。1999年8月，美国媒体爆出数额惊人的俄罗斯黑社会洗钱案，达上百亿美元，俄总统、总统女儿兼参赞塔季扬娜以及亲信丘拜斯均与洗钱案有关联；9月3日，意大利《晚邮报》披露俄一些高级官员在国外银行开设账户并存有巨款，其中牵扯到叶利钦本人和他的两个女儿以及女婿。叶利钦家族成员、航空驾驶员出身的大女婿（时任航空公司经理）因非法转移资金，在这一年的春季被俄罗斯检察院立案审查，寡头别列佐夫斯基也牵涉其中。

短短几年间从民主斗士到被提出弹劾，指控其犯有种种罪恶，其家族深陷洗钱丑闻，变化太大。叶利钦在俄罗斯民众眼里的最后一点光彩也完全褪去。

叶利钦在离职后多次声称他是清白的，与任何腐败不沾边。他所言是否真实已经无从知道，因为他获得了他挑选的继任者普京回报的法律豁免权，任何时候任何情况下，他都享有不受起诉的权利，而且包括他的家人，因此总统及其家族是否有贪腐问题已成为不可触动的秘密。但是这些负面新闻使叶利钦已经不高的声望继续跌入谷底，这也是促使他提前离职的重要原因。

他真的想离开了，离开他钟爱了一辈子奋斗了一辈子的权力。但即使离开，也必须将大权交到最可靠的人手里。谁可以接替他呢？谁能保证俄罗斯不再回到过去？谁又能做到绝对忠于他，保证他离职后不受司法起诉、安度晚年？他一直在寻找这样一个人，他不停换马更迭政府的一个原因，就是在选择这样一个可靠的接班人。下届总统大选很快就会拉开序幕，除了反对派领袖久加诺夫，普里马科夫和卢日科夫也都跃跃欲试。后两个人呼声很高，又富有经验，但他们都不是自己人。他们不可能保证完全走叶利钦的路线，也不会保证叶利钦家族的利益和安全。况且他一向极为讨厌有可能盖过他的威望的人，他需要另外找人。他不想让总统大选任其自然发展，坐等选民选出一位新总统，这无异于让别人左右自己的命运。他要自己选择接班人。

一个目光坚定、个头不高、处事果断的年轻人浮现在他的脑海。此人1998年7月被任命为联邦安全局局长，自那时起叶利钦就一直在观察他，近来也有亲信力荐他成为总统的接班人。叶利钦决定任命他为新总理，接替谢尔盖•斯捷帕申，继续看看他的表现，叶利钦希望这个年轻人能成为他的接班人。而极其忠于他的斯捷帕申将成为他的新牺牲品，叶利钦认为政治有时候就是这样不得已。

34 离开

终于，工作结束了，似乎很圆满，无一遗漏。办公室并没有使我心生留恋之情，但此时此地，当我最后一次同扮演着总统角色，但还未正式成为国家首脑的他站在一起的时候，我感慨万千，心中有千言万语，我现在退休了。

我迟早是要离开政治生活的。我要按规定的程序和宪法的规定，合法地离开……

我的一切都给了俄罗斯。现在，这一路线将由弗拉基米尔•弗拉基米罗维奇•普京延续。

——叶利钦《午夜日记》

叶利钦早就考虑离开了，离开总统宝座，离开克里姆林宫，离开他一直热衷而现在力不从心令他心灰意懒的政治。问题是谁来接替他？这个人既要能够承担起国家重任，热爱俄罗斯，又要绝对忠实于他，不仅沿着他开辟的道路走下去，还要保证他离职后不被司法起诉。他在职期间就几次被提议弹劾，虽都侥幸躲过，但难保下台后不再经历同样的麻烦。这个人在哪里？他执政的最后时光一直在寻找。终于，在1999年夏季，他找到了。

此人头脑清晰，处事果断，性格坚毅，不推诿责任，而且知恩图报。他确实可以说是政界的“小字辈”，经验似有欠缺，声望也很不够，甚至可以说名不见经传，但他年富力强，精力充沛。他与各方利益集团没有太多牵扯，这是他最大的优势。此人就是时年47岁的普京。

普京进入叶利钦的视线是在1997年。那时他领导办公室监察处的工作，他的上司外出时，给总统的报告便由他写。叶利钦对他写的汇报最满意，认为是所有这类公文中最出色的：简明扼要，条理清晰，点出关键。从那时起，他就没有离开过总统的视线。叶利钦还发现，年轻的普京与众不同，他一直避免与自己的私人交往。在几次谈话中，普京的敏锐反应令叶利钦惊讶。1998年7月2日，叶利钦任命普京为联邦安全局局长。他要看看这个年轻人的能力。普京的表现再次引起叶利钦惊讶。他十分冷静果断坚决，不在乎人们说什么，随时准备丢掉自己的职位。他是一位坚定的爱国主义者，他总是以国家利益为重。叶利钦的感觉是，“年轻人普京已经做好准备去迎接生活中可能遇到的一切，而且，对于任何挑战他都能应付自如”。

普京身上表现出来的品性，使叶利钦十分欣赏。总统看中此人后，有意不断加重他身上的担子，是考验他，也是锻炼他。

到1999年8月，普京担任总理短短几个月的时间，在叶利钦看来非常出色，他很满意。普京其间的功绩主要表现在车臣战事上，在打击车臣叛匪的战斗中，其果断大胆心细沉稳以及毫不留情，甚至令叶利钦惊异。几个月内车臣非法武装力量受到重创，势力大减，一直使总统寝食不安的局势有了令人鼓舞的新变化。由此他更加坚信，这个小个子年轻人内心蕴含着巨大的能量，他一定能承担得起国家重任，也一定会忠于自己。接下来的问题是，他选定的人在下届总统大选中能胜出吗？普京的威望在短短几个月内飞跃式上升，现在他的支持率已经从9月初的1%攀升到了30%。而且12月的国家杜马选举结果也对普京

1998年，叶利钦与普京

当选颇为有利。俄共席位大大减少，失去了在杜马的绝对优势。普京的支持率已经高达52%，似乎胜券在握。但即使如此，叶利钦也要做到万无一失，绝对地有把握。无论是基于俄罗斯的前景还是总统离职后的个人生活，都必须让普京上位。考虑良久，他毅然决定提前辞职，任命普京为代总统，为他在即将到来的总统大选中创造先天的优越条件。

辞职的时间很重要。叶利钦选择了1999年12月31日，一个非常有意义的时刻。俄罗斯人在迎接新世纪和新千年的同时，也迎来一个新的时代。

宣布辞职前，关于这个关乎国家命运的重大决定，叶利钦守口如瓶，没有透露半点口风。他周围的人不知道，他的女儿兼参赞也是最后一天才知道，奈娜更是在他即将前往克里姆林宫录制电视辞职讲话时才被告知。叶利钦知道这样可以最大限度引起轰动，取得最佳效果。像他以往对很多重大事情做出决定一样，出其不意，引起轰动。

决定已经做出。怀揣着这个巨大的秘密，叶利钦等待着新年的来临。

时光老人不紧不慢，迈着从容的脚步，终于即将跨入新年。

叶利钦头天夜里睡得不错。31日上午9时半，他已经来到了自己的办公室。人们有些惊讶，总统今天来得这么早。总统向来身体欠佳，很少在这个时间出现在办公室。叶利钦缓步走进办公室坐下。他的心情难以名状——既高兴又忧伤。想想几个小时后他辞职的消息将迅速传遍世界，产生意想不到的轰动，他就激动不已。那时他的身份将完全改变，他是一名退休者。他望着窗外覆盖着皑皑白雪的美丽庭院和沐浴在晨光中的建筑，多么熟悉的一切。环视这间办公室，在这里他已经工作了8年。真不敢想象，今天将是最后一次。他最后一次坐在这里处理公务，最后一次从自己的办公室看窗外克里姆林宫的美景，最后一次以总统身份向俄罗斯公民祝贺新年……

他拿起一份文件，在上面一笔一画慢慢地“满意地”签上自己的名字，那份文件就是任命普京为代总统的命令，也是叶利钦辞职前签署的最后一份文件。做完这件事，他起身来到录制室，拿出事先准备好的新年贺词-辞职声明，毫不犹豫开始宣读。他读得不快，声音有些异样。总统很激动。

经过长久和痛苦的考虑，我已经做出了决定。我在本世纪即将过去的最后一天辞去总统职务。我多次听人讲，叶利钦将采取一切措施维持权力，他不会把权力交给任何人。这纯属无稽之谈。我一直在说，我不会背离宪法一步，国家杜马选举应按期举行，我也曾想过总统选举在2000年6月按期举行。这对俄罗斯来说非常重要，我们开创一个文明和自愿交接政权的先例，一个总统把权力交给新选出的总统。

叶利钦的开场白令在场的人都惊呆了。接下来人们听到他提前辞职的原因和对普京的希望和评价：

我决定提前辞职，是因为我懂了，我必须这样做。俄罗斯应该由有智慧、精力充沛的新政治家带入新世纪，而我已经执政多年，应该引退。当看到人们怀着极大的希望和信念在杜马选举中投新一代政治家的票时，我明白了，我已完成一生中主要的事业，现在俄罗斯永远不会回到过去，将永远前进，我不应妨碍这一自然的历史进程。

俄罗斯已有一个强有力的人物，有了一个准备做总统的强人。今天几乎所有的俄罗斯人都把自己的希望寄托在他的身上。在这种情况下，我为什么还要执政半年？为什么要妨碍他，还要等半年呢？不，这不符我意，这不是我的性格。

总统最后恳请人民原谅他：

我想请求你们原谅，我们许多理想都没有实现。我们曾认为容易的事，做起来却十分艰难。请原谅我，那些认为我们会轻易地从灰色、停滞、极权的过去一下子跃入光明、富裕、文明的未来的人的希望没有实现。

我也曾认为一切会一蹴而就，在这一点上我太幼稚了。有的问题非常复杂，我们是在不断失误、犯错误中前进的。许多人在这艰难的时期受到了震荡，你们每个人的痛楚都引起了我心中的痛楚，多少个不眠之夜，多少次心力交瘁，我真心希望人民能够生活得轻松一些，好一些，我没有比这更重要的任务。

叶利钦还强调，他辞职的原因绝不是由于健康。这话让很多人不以为然。总统健康不佳有目共睹，不可能掩饰。

我辞职不是由于健康原因。我现在辞职是因为我已经做了所能做的一切。我是出于对所有问题的综合考虑而辞职的。接替我的人是新一代人，是能够做得更多、更好的一代人。

根据宪法，我在决定辞职时签署了把俄罗斯总统职责交给政府总理普京的命令，在未来三个月时间里，他将是国家元首，三个月之后将举行总统选举。

1999年12月31日，宣布提前辞去总统职务

最后，他对三个月后的总统大选做了期待和展望：

我始终坚信俄罗斯人惊人的智慧，因此我不怀疑你们在2000年3月底会做出什么样的选择。在离开总统职位的时候我想对你们每一个人说：祝你们幸福！你们应该得到幸福，你们应该得到幸福与安宁。我亲爱的同胞们，祝你们新年愉快！新世纪愉快！

叶利钦辞职离他的总统任期届满还有半年多的时间。他突然宣布提前辞职，按照规定，也将俄罗斯的总统大选提前到了2000年3月进行。

录制室异常安静。工作人员和总统的助手们屏息静气，叶利钦的每句话他们都听到了，他们感到茫然，眼中写满问号。叶利钦沉重缓慢地读完最后一句，人们听得见他的呼吸声，也看见他眼里的泪光。提前退休，这决定太突然了！安静了片刻，然后人们一个接一个鼓起掌来，有人擦掉眼角的泪水，有人拿来了鲜花和香槟，大家祝贺新年，也祝贺他们的总统辞职的勇气。老总统与代总统普京握手祝贺。新总统行使职权的时代开始了。叶利钦随后会见了东正教大牧首阿列克西二世，大牧首赞扬他“有男子汉气概”。11时半，克里姆林宫举行了隆重的告别午宴。

中午12时，叶利钦的辞职讲话在电视上播出。果然，这消息引起俄罗斯和全世界轰动，成为世纪之交最大的新闻。

奈娜在家里看了丈夫作为总统的最后一次新年贺词。叶利钦表情极为严肃，但她知道丈夫内心非常激动，“我和他一样。听他说将由新一代政治家来管理国家，我很高兴，同时又有种莫名的忧伤，某个时代正在远去……我在电视前一直哭，但这是喜悦的泪水。他终于卸下了一副重担！”（见俄罗斯相关报刊）

叶利钦在克里姆林宫也观看了自己的电视讲话。他说，这是一件难受的事，但还是看了。

离开克里姆林宫前，他对普京说了最后一句话——“请珍惜俄罗斯”，并将自己的一支笔送给他。叶利钦正是用这支笔签署了任命普京为代总统的最后命令。然后他慢慢转过身，走向自己的小汽车。普京看到那个身影如此年迈、疲倦和忧郁，目送小车驶出克里姆林宫。这一刻，坐在车里的叶利钦也真的感到很累，但同时也感到从未有过的轻松。他不仅卸下了身上不堪承受的重负，而且得到了代总统给予他的特殊保护。就在当天，代总统普京已经签署了《关于对停止行使全权的俄联邦总统及其家人提供法律保障的命令》。叶利钦和他的家人享有刑法豁免权。

叶利钦将他近十年的总统职场生涯比喻为一场漫长的马拉松。“我感觉自己像是一名跑了4万公里马拉松的运动员，我付出了所有。我全心全意，整个身心投入这场总统马拉松比赛上，跑完了全程。如果我需要为自己辩解，我会说；如果你认为你能做得更好，你就试试。试着跑跑这4万公里，试着跑得更快、更好、更优雅，或者更轻松。”他的自我评价是，“我毕竟跑完了全程”。（参见叶利钦《午夜日记》）

亲人们已经聚集在家里等待他回来。这是叶利钦多少年来从未有过的一个轻松愉快的新年。他跑完了自己的马拉松，翻开了人生的新一页。俄罗斯也翻过了极为沉重的历史一页，迈入了21世纪。

对于叶利钦提前辞职，有人惋惜，有人高兴，更多人反应冷淡。他们认为叶利钦早就该辞职下台了，叶利钦执政的近十年给他们带来了太多的灾难和痛苦。虽然在辞职时他向民众道歉，请求原谅，但依然难以抚平千百万民众心里的伤痕和不满。20世纪90年代初叶利钦执政初始，俄罗斯经济就几近崩溃，叶利钦执政近十年来，状况变得更为糟糕。数字是最有说服力的。来自媒体的统计数字触目惊心：

近十年间俄罗斯国内生产总值比1990年下降了52%，即使在卫国战争时期也不过下降了22%。

同期工业生产减少64.5%，工业产值减少50%，轻工业产品减少了90%。

农业生产减少60.4%。粮食作物产量从1990年的11600万吨锐减到1998年的4800万吨，畜牧业1990年的出栏为5700万头，1998年为2800万头。

自1992年起人口一直下降。人均寿命不断降低，1990年全俄罗斯人均寿命为69.2岁，而1994年不足64岁，下降了5岁多。

1999年失业率高达900万，居民死亡率升高，人口急剧减少。

外债大幅增加，政府财政收入大幅减少，只有原来的1/13。

出口以原材料为主，高科技产品减少。

卢布贬值，物价飞涨5000多倍。

1/3的俄罗斯人生活在贫困线以下。居民生活水平从1990年世界排名第25位降至2000年的第68位。

与此同时，俄罗斯人的健康状态恶化，酗酒者、吸毒者、艾滋病患者数目都大为增加。

加拿大学者娜奥米•克莱恩说，叶利钦政权“在没有严重饥馑、瘟疫或战争的情况下，在如此短的时间内造成如此大的损失是前所未见的事。到1998年，超过80%的俄罗斯农场已破产，约70%的俄罗斯工厂关闭，制造出庞大的失业人口。在1989年休克疗法之前，俄罗斯联邦有200万人生活在贫穷中，每天所得不到4美元。到90年代中期休克治疗师开出他们的‘苦药’处方后，据世界银行统计，有7400万俄罗斯人生活在贫穷线以下。这表示俄罗斯的‘经济改革’应该对7200万人在短短八年间陷入贫穷负责。到1996年，25%的俄罗斯人——近3700万人——生活在被描述为‘绝望’的贫穷中”。（参见娜奥米•克莱恩《休克主义：灾难资本主义的兴起》）

俄罗斯历史学家总结说，叶利钦时代是俄罗斯近300年来最为黯淡的时期。

叶利钦自改革以来叱咤风云，天马行空，凡事都由着自己的性子，将俄罗斯搅了个天翻地覆，致使苏联解体、俄罗斯几经劫难。苏联解体后，在貌似民主的大旗下，行总统集权，造就了一批寡头，而国家更加破败不堪，民生更为困苦艰难。1994年车臣战火爆发后，叶利钦尽管出兵反击，但极为不力，非但没有止息战火，如今反而使硝烟蔓延到了首都，俄罗斯人失去了起码的生命安全感。叶利钦近十年的执政对于普通俄罗斯人来说如同一场噩梦。

叶利钦在历史的跌宕起伏中，确实书写了自己的传奇，一个个险关逆流都没能阻挡他前进，他永远将命运紧紧握在自己手里，就连最后他的辞职都极富戏剧性。但是他没能创造出俄罗斯奇迹。他砸碎了旧体制，却没能建立起新秩序。每一次的个人凯旋之后他都很茫然，不知下一步要做什么。从根本上说，他并不具备能担当起大国总统的才干。当然，历史学家会说，叶利钦接手时的俄罗斯就已经衰败不堪，后来十年经历的一切很多是帝国的“遗产”，碰到前所未有的困难在所难免，这是以突变方式建立民主国家一定要付出的代价。然而激进改革的倡导人就是他，所以这个昂贵的代价，不少都是由于叶利钦的错误以及个性造成的。但是也要看到，毕竟是他确立了总统制和议会，初步建立了市场经济，这两件事不管在俄罗斯多么不健全，不论离真正的公民社会和市场经济相差多远，毕竟有了一个初始的框架。这可以认为是叶利钦的功绩。遗憾的是俄罗斯百姓对此似乎并不认可。

如今，这个国家如同他一样衰弱。面对重重危机和自己不断恶化的身体，他几乎无路可走。万幸，在最后时刻，他慧眼看中了普京，找到了俄罗斯和自己的继承人。在普京领导下的后叶利钦时代，俄罗斯真的出现了转机。这是叶利钦传奇中的最后一笔，色彩艳丽。他敏锐的眼光再次令人折服，他为俄罗斯找到了拯救者。有人说，这是叶利钦对俄罗斯做过的唯一有意义的一件事。“推举出这位‘非常’总统，我是在冒险。……我凭直觉感到了普京的威力和弥漫在社会中的气氛，也看到了我这着棋的高瞻远瞩之处。”（参见叶利钦《午夜日记》）

叶利钦走下了俄罗斯政坛。舞台上空空荡荡，犹如莫斯科新年前夕午夜的街道。红场上高耸的钟楼敲响了新年钟声，在莫斯科上空回荡，一声接一声，悠远绵长。雪花静静在寒风中飞舞，似乎在聆听这不同寻常的新年钟声。空荡的舞台上现在只有一个人，小个子，非常严肃，紧闭的嘴角显示出坚毅，坚定的目光中游移着一丝不安，走路的姿态很特别，像摔跤运动员出场。他就是代总统普京，叶利钦钦定的接班人。人们好奇地看着他站在一片废墟中。这个名字很多人不久前才知道，前克格勃官员，1996年从圣彼得堡来到莫斯科，不过三年多；他任总理后对车臣非法武装力量出手凶狠；他的威望近来急剧上升……这个人将带领俄罗斯走进新世纪。他能将俄罗斯从地狱里拯救出来吗？他能在总统的宝座上坐稳吗？在即将来临的总统大选中，他能当选吗？俄罗斯人尚不知道。

但在新年之夜，俄罗斯人从电视上看到，代总统普京乘飞机去了车臣前线视察。这一果敢举动令人刮目相看。他至少是个勇敢的总统，而且他年富力强。无论如何他将比叶利钦强。

参阅书目

（俄）叶利钦：《叶利钦自述》（另译为《我的自白》），朱启会、荣合译，北京：东方出版社，1992年

（俄）叶利钦：《总统笔记》，李垂发等译，北京：东方出版社，1995年

（俄）叶利钦：《午夜日记》（俄文版名为《总统马拉松》），曹缦西、张俊翔译，上海：译林出版社，2001年

（俄）格•萨塔罗夫等：《叶利钦时代》，高增训等译，北京：东方出版社，2002年

（美）戴维•霍夫曼：《寡头：新俄罗斯的财富与权力》，冯乃祥、王维译，北京：中国社会科学出版社，2004年

（俄）雷日科夫：《大国悲剧：苏联解体的前因后果》，徐昌翰等译，北京：新华出版社，2010年

（加拿大）娜奥米•克莱恩：《休克主义：灾难资本主义的兴起》，吴国卿、王柏鸿译，桂林：广西师范大学出版社，2010年

（俄）索尔•舒尔曼：《权力与命运：入主克里姆林宫者的个人命运》，潘海平、高昶译，北京：北方文艺出版社，1999年

俄罗斯和国内网站相关文章资料

（说明：本书图片全部来自俄罗斯相关网站）